本书得到"中山大学品牌专业建设项目"及"禾田哲学发展基金"资助,特此致谢!

哲学分析教程

黄 敏 著

中国社会科学出版社

图书在版编目（CIP）数据

哲学分析教程/黄敏著.—北京：中国社会科学出版社，2018.3
（中山大学哲学精品教程）
ISBN 978-7-5203-0090-2

Ⅰ.①哲… Ⅱ.①黄… Ⅲ.①哲学分析—教材 Ⅳ.①B025.4

中国版本图书馆CIP数据核字（2017）第060551号

出 版 人	赵剑英
责任编辑	王 茵 孙 萍
责任校对	季 静
责任印制	王 超

出　　版	中国社会科学出版社
社　　址	北京鼓楼西大街甲158号
邮　　编	100720
网　　址	http://www.csspw.cn
发 行 部	010-84083685
门 市 部	010-84029450
经　　销	新华书店及其他书店
印　　刷	北京明恒达印务有限公司
装　　订	廊坊市广阳区广增装订厂
版　　次	2018年3月第1版
印　　次	2018年3月第1次印刷
开　　本	710×1000 1/16
印　　张	19.5
插　　页	2
字　　数	351千字
定　　价	79.00元

凡购买中国社会科学出版社图书，如有质量问题请与本社营销中心联系调换
电话：010-84083683
版权所有　侵权必究

《中山大学哲学精品教程》编委会

主　　编：张　伟
副 主 编：沈榆平
编委会（按姓氏笔画排序）：

马天俊　方向红　冯达文　朱　刚
李　平　陈少明　陈立胜　吴重庆
赵希顺　徐长福　倪梁康　龚　隽
鞠实儿

总　　序

中山大学哲学系创办于 1924 年，是中山大学创建之初最早培植的学系之一。1952 年全国高校院系调整撤销建制，1960 年复办至今。先后由黄希声、冯友兰、杨荣国、刘嵘、李锦全、胡景钊、林铭钧、章海山、黎红雷、鞠实儿、张伟教授等担任系主任。

早期的中山大学哲学系名家云集，奠立了极为深厚的学术根基。其中，冯友兰先生的中国哲学研究、吴康先生的西方哲学研究、朱谦之先生的比较哲学研究、李达与何思敬先生的马克思主义哲学研究、陈荣捷先生的朱子学研究、马采先生的美学研究等，均在学界产生了重要影响，也奠定了中山大学哲学系在全国的领先地位。

复系五十多年来，中山大学哲学系同仁勠力同心，继往开来，各项事业蓬勃发展，取得了长足的进步。目前，我系是教育部确定的全国哲学研究与人才培养基地之一，具有一级学科博士学位授予权，拥有"国家重点学科"2 个、"全国高校人文社会科学重点研究基地"2 个。2002 年教育部实行学科评估以来，稳居全国高校前列。2017 年 9 月，中山大学哲学学科成功入选国家"双一流"建设名单，我系迎来了难得的发展良机。

近几年来，在中山大学努力建设世界一流大学的号召和指引下，中山大学哲学学科的人才队伍也不断壮大，而且越来越呈现出年轻化、国际化的特色。哲学系各位同仁研精覃思，深造自得，在各自的研究领域均取得了丰硕的成果，不少著述还产生了国际性的影响，中山大学哲学系已逐渐发展成为哲学研究的重镇。

在发展过程中，中山大学哲学系极为重视教学工作，始终遵循"明德亲民"的"大学之道"，注重培养德才兼备、具有家国情怀的优秀人才。诸位同仁对待课堂教学，也投入了大量的热情。长期以来，我系在本科教学和研究生教学工作中，重视中西方经典原著的研读以及学术前沿问题的讲授，已逐渐形成特色，学生从中获益良多。为了进一步提高教学质量，我系计划推出这套《中山大学哲学精品教程》，乃从我系同仁所撰教材中择优出版。这无论对于学科建设还是人才培育而言，都具有十分重要的意义。

《中山大学哲学精品教程》的编撰和出版，是对我系教学工作的检验和促进，我们真诚地希望得到学界同仁的批评指正，使之更加完善。

《中山大学哲学精品教程》的出版，得到中国社会科学出版社的大力支持，在此谨致以诚挚谢意！

中山大学哲学系

二〇一八年元月六日

序　　言

本书是为哲学系研究生的"分析哲学"课而写作的教材。

在身处分析哲学传统的国家和地区，并不存在一门叫作"分析哲学"的课程，而只有像"形而上学""知识论""伦理学""语言哲学""心灵哲学"这样的分支学科。它们都属于分析哲学，但都不是分析哲学。只有在分析哲学并不占据主导地位的国家和地区，才专门设置"分析哲学"这门课。然而，在这样的课程中，人们讲授和学习的内容通常可以归到"语言哲学"或者"分析哲学史"这样的课程中。"分析哲学"这个标签非常模糊。在课程设置体系中，这门课处在一个尴尬的位置上。专门为这样一门课而写的教材，应该讲些什么内容呢？

本书讲授分析哲学中最重要的部分——分析方法。

通常，一种哲学的标志是观点，比如存在主义哲学的"存在先于本质"，马克思主义哲学的"经济基础决定上层建筑"。与这样的哲学不同，分析哲学的标志是分析方法。对其他哲学来说，方法对于观点来说是中立的，采取何种方法，这对观点不是本质性的；而对分析哲学来说，方法本身就是哲学的本质性的部分。分析哲学是一种系统地关注分析方法，并通过方法论设计来为自己找到安身立命之所的哲学。

这种对方法的关注催生了完整且非常强大的逻辑观念。我们可以说，研究分析哲学的方法论反思，就相当于考察分析哲学中的逻辑究竟是什么。这种逻辑观念构成了所谓的"语言学转向"的精神实质。按照这种对于逻辑的理解，知识必须建立在逻辑的基础上，而逻辑则必须通过语言才能得到把握。这样，语言学转向实际上就相当于要把语言当作知识的载体，而这区别于自笛卡尔以来的近代哲学家的主流做法，他们把知识落实为心灵的东西。这一转变决定了人们理解知识的基本框架。在转变之前，知识是什么，这取决于心灵是如何工作的；而在转变之后，知识的本质则要由语言来落实。

的展开，让人自行获得思考的结论。对于哲学来说，思考的经验比结论更加重要。基于这样的考虑，一部能够提供足够的思考深度和宽度的导论，比起追求内容上的"正确"，显然更加可取。

本书的写作目标就是让读者能够把视野拓展到分析传统的根基处，从而形成关于哲学分析的方法本身的思考经验。基于这一目标，笔者选择了一条足以把各种主要方法呈现出来的结构方式，而不回避按照这种方式组织和解释素材所带来的风险。

以导论的方式陈述，这对学术研究的成果来说，很可能构成一种不太适当的简化。按照学术研究的惯例，在研究成果中应当交代与前辈以及同行的交互关系，应当说明观点和表述的渊源、出处，以及"创新点"。这些要求显然无法在一部导论中满足。但是，经过长期的"教学与科研相结合"，笔者已经不可救药地爱上了导论的写作方式。为了向非专业的读者讲述哲学思想，这种写作方式迫使作者直接面对哲学本身，面对哲学中最为基础的部分，从而考虑一种哲学式的思考方式是如何从无到有地发展起来的。久而久之，笔者也从中找到了对于哲学来说是本真性的、被职业化哲学的僵硬造作的面孔所掩盖的东西。这是哲学中最为接近人性的东西。在分析哲学未来最终成为历史陈迹之后，也只有这些东西能够存活下来。笔者愿意为表达这些东西而付出必要的代价，比如可能出现的"引用不规范"，或者自己的观点与别人的观点界限不清楚。书中已经尽量避免出现这些情况，但还是恳请读者在阅读时多加小心，以避免被误导。

从目录立即可以看出，本书是按照人物来安排章节结构的。对分析哲学有所了解的读者都会把哲学史与哲学问题清楚地区分开来，并且往往会偏重于关注哲学问题，而这种态度有时也伴随着对哲学史的轻视。这种按照人物来安排内容的方式恰恰就是哲学史著作常用的方式。

但这是笔者有意采取的方式。之所以这样做，是因为在分析哲学中，分析方法被自觉地用于贯彻哲学立场，而在这种情况下，要确立一种哲学分析方法，就必须对哲学做出通盘考虑。而这决定了，哲学的方法论设计只能在单个头脑内部完成。哲学问题为数之多，问题之间相互纠缠之深，是其他任何学科都无法比拟的。这使一种哲学立场的建立有些接近于艺术创作，整个系统以近乎灵感的方式一下子站立起来。在这种情况下，最为自然和方便的方式就是按人头次序展开对方法论的叙述。

在这种情况下，每个人的姓名都变成了标签，可以用来方便地谈论一组相互之间紧密相连的思想。与之相比，这个人的一些具体的言论以及措辞，反而变得不重要了。本书所展示的各家思想，有相当一部分是哲学家"应该持有的观点",是哲学立场自然发展的结果,读者从中可以看到一种哲学动机能够推进到何种程度。跟随着这样的推进过程一起展开思考,读者预期可以从中获得第一手的思考经验。这是笔者希望看到的结果。

哲学在很大程度上是一种技能,而不是五花八门的著作、观点以及名人轶事。这种技能来自对概念的敏感和熟悉。这些概念是人类据以理解自身、他人,以及周遭世界的基础和工具。通过对相关问题的反复思考和揣摩,人们得以了解这些概念的质感、弹性以及相互间的关联。这让人看到,什么样的思想是有价值的,什么样的观点是肤浅的或者是不可能的。哲学思考的技能就建立在这种熟悉的基础之上。

人们常常认为,论证技术是分析哲学的"看家本领"。从分析哲学家写就的形式漂亮的专业论文中,读者不难发现这种技术有多么"酷炫"。但是,如果不知道论证不仅在于说明论题是真的,而且在于揭示论题的内涵,以及论题的概念基础,这种对论证的追求等于无的放矢。坏的论证最多是巧妙的强词夺理,会让人错失论题中有哲学意义的东西。本书有意淡化论证的色彩,而专注于呈现论证背后的洞察力。希望读者在阅读本书的过程中不要片面追求分析技术所带来的满足感,而是试图理解支撑这种技术的哲学。

学习分析哲学的方法大体可以分成两类,一类是直接思考哲学问题,以"亲身经历"的方式得到训练;另一类则是通过叙述,以一种旁观的姿态观察揣摩。从理论上讲,对于学生来说,前一种方式无疑是理想的。我也希望,随着哲学院系的课程体系的优化,学生能够有机会获得这种系统的训练。然而,我也常常感受到,这种训练的缺乏绝非是一部教材所能够解决的问题,甚至也不是教师能够解决的问题。与其感叹训练的缺乏,不如放手解放自己,做眼下能够做的事情。况且,我也感受到这种"亲身经历"的方式所带来的风险——如果没有来自于足够理论高度的点拨,同时又没有机会反复尝试和磨砺,学生只能在非哲学的方向上越走越远。必须有一种方式,让学生知道什么是好的哲学。这只能通过后一种方式实现。

作为一部导论,本书以一种旁观的方式展开叙述,而把训练留给读者自己。这样,笔者就可以轻松地专注于内容。笔者希望自己所写的东西能够展示什么是好的哲学。

鉴于本书的写作目的,笔者略去了一些重要的分析哲学家,比如G. E. 摩尔、达米特、普特南。这些哲学家虽然对分析哲学传统的建立或推进做出了重要贡献，但由于贡献不在于方法论，因而并不属于本书的责任范围。本书也没有涉及克里普克，这是因为，克里普克在方法论上的工作已经在笔者出版于2009年的《分析哲学导论》中（11.1与11.2两节）得到了充分的叙述，这里一时说不出新东西。克里普克在方法论上的贡献在于把外延主义的分析框架运用于模态词，D. 刘易斯也在这个方向上做出了贡献。

由于精力有限，本书的内容只覆盖了通常被归为"理想语言学派"的那些分析方法，而没有把属于"日常语言学派"的哲学家包含在内。这并不意味着后者是不重要的。相反，没有触及奥斯汀的言语行为概念、斯特劳森的联结分析、赖尔的范畴分析以及后期维特根斯坦的语言游戏概念，这对一部讲述分析方法的教程来说损失巨大。日常语言学派虽然在社会学意义上已经销声匿迹，但它的一些哲学见识已经深深地渗透到当前哲学思考的气氛中了。要弥补这一损失，只有寄希望于来日。

本书结尾处对主要术语做出了解释，共计67个词条。笔者在这些词条中力求用数百字的篇幅说明这些术语的主要内容及其理论关联。读者可以在阅读正文的同时查阅这些词条，并借助它们在概念之间建立联系。在大部分章节的结尾，笔者都添加了"阅读材料"。其中列举的文献是推荐给读者，作为课程读物之用的，而不是作为进阶建议。本书正文主要是通过仔细阅读和分析阅读材料中的文献写就的。读者也可把正文当作针对这些文献的专题课程的辅助读物来读。

在写作本书时，笔者假定读者已经对西方哲学史有一定程度的熟悉。在行文中，笔者尽量不正面要求读者具备数理逻辑的背景知识。但是，由于逻辑是本教程的核心议题，如果读者没有接触过数理逻辑或者对数学思维感到生疏，书中许多章节肯定难以理解。建议读者事先学习数理逻辑课程，内容主要包括一阶逻辑演算、一阶形式系统、语义学，最好达到能够把握完全性概念的程度。不过，对于熟悉数理思维的读者而言，即使没有学过这些逻辑课程，也不会遇到相关知识背景上的障碍。

笔者曾于2009年出版《分析哲学导论》（中山大学出版社）一书。该书是为包括哲学系本科生在内的一般读者而写作的，它与读者现在看到的《哲学分析教程》是两本完全不同的教材。它们在写作思路以及文字上没有任何重合之处，也没有有意设计的前后接续关系。不过，在读过《分析哲学导论》以后，读者会感到《哲学分析教程》要容易理解一些。

本书的初稿有数个版本，在数届研究生的课程中使用。和这些研究生一起，笔者经历了一次又一次的反复思考。许多想法都是和研究生们在课堂上互动的结果。没有这些互动，整本书的完成是不可能的。在此向所有参与过"分析哲学"这门课的同学表达深深的谢意！

目 录

第一章 分析哲学的动机 …………………………………… (1)
 第一节 语言之于思想的优先性 ………………………… (1)
 第二节 语言学转向 ……………………………………… (3)
 第三节 分析哲学的逻辑主义动机 ……………………… (8)
 第四节 语言之于逻辑的优先性 ………………………… (12)
 第五节 反对心理主义 …………………………………… (13)
 阅读材料 …………………………………………………… (17)

第二章 弗雷格：函项逻辑 ………………………………… (18)
 第一节 什么是逻辑？ …………………………………… (18)
 第二节 词项逻辑 ………………………………………… (20)
  一 命题的基本结构 …………………………………… (21)
  二 推理的有效性 ……………………………………… (23)
 第三节 函项逻辑的基础结构 …………………………… (25)
  一 对象与概念 ………………………………………… (25)
  二 命题的函项结构 …………………………………… (26)
  三 函项结构分析 ……………………………………… (28)
 第四节 普遍性 …………………………………………… (30)
 第五节 逻辑的自足性 …………………………………… (33)
 阅读材料 …………………………………………………… (35)

第三章 弗雷格：逻辑作为真理理论 ……………………… (36)
 第一节 知识、真与逻辑 ………………………………… (36)
 第二节 真作为基本概念 ………………………………… (37)

2　哲学分析教程

　　第三节　逻辑作为理性科学 …………………………………………… (42)
　　第四节　逻辑系统 ……………………………………………………… (43)
　　第五节　概念文字系统 ………………………………………………… (45)
　　　　一　真值函项 ……………………………………………………… (46)
　　　　二　公理与推理规则 ……………………………………………… (47)
　　　　三　指称与同一性 ………………………………………………… (49)
　　第六节　从真到实在 …………………………………………………… (52)
　　阅读材料 ………………………………………………………………… (54)

第四章　弗雷格：逻辑作为关于思想的理论 ……………………………… (55)
　　第一节　内容 …………………………………………………………… (55)
　　第二节　逻辑涵义 ……………………………………………………… (57)
　　　　一　外延性 ………………………………………………………… (58)
　　　　二　推理关系 ……………………………………………………… (59)
　　　　三　涵义与指称 …………………………………………………… (61)
　　第三节　认知涵义 ……………………………………………………… (63)
　　第四节　第三域 ………………………………………………………… (66)
　　第五节　理性 …………………………………………………………… (70)
　　第六节　语言 …………………………………………………………… (72)
　　阅读材料 ………………………………………………………………… (74)

第五章　罗素：分析哲学的实在论来源 …………………………………… (75)
　　第一节　弗雷格主义与罗素主义 ……………………………………… (75)
　　第二节　实在论 ………………………………………………………… (76)
　　第三节　直接指称理论 ………………………………………………… (79)
　　第四节　外在关系理论 ………………………………………………… (82)
　　　　一　命题结构问题 ………………………………………………… (82)
　　　　二　拒斥内在关系理论 …………………………………………… (85)
　　第五节　罗素式命题 …………………………………………………… (88)
　　　　一　罗素式命题的基本结构 ……………………………………… (88)
　　　　二　真值条件 ……………………………………………………… (89)
　　　　三　涵义 …………………………………………………………… (91)

第六章　罗素：构造主义分析 (96)

- 第一节　间接指称问题 (96)
- 第二节　摹状词理论 (99)
- 第三节　不完全符号与命题函项 (104)
- 第四节　构造主义分析 (109)
  - 一　关于无穷的摹状词分析 (109)
  - 二　还原式分析与阐明式分析 (111)
- 第五节　逻辑原子论 (116)
- 阅读材料 (119)

第七章　前期维特根斯坦：逻辑图像论 (121)

- 第一节　维特根斯坦的综合 (121)
- 第二节　语境原则 (124)
- 第三节　逻辑工程学 (129)
- 第四节　连接式分析 (132)
- 第五节　真与实在 (133)
- 第六节　句子作为逻辑图像 (136)

第八章　前期维特根斯坦：理性的自主性 (142)

- 第一节　言说与显示 (142)
- 第二节　二值性 (146)
- 第三节　真值函项理论 (148)
- 第四节　原子论 (151)
- 第五节　重言式 (154)
- 第六节　逻辑主义 (157)
- 第七节　理性的自主性 (159)
- 阅读材料 (162)

第九章　塔斯基：形式主义语义学 (163)

- 第一节　数学哲学中的形式主义 (164)
- 第二节　塔斯基式定义的基本构想 (166)
- 第三节　形式语言 (169)
- 第四节　实质充分性 (171)
- 第五节　形式正确性 (173)

第六节　真理定义 …………………………………………（176）
　　第七节　相对于模型的真 …………………………………（180）
　　第八节　元逻辑 ……………………………………………（182）
　　阅读材料 ………………………………………………………（185）

第十章　卡尔纳普：关于科学的理性重构 …………………（186）
　　第一节　知识分析 …………………………………………（186）
　　第二节　科学理论与科学语言 ……………………………（189）
　　第三节　科学理论的经验基础 ……………………………（191）
　　第四节　科学理论的逻辑基础 ……………………………（196）
　　第五节　宽容原则与本体论中立 …………………………（199）
　　第六节　隐定义 ……………………………………………（200）
　　第七节　约定论、形而上学与视角主义 …………………（205）
　　阅读材料 ………………………………………………………（208）

第十一章　蒯因：外延主义分析 ……………………………（209）
　　第一节　区分意义与指称 …………………………………（209）
　　第二节　改造摹状词理论 …………………………………（212）
　　第三节　语义上行 …………………………………………（216）
　　第四节　实体与同一性 ……………………………………（217）
　　第五节　可判定性 …………………………………………（220）
　　第六节　外延主义 …………………………………………（221）
　　第七节　唯名论 ……………………………………………（224）
　　第八节　本体论还原 ………………………………………（227）
　　阅读材料 ………………………………………………………（232）

第十二章　蒯因：自然主义 …………………………………（233）
　　第一节　拒斥分析—综合之分 ……………………………（233）
　　第二节　对意义的本体论还原 ……………………………（237）
　　第三节　对心理学实体的本体论还原 ……………………（239）
　　第四节　彻底翻译 …………………………………………（241）
　　第五节　意义整体论 ………………………………………（244）
　　第六节　自然主义知识论 …………………………………（248）
　　阅读材料 ………………………………………………………（250）

第十三章 戴维森：非还原论的外延主义分析 …………… (251)
　　第一节　真值条件语义学 ……………………………… (251)
　　第二节　关于信念的理性解释 ………………………… (257)
　　第三节　彻底解释 ……………………………………… (262)
　　第四节　分析与理解 …………………………………… (266)
　　第五节　整体论与内涵性 ……………………………… (268)
　　阅读材料 ………………………………………………… (271)

主要术语解释 ……………………………………………… (272)

参考文献 …………………………………………………… (289)

第一章 分析哲学的动机

要了解一种哲学，就要从这种哲学的动机开始。哲学的动机是由哲学问题产生的，而哲学问题围绕着人们据以理解事物的概念出现。有的哲学问题可以得到明确的表述，并要求得到明确的回答，还有些问题则可能仅仅体现为困惑。一般而言，前一类问题要求人们在既存的概念之间建立联系，而这种联系人们原来并不知晓。后一类问题则常常要求建立一些新的概念，或者调整既存概念之间的相互关系，而问题的解决则体现为困惑的消失。不管怎样，要理解一种哲学，就要知道它试图解决什么样的哲学问题。这决定了这种哲学要从什么概念出发，要利用这些概念来思考什么样的东西，并且也决定了会有什么样的哲学观点，这些观点是如何联系起来的。哲学问题就像动机一样，为哲学思考提供起点和方向。

然而，哲学动机不一定是哲学家明确表述的东西。发现一套哲学思想的动机，在很多时候要在统观整个哲学的脉络走向以后才能做到。这通常不是一件纯粹的历史工作，而是要理解和评估哲学思想所得到的成果。对分析哲学来说，情况尤其如此。分析哲学是一个仍然活着的传统，厘清分析哲学的动机，需要进入当前的一些讨论。本章的内容，就或多或少地渗透着关于"分析哲学应该是怎样的"的理解。

第一节 语言之于思想的优先性

达米特为分析哲学提供了一种定义性的描述，这一描述被人们称为"语言之于思想的优先性"（The priority of language over thought），或直接称为"优先性论题"。由于其深刻性，也由于达米特本人是为数不多的有渊博哲学史造诣的分析哲学家，无论人们是否赞成这一论题，它都可以充当讨论分析哲学动机的起点。

这一论题利用了"思想"（thought）这个概念。到第四章我们才能详细讨论什么是思想,这里只简单界定一下,达到这里的论述目的即可。我们可以把思想理解为一个完整的陈述句表达的意义,当用这个句子来表达知识时,这种意义就构成了知识的内容。知识内容是否完整,可以用能否确定地赋予句子真值为标准来判断。例如"孙扬昨天获得一枚世锦赛金牌"这个句子,如果不知道"昨天"是哪一天,我们也就无从确定这个句子是不是真的;但是,如果把"昨天"换成"2015年8月7日",我们就可以确定这个句子是真的。替换以后的陈述句是一个完整的陈述句,它表达了一个思想。

人们一般认为,标准意义上的知识总可以表达成完整的陈述句,因此,思想直接就可以认为是知识的内容。我们可以这么界定:思想就是当人们有所知时所知道的东西。在这种情况下,如果你认为知识的获得实际上就是具备一种心理状态,即人们通常用"相信"或"认为"这样的词所描述的状态,即信念(belief),那么,你就很有可能说,思想实际上就是信念的内容。

这样一来,对思想就有了不同的解释,一种将其归于语言,另一种则将其归于心灵。如果这只是在说,我们可以通过这两种方式把不同的思想区分开,而不是说思想在本质上是什么,那就不会产生什么问题。但是,优先性论题所关系到的是思想在本质上是什么。

这个论题的表述是这样的:

1)对思想的哲学解释可以通过对语言所做出的哲学解释获得;
2)只能用这种方式得到全面的解释。[①]

其中1)确认,要把思想归于语言,从而通过语言分析来分析思想;2)则决定了,这样的分析所确定的是思想的本质,而不仅仅是单个思想。[②]

[①] 达米特:《分析哲学的起源》,王路译,上海译文出版社2005年版,第4页。
[②] 区分概念问题与事实问题对于哲学思考来说具有根本的重要性。简单说来,概念问题关系到如何理解一个概念或者不同概念之间的关系,而事实问题则关系到属于概念的个别事物,即概念的实例。概念问题的解决,决定了应该如何回答事实问题。与其他的学科不同,哲学处理的总是概念问题;只有在非常特殊的情况下,比如在认为概念问题不应该有区别于事实问题的地位的情况下,才会认为哲学也要处理事实问题。

在处理概念问题的时候,我们通常会考虑不同概念之间的先后顺序,这就是这一节使用的"优先性"这个术语的用意所在。这里的先后顺序是指把握概念的先后顺序。假定有A和B两个概念,如果在没有把握A的情况下B也就无法得到把握,我们就会说A优先于B。这时,B只能通过把握A而得到把握。这种先后顺序与时间顺序或者因果顺序都没有直接关系。

第二节　语言学转向

　　达米特对分析哲学的定义是深刻的，它不仅为整体上把握分析哲学提供了线索，而且也在哲学史上为其做出了清晰的定位。这种定位就是人们常说的"语言学转向"（the linguistic turn）。这种定位虽然还不足以让我们理解分析哲学的动机，但为此提供了论述的框架。这一节我们就先看看什么是"语言学转向"，在接下来的两节，我们再在这一节的背景下，讨论分析哲学的动机。

　　如果不考虑那些虚张声势的说法，西方哲学的演进大体上经历了三次"转向"，即以埃利亚学派为标志的"本体论转向"，以笛卡尔哲学为标志的"知识论转向"，最后就是分析哲学的"语言学转向"。这三次转向都标志着哲学基本形态上的变化，这种变化波及最基本的问题、思考这些问题的方法，以及衡量问题是否得到解决的标准。这里，我们不准备考虑什么是本体论转向，而只是以知识论转向为参照系，来考虑什么是语言学转向。

　　我们知道，笛卡尔提出了一种怀疑论，用这种怀疑论来对现存的知识进行检验，希望从中挑出经得起怀疑的那种知识，最终把其他所有知识都建立在这种知识的基础上。通过给出这种怀疑论，笛卡尔呼吁我们考虑一种情形。它很像我们现在正在发展的虚拟现实技术，不过是一种升级版，因为制造这种虚拟现实的是能力与上帝一样强的魔鬼。笛卡尔对自己提出这样一个挑战：让我们知识的确实性达到甚至连这样的魔鬼也无法骗到我们的程度。要满足这个挑战，就需要我们能够给出理由，来说明相应的知识不是魔鬼欺骗的结果。对于知识的辩护（justification）来说，这应该是一个相当高的要求，而笛卡尔认为自己通过"清楚明白的知觉"满足了它。

　　确切地说，是笛卡尔这个知识论计划的提出，而不是他实施这个计划得到的成果，改变了哲学。笛卡尔相当于对所有哲学家提出了同样的挑战，要求他们对声称自己知道的东西给予相应的辩护。笛卡尔工作的时代，还是经院哲学统治的年代。人们热衷于讨论上帝是怎样创造这个世界的，而讨论总是以"X 的本质是……"，"X 事实上是……"这样的口吻进行的。这样的论断我们现在都归于形而上学。虽然形而上学论断所针对的都是事物本身而不是我们关于事物的知识，但这种论断本身仍然是作为知识被提出来的。事实上，所有在一种严格意义上陈述某种情况的论断，都必须先获得知识的地位。这样一来，关于辩护的要求也就适用于形而上学了。笛卡尔的问题就相当于，"你凭什么认为 X 的本质是……"。笛卡尔设想，自己的知识论计划将为形而上学提供一种统一的辩护基础。这样，就像《第一哲学沉思集》这部著作的题目所说的那样，知识论就成了"第一哲学"。

不过，笛卡尔实施其知识论计划的方式和一些成果，在哲学史上还是留下了不可磨灭的印记。它决定了知识论的一般形态，这就是我们在这部教材里经常谈起的"观念理论"。

在《第一哲学沉思集》（第三沉思）中，笛卡尔首先是在"表象"（image）的意义上理解观念。[①] 对这个词的进一步界定是通过笛卡尔的怀疑论方法完成的。他设想，即使受到魔鬼的蛊惑而无法看到真实的世界，我们实际所看到的情况与看到真实世界时也仍然没有区别。也就是说，当看到真实世界时，实际呈现给我们的也只是世界的表象，即观念。这样，观念就是心灵直接认识的对象，通过认识这个对象，心灵才认识实在的世界。有了观念与实在之间这样的区别，我们也就有了心灵的"内外之别"。观念在心灵之"内"，而实在在心灵之"外"。通过把握观念，心灵才得以把握实在。观念是直接把握的，而实在则是间接把握的。笛卡尔的"我思"论证让人们觉得，观念由于是直接把握的，因而是绝对确定、不会出错的；而心灵之所以会错误地认识实在，是因为观念与实在的对应关系会出错。

观念理论最为基础的主张就是，知识是以观念的形式存在的。

人们很自然地把知识"落实"到某种东西上，当这种东西存在，并与心灵建立某种联系，心灵也就获得了知识。这种东西当然不是所知道的东西本身，但也会与所知道的东西建立联系，从而能够解释它为什么是知识的对象。这样的"落实"在柏拉图那里就是"形式"，或者"理念"。读者可以依据自己所掌握的哲学史知识，来理解"形式"或"理念"是如何让心灵知道某个对象的。此处不赘。

笛卡尔就是出于这个自然的动机来建立关于知识的上述图景的。可以说，柏拉图的理论与笛卡尔一样，也属于观念理论，只不过柏拉图强调观念的客观性，而笛卡尔强调观念的主观性。这对于知识来说都是可以理解

---

① *Philosophical Writings of Descartes*, Vol Ⅱ, trans. by John Cottingham et al., Cambridge, 1984/2005, pp. 25–26.

的，因为知识既是客观的（它与知识对象联系），又是主观的（它为心灵所把握）。

由于笛卡尔在知识论中的工作，他之后的近代哲学家大都接受观念理论。在他们看来，心灵关于观念的存在以及内容的知识，被认为可以经受笛卡尔式怀疑的考验，因此确实可靠的知识都必须是观念。当然，在这种意义上，形式或者理念是不能充当知识的。[1]

在这个背景下，语言学转向的意义也就比较清楚了。它在否定观念理论的同时，承认知识的本质依赖于语言。这样，知识就从心灵移植到了语言中，人们要通过讨论语言。而不是心灵，来讨论知识。

不过，按照这种解释，人们似乎应该说，笛卡尔以来的近代哲学中，第一哲学是心理学，而不是知识论——在这种意义上，从近代哲学到分析哲学，并不存在那种剧烈的能够称其为"转向"的变化。

这种说法是错误的。情况要比初看起来的复杂。近代哲学并不以心理学为最终基础，这是因为只有当通过了辩护程序的检验，才能有心理学，而这种辩护程序的建立是知识论的任务。近代哲学的实际情况不是说，人们先建立了心理学，然后，心理学的成果作为前提进入知识论讨论；相反，知识论讨论先于心理学产生。是人们理解知识的那种模式，造就了现在人们所说的心理学的早期形态。按照这种模式，人们会问，知识的"位置"在哪里，又是怎样到那里去的。正是在这种意义上，近代知识论是一种观念理论。

也可以看出，观念理论为理解知识所提供框架为怀疑论的提出提供了机会。观念理论造就了心灵的"内外之别"，而正是这种内外之别，使得笛卡尔能够说，魔鬼能够使心灵之内的东西与心灵之外的东西发生系统性的错误配置，而这种系统错误是无法靠心灵之内的东西来予以矫正的。如果知识不是按照这种观念理论的方式"落实"，那么至少，笛卡尔的怀疑论也就可能避免了。

分析哲学的建立，确实是一种可以被称为"转向"的变化。近代的"知识论转向"通过提出辩护要求来迫使所有的哲学主张都做出回应；而分析哲学的建立，则是通过追问辩护本身的本质，追问何种辩护标准是合法的，把哲学思考又推进了一个层次。

这一点体现在"语言学转向"上。为理解这一点，不妨看我们会如

---

[1] 读者可自行考虑一下，柏拉图的形式或理念是否也能够担当此任。你只需考虑魔鬼的蛊惑是否能让我们错误地把握形式或理念。

何回答形如"你凭什么说 X 实际上……"这样的笛卡尔式问题。不管怎样，我们的回答中肯定会包含对于"X 是什么"的解释，而这样的解释相当于回答"'X'这个词的意义是什么"或者"'X'这个词指什么东西"这类问题。这类问题决定了我们关于 X 的断言应该如何得到辩护。

这里需要做些简单的辨析。很可能有人会说：当我对关于 X 的断言做出辩护时，我所关心的是事物，是 X 本身；但是，当我解释一个词的意思时，我所关心的却不是 X 本身，而是"X"这个词；因此，问题就是，关于词语的讨论何以能够决定人们该如何谈论事物呢？

这个问题几乎是所有最初接触分析哲学的人都会提的一个问题。它来自这样一个事实：人们总是可以任意约定一个词表示什么，从而可以任意约定其意义。我们可以指望从这种任意约定的东西中获得什么哲学上的教益呢？对此，我建议区分一下词语的意义本身，与词语和意义的搭配关系。可以任意约定的是词语与意义的搭配关系，而我们这里所关心的是意义本身。

例如，对于"你凭什么认为闪电是一种云层放电现象"这个问题，你的回答应当包括对"什么是闪电"这个问题的解释。这种解释将为你提供一个标准，用以判断你的断定"闪电是一种云层放电现象"是不是对的。当然，你的解释可能是不充分的，但仍然可以充当必要的标准。假设你对闪电的了解仅限于说，"闪电是一种炫目的东西"，那么当云层放电现象并不炫目时，你就可以认为，用这种放电现象来解释闪电就是错误的。在这个例子中我们不难注意到，当用炫目来解释闪电时，你会说，如果某个东西不炫目，那么它就不能叫作"闪电"。此时你不是在探究一个词可以怎么定义，而是在探究这个已经得到定义的词在定义中包含了什么。这当然不是什么约定。①

分析哲学家关心意义，这是因为，询问意义是什么，就是在询问对于词语所指的对象该如何理解，而这种理解决定了关于该对象的知识应该以何种方式获得辩护。他的关注点与语言学家显然是不同的，他关心的是知识，而不是语言本身。当然，通过这一点我们也可以看到，语言哲学并不足以涵盖分析哲学。在当前的分析哲学当中，语言哲学已经是一个相对独立的研究领域，人们希望通过语言哲学的研究，来理解语言本身。但是，在分析哲学的早期，像弗雷格和罗素这样的哲学家，则是出于知识论兴趣

---

① 对词语的意义进行分析，这在很大程度上就是在处理概念问题。读者不妨回顾一下前面关于概念问题与事实问题之间的区分。

来关注语言的。在这种情况下，语言实际上是怎样的，这并不重要；重要的是，就其作为知识的载体而言，语言能够是怎样的。

"语言学转向"这个术语的深意在于，它要求哲学家透过语言来理解意义，从而理解知识以及知识的对象，而不是透过观念来理解。按照这个标准来看，如果一个哲学家认为词语的意义就是人们在这个词上所联系的观念，那么这个哲学家无疑就不是分析哲学家了。①

用"语言学转向"来描述分析哲学，这立即引起了一个问题：既然当问题进一步深化时人们必须关注辩护标准，从而关注意义，那么又为何必须要透过语言来关注意义呢？

诚然，语言是意义的物质外壳，我们要通过这层物质外壳来识别意义。但是，这不足以让我们说，意义本质上不能离开语言。意义很可能只是碰巧与语言联系在一起，但优先性论题所断定的显然不是这种偶然的联系。需要解释的是，语言与意义之间为何必须按照优先性论题要求的那种方式联系在一起。

笔者推荐的理解思路与逻辑主义的数学哲学联系在一起。作为分析哲学的创始人，弗雷格和罗素都被认为在数学哲学上持有逻辑主义的立场②，并且，他们都是作为数学家开始自己的分析哲学工作的。这不是一个偶然的事实。在笔者看来，分析哲学就是逻辑主义数学哲学的动机起作用的结果。

下一节将介绍逻辑主义动机。之后，我们将利用逻辑来讨论语言与意义之间的关系。本章第四节的讨论将表明，分析哲学家会在何种意义上承认，语言优先于逻辑，也就是说，为何必须通过语言来把握逻辑；第五节则表明，他会在何种意义上承认，逻辑应当优先于意义，也就是说，一定要通过逻辑来说明怎样才算把握了意义。把这两节讨论的结果放到一起，我们就得到了语言的优先性论题。本书对语言学转向给出的解释就是，语言与意义之间的先后关系是通过逻辑建立起来的，它们之于逻辑的关系决定了，语言必须先于意义。

---

① 可以参考达米特在《分析哲学的起源》第 4 页中关于牛津哲学家埃文斯的讨论。埃文斯虽然没有使用观念理论的思考方式，但仍然把心理学放在比语言哲学更加重要的地位上。这样，他还是背离了分析哲学的初始动机。

② 确切地说，弗雷格只对算术持有逻辑主义观点，而对几何学则不是。随着逻辑主义计划的失败，晚年的弗雷格放弃了算术上的逻辑主义立场。

第三节　分析哲学的逻辑主义动机

逻辑与辩护紧密地联系在一起。辩护就是从已知为真的前提推论出需要辩护的结论。辩护必须以合乎逻辑的方式进行，在这种意义上，逻辑为辩护提供了一种结构，使得充当前提与结论的命题以某种方式联系起来。可以说，一个逻辑系统[①]就相当于一种关于辩护结构的理论。只要把参与推理的句子用逻辑符号表达出来，通过逻辑系统就可以确定，可以构造什么样的真句子，这些句子构成了逻辑命题的实例；还可以看出，什么样的推理过程是有效的；最后还可以看到，某个命题是否可以从给定的前提出发按照有效的推理推出来。当然，用逻辑符号表达推理的时候，符号的意义必须等于推理的内容，这时，我们就要考虑意义。按照逻辑系统的要求来展开推理，实际上就是依据语言的意义来开始一个辩护程序。

对于逻辑与意义之间的关系，可以有两种不同的理解方式。一种方式是认为，意义必须通过逻辑结构来把握，这就是在主张逻辑先于意义；另外一种方式则是认为，意义可以不通过逻辑结构来把握，在这种情况下，意义就是通过直觉得到把握的。因此，要坚持逻辑之于意义的优先性，就必须排除用直觉的方式把握意义。

接下来简要勾勒一下分析哲学的直接动机，即逻辑主义动机。

分析哲学的创始人弗雷格和罗素都是通过数学基础研究开始自己的分析哲学工作的。这项工作的目的是为算术提供基础，即证明算术真命题确实是真的。他们试图在逻辑的基础上做这件事，在逻辑系统内证明算术命题，这就是通常所说的"逻辑主义计划"（logicistic project）。

显然，逻辑主义计划所要回答的是一个笛卡尔式的问题，即"凭什么说算术命题是真的"。这个问题的特殊性使分析哲学的建立得以可能，它迫使人们考虑什么才算是真正严格的辩护。

在19世纪后期之前，数学哲学还是由康德占据主导地位。按照这种观点，算术命题与几何命题都是先天综合命题，它们通过先天直觉的综合作用建立起来，而不是由数学对象独立于心灵而具有的性质所决定的。如果持有这种观点，那么对问题"2+3=5为什么是真的"，所能给出的回答就只能是，"在我看来就是如此"。当然，这里的"我"必须是先验主

[①] 逻辑系统就是由逻辑符号、逻辑命题以及逻辑规则构成的系统。

体，而不是单个的个人。但这个回答是非常可疑的。不管诉诸什么样的直觉，所能得到的辩护都只能是重复待辩护的那个命题，而这是否能够成为一种辩护，还很成问题。

尽管如此，这种观点仍然是观念理论所能达到的最终看法。如果认为知识只不过是观念，那么知识是什么样的，也就取决于观念会接受何种约束。另一方面，康德的先验知识论又用心灵的认知能力结构来解释观念所接受的约束。这样，解释知识的原则最终也就归于心灵；直觉，作为最基本最简单的心灵活动，也就承担着解释知识的作用。

但是，数学家的研究活动已经表明，直觉不是推论的可靠向导。直觉会使人在不知情的情况下产生逻辑跳跃，甚至是偷换概念。可靠性总是通过对直觉性的结论做出分析而获得的。这使人们只需要针对经过分析以后得到的东西动用直觉，从而减少对直觉的依赖。数学的发展本身就可以看作是一个逐步摆脱直觉，而改用演绎证明的方式建立结论的过程。

欧氏几何就是一个清楚的例子。长期以来，欧氏几何都被认为是精确科学的典范，因为欧氏几何体系是尽量用演绎证明来代替直觉的结果。尽管如此，欧氏几何还是在一些公理和方法上诉诸直觉，比如平行公理，比如做辅助线的方法。一旦改变平行公理，数学家就得到了其他种类的几何，即非欧几何。

对几何证明来说，直觉甚至不是真正起作用的要素。比如，在射影几何中有一条普适的定理，即对偶性定理，它是说，把几何定理中的点、线和面系统地互换，定理仍然成立。这意味着，即使错把点看成面，而把面看成点，我们仍然能够得到同样的结论。数学家希尔伯特于1902年出版的《几何基础》，则使几何学完全摆脱直觉。①

非欧几何的出现对康德的先天直觉解释构成了挑战。如果几何命题是通过先天直觉的综合作用建立的，而我们又不能像经验主体那样有多个先验主体，那么最终就应该只有一种几何学是正确的。但是，广义相对论证明，我们可以用不同的几何学对世界做出正确的描述。广义相对论使用的黎曼几何就是一种非欧几何。这一事实表明，非欧几何根本不是几何学家用来打发闲暇时光的虚构物。

对算术来说，由直觉引起的问题更加明显。很难说，数是一种直觉的

---

① Hilbert, D., *The Foundations of Geometry*, trans. by E. J. Townsend, Chicago：The Open Court Publishing Company, 1902. 关于希尔伯特的工作，我们会在第九章详细讨论。需要说明，弗雷格的逻辑主义计划并不是受了希尔伯特的工作的启发才制订的。这里援引希尔伯特以及非欧几何，只是在说明逻辑主义所处的学术气候。

对象。能够一看之下就知道两个数不同,这对像 2 和 3 这样比较小的数似乎没有什么问题,但对于像 849234 与 84923 这样的数来说肯定是无法办到的。这就使康德关于算术命题的先天直觉解释,变得神秘起来。算术不像几何,我们一般不能诉诸直觉来为算术命题的真假做出判断。康德的解释在这里实际上是没有用处的。①

在弗雷格和罗素那里,逻辑主义计划是用演绎证明替代直觉的一种尝试,它试图把能够排除的直觉从算术证明中完全排除出去,从而达到算术的绝对严格性。② 这个计划旨在把欧氏几何的成就扩展到算术中。正如欧氏几何是一项数学工作,逻辑主义计划也是一项数学工作。在这种意义上,逻辑主义试图为算术提供基础的工作属于"元数学"(meta-mathematics)。

按照逻辑主义计划,当把足够多的直觉从算术中排除掉时,取而代之的就是逻辑命题和逻辑推演规则。为此,需要先用逻辑词项③来定义自然数,从而最终把算术命题还原成(reduce to)逻辑命题。其他数则用自然数定义出来。因此,人们通常把算术命题可以还原成逻辑命题当作逻辑主义的核心观点。

这个想法的吸引力在于,这样就把逻辑所具备的可靠性赋予了算术。沿着这个思路再走一步就不难看到,要对算术命题做出辩护,就要对逻辑命题进行辩护,就要回答,逻辑为什么是可靠的。

逻辑的可靠性问题具有一种让人着迷的特性。我们知道,要证明某个内容是可靠的,我们总是会诉诸逻辑,逻辑是论证可靠性的基础;现在,如果要确定逻辑本身是不是可靠的,我们是否该使用逻辑呢?显然,我们不能在逻辑的基础上证明逻辑可靠,这样就会进入循环。逻辑具有一种终极的可靠性,这使我们不能用论证其他知识的可靠性的方式来论证逻辑可靠。

面对这个问题,有两条路可走,一条是科学的,另外一条是哲学的。

科学的辩护策略是诉诸后果。科学家为一种科学理论辩护的方式,就

---

① 弗雷格关于这个问题的讨论,可以参见《算术基础》(*The Foundations of Arithmetic:A Logical-Mathematical Enquiry into the Concept of Number*, 2nd ed., Trans. by J. L. Austin, Harper & Brothers, 1960),第 5 节。
② 当然,这并不是说要把所有直觉都排除掉。本节后面就会涉及这个问题。
③ 逻辑词项就是对于表达逻辑命题和逻辑规则来说必要的那些词项。一般说来,逻辑词项包括逻辑联结词量词和变元。在有些情况下还包括等号和一些算子,比如摹状词算子和外延算子。

是运用该理论，然后看由此产生的结论是否得到观察的确认。这种策略不能最终证明理论是真的，但能够增强我们对于理论的信心。这是一个可以称为"科学进步"的过程。

如果用逻辑系统来类比科学理论，那么为逻辑系统辩护的方式，实际上也就是看它是否能够得到预期的结果。对于逻辑主义计划来说，这种结果就是证明算术命题。在这个过程中，如果情况极为不利，人们有时也会修改逻辑系统。这么做常常是可以理解的，因为，如果区分逻辑系统和逻辑本身，并把后者当作实际上起作用的东西，那么逻辑系统就表明了我们对逻辑的认识是怎样的，因此修改逻辑系统，也就是改进我们对逻辑的认识。

当然，逻辑系统也可以用来干别的事情，比如试探性地减少其他知识领域中的直觉性概念，从而展现这种知识的逻辑结构。这样做也有利于提高这些知识领域的可靠性。与此同时，对那些直觉性概念的逻辑分析，常常会带来一些哲学上的后果。比如对于时间概念的分析产生了时间哲学，对于行为概念的分析产生了行动哲学，对因果关系的分析则构成了科学哲学和心灵哲学中的重要部分，等等。这样的分析差不多囊括了当代分析哲学家工作的所有领域。这些工作是哲学的，但在精神上又是科学的，人们希望本着累进的原则深化扩展人类的知识。它验证着逻辑系统的有效性，但从未完全证明它——人们往往并不看重这种验证的作用，而是看重逻辑分析的哲学后果。这些哲学后果虽然没有决定性地证明逻辑系统是可靠的，但仍然推进了我们对于相应概念的理解。

在精神气质上，所有的分析哲学家都是某种或强或弱的意义上的逻辑主义者。如果我们把逻辑主义的主导思想宽泛地理解成用逻辑来替代直觉，从而使我们的知识更具可靠性，那么所有分析哲学家的工作实际上都遵循这一精神。[①] 前面所说的数学哲学中的逻辑主义，则把这一精神推到底，它要求把专门属于某个知识领域中的直觉完全排除掉。当然，如果这个领域是至今为止在可靠性上最接近于逻辑的算术，那么持有这种逻辑主义的信念，似乎是很自然的。

可以认为，罗素就是按照这种科学的方式来看待逻辑的。弗雷格的态度部分地符合科学的方式，但也部分地符合哲学的方式。

对逻辑命题的哲学式辩护，则是从逻辑以及辩护的本性出发，来说明

---

① 20世纪70年代以后，由于克里普克的影响，人们在哲学中的工作越来越多地诉诸直觉。这种趋势应该说是罗素的实在论动机过度扩张的结果。

满足某种条件的逻辑本身就具备可靠性。这种辩护方式直接就确定了某种逻辑系统是否可靠，因而构成了对于逻辑主义计划的最终辩护。

弗雷格的思想中包含了这种哲学式辩护的成分，但这些成分还不足以建立成熟而且稳定的观点。不过，他明确意识到，把逻辑的有效性交给直觉，也就无法保证知识的客观性；对于辩护以及客观性的要求，使我们不得不抛弃观念理论，而转向对于理性的新的解释。我们会在第四章详细说明弗雷格的辩护。这种辩护在维特根斯坦的《逻辑哲学论》中得以完成，并最终体现为逻辑和理性的自主性。

正是在这种哲学的辩护方式中，语言才作为一种必不可少的条件进入哲学思考。

第四节 语言之于逻辑的优先性

本节中接下来对语言之于逻辑的优先性的推演，是从维特根斯坦那里引申出来的。

虽然逻辑是用来取代直觉的，但逻辑本身起作用，仍然需要一种直觉。这丝毫也不奇怪。简单说来，逻辑起的作用就体现在，要确定某个结论，我们总是要诉诸理由。而如果用直觉的方式来做这件事，那就是直接给出结论，而不诉诸理由。利用这个简单的类比就可以看到，逻辑的使用是以直觉为条件的，因为寻求理由的过程不能无穷回溯，在尽头等着我们的，肯定就是某种直觉。

这种直觉必须只具备极小的内容。这就是说，它不能引起前面用来解释先天综合命题的那种独断，换言之，它没有那种需要理由来加以支撑的认知性的内容。我们之所以难以容忍重复一个命题的方式来说明接受这个命题的理由，是因为我们觉得，这个命题表达了某种知识；而如果这个命题并不准备表达知识，而是表明某种惯例（convention）①，那么我们就不会提出这样的要求。在一种惯例性的活动中，我们需要的直觉内容仅限

---

① 这里的"convention"一词在汉语文献中常被译为"约定"。但"约定"一词可以理解为"通过使用明确的语言来达成一致"，而在我们这里的语境中并没有这样的意思。我们不可能通过语言来约定如何使用语言。这里使用"惯例"一词就意在避开这一理解。惯例是一种相对固定的行为方式。当人们参与一种惯例性的活动时，也就等于接受了这种活动的方式或者规程。人们可以通过投入这类活动来学会这种行为方式，而不必参照语言的指示。

于把不同的东西区分开，而不需要另外确定这些不同的东西本身是什么。因为，在把这些东西区别开的前提下，我们是通过比照惯例来确定它们各自是什么的。

比如，在棋类游戏中，一枚棋子是什么，这是通过下棋这种惯例性的活动决定的。通过参照惯例，棋子之间的关系，即各枚棋子的功能，也就固定下来，这进而也就确定了这些棋子各自是什么。一旦学会下棋，比如为了判断某枚棋子是不是马，所需要的就是那种极小内容的直觉。我们只需要把这个棋子与别的棋子区分开，而不需要弄清这枚棋子的质地、形状等方面实际上是什么样的。这种区分是相对的，因为在一种情况下认为是马的棋子，在另外一种情况下可以充当其他棋子——我们有时也用马的棋子来充当车。

逻辑赖以起作用的那种直觉，就因为与使用符号这样一种惯例性的活动相关联，而具备极小内容。当对某个内容运用逻辑时，这种符号就"捕捉"到这个内容。这种符号显然就是语言。对符号的使用就是一种惯例性的活动，而语言则是通过这种活动而得到定义的。按照这样的定义，我们把符号理解为具有句法（syntax）特性的东西。①

语言的句法类似于棋类游戏。只要建立了不同词语之间的连接关系，词语本身如何拼写，是不重要的。只要明确了句法规则，人们可以随意发明一种语言。对语言的识别，就只需要那种极小内容的直觉。我们不会说，某人识别了某个词句，就说明他的认知能力有多高，但我们肯定会说，这说明了他对这种语言的掌握有多好。逻辑与语言能力紧密地联系在一起。

第五节　反对心理主义

认为推理的有效性可以通过直觉来保证，这种观点常常以心理主义理论（psychologism）为依据。在大多数情况下，直觉被认为是心理活动的结果。如果直觉可以保证推理是有效的，那么这种有效性显然可以从心理学得到解释。像密尔这样的经验论者认为，算术知识是经验概括的结果，这种概括最终受制于心理机制，而不是理性的推理过程。因此，他也可以

---

① "句法"一词的确切意思到第二章会更加清楚。在这里，读者可以直接把句法理解为类似于一种语言中的语法，区别只在于，"句法"这个词多用于逻辑系统。

同意算术最终来自于逻辑，但把逻辑解释成心理机制作用的结果。这种针对逻辑的心理主义，实际上是休谟关于因果推理以及归纳推理的怀疑论的一种推广形式。休谟通过建立怀疑论论证，来说明不可能为推理给予理性的辩护，而只能考察推理实际上是如何进行的。心理主义正是在这种发生学的意义上起作用。

心理主义观点否认逻辑命题具有独立的基础和地位，不难看到，这直接与逻辑主义计划相冲突。逻辑主义要求辩护的严格性，而辩护必须建立在逻辑的基础上；现在，如果逻辑不具备独立地位，那么辩护也就无从谈起了。试想，如果推理受制于心理规律，而任意的心理活动都受制于心理规律，那么逻辑一旦可以通过心理规律得到解释，也就对心理活动失去约束了，因为任何做出了的心理活动都合乎心理规律；但是，"辩护"这个概念本身就要求，可以通过一种推理活动，来为信念建立约束。作为确定辩护结构的东西，逻辑是具有规范性的，而逻辑主义者之所以不同意心理主义，也正是因为它不能容纳逻辑的规范性。

此外，关于意义也有一种心理主义观点，即意义就是与语言或符号相联系的观念的内容。对逻辑持有心理主义观点，自然也要对意义持这种观点。如果推理过程受制于心理规律，那么，参与推理过程的东西，即内容，就不可能在本质上落于心理领域之外。当符号或语言把这种内容表达出来时，它们也就获得意义。这样看，意义当然也应该是心理的东西，或者是由心理状态所决定的东西，否则就不能表达心理的内容。

不难看到，前面所说的那种关于知识的观念理论，需要这种针对意义的心理主义。如果认为知识是观念，是一种心理内容，那么用来表达知识的语言，其意义也就应当是由这种心理内容确定的，或者直接就是这种心理内容。这是因为，用来表达知识的语言，应当以知识的内容作为其意义。这种关于知识与意义的图景看起来就好像是在说，心灵中的知识内容以包裹的形式存在，而语言就好像是传递包裹的载体，把知识内容从一个心灵传递到另外一个心灵。

观念理论甚至也需要关于逻辑的心理主义。可以说，如果在逻辑上做到充分一致，持有观念理论的结果就是滑向关于逻辑的心理主义。我们是依据语言的意义来组织辩护程序的，只要充分地忠实于意义，也就很好地遵守了逻辑。因此，合乎逻辑地推理与按照意义进行推理，这是同一回事。由此很容易看出，如果意义是受制于心理规律的，那么逻辑也就受制于心理规律。

弗雷格不遗余力地反对心理主义，而罗素则只是在其开始分析哲学工作的早期反对过心理主义，后来转而皈依心理主义。按照前面的论述，只要一贯地坚持逻辑主义动机，就会反对心理主义。罗素虽然持有逻辑主义，但他的科学的累进主义精神，在很大程度上妨碍了他融贯地实施一种整体性的策略；他的思想中的某些因素，特别是关于逻辑的具体看法，也在诱导他偏离这种策略。

在分析哲学内部，存在着两个形态非常不同的传统。它们分别以弗雷格和罗素为开端，我们不妨分别称为"弗雷格主义"和"罗素主义"。在本书的大部分篇幅中，我们都将沿用这两个术语，并在此基础上为讨论到的各个分析哲学家的思想进行定位。

接下来看弗雷格是如何反对心理主义的。他的工作确保了逻辑之于意义的优先性，从而最终确立了语言的优先性。这里，我们着重考虑关于意义的心理主义观点。这也是弗雷格重点防御的观点。

出于逻辑主义动机，弗雷格需要反对心理主义。但仅仅是论证心理主义观点是错的，还是远远不够。由于心理主义观点体现为用直觉来解释推理的有效性，当弗雷格利用逻辑系统来确保推理的有效性时，就需要提供一种逻辑机制，这种机制能够屏蔽直觉，这才算达成目的。

弗雷格所利用的逻辑机制是他建立概念文字系统[①]的主导原则，这就是他所说的"语境原则"（the context principle）。

语境原则的最初表述是，"绝不单独探究词语的意义，而只能在命题的语境之内进行探究"[②]。这个原则有强弱不同的理解。弱的理解是，把这个原则当作确定词语意义的方法。如果这么理解，就会允许词语的意义本身独立存在，语境原则只是确定了这些独立存在的意义怎样与词语对应起来。而比这更强一些的理解则是否认意义本身会有一种独立的存在。这样理解的话，这个原则所制约的就是意义本身，而不是意义与词语的对应关系。

我们马上就会看到，弱的理解不能达到屏蔽心理主义的目的。我们需要一种强的理解，即脱离了命题语境，也就谈不上有意义。

对于强的理解，我们还可以就命题语境是如何对意义进行制约的，做进一步区分。一种理解是，命题语境定义了什么是意义，因而命题语境是

[①] 弗雷格自己所建立的逻辑系统因为具有一些非常明确的特征，通常被称为"概念文字"（Begriffsschrift）。

[②] 《算术基础》，*The Foundations of Arithmetic*: *A Logical-Mathematical Enquiry into the concept of Number*, 2nd ed., Trans. by J. L. Austin, Harper & Brothers, 1960, p. xxii.

确定意义的充分必要条件；另外一种理解则是，命题语境对于意义来说不是定义性的，它仅仅为意义的确定提供了必要条件。通过以下论述我们会看到，就反对心理主义而言，需要的只是后一种理解。

语境原则之所以能够用来屏蔽心理主义，是因为它排除了对意义做出心理主义解释所需要的必要条件，这个条件就是，词语可以单独获得意义。

为了理解这一点，不妨考虑一下心理主义的观点究竟是什么。关于意义的心理主义观点是说，词语的意义就是与词语相联系的一种观念。比如"1"这个数词的意义就被解释成，当我们看到这个数词时，就会自然地产生的一个观念，比如关于一只苹果的表象。暂且不管什么样的观念与词语相联系，也不论这种联系的建立需要什么条件，有一点是不变的：由于观念与词语是不同的事物，使得词语获得意义的那种联系总是针对单个词语建立的，这进而意味着，词语是单独获得意义的。现在，既然从心理主义观点可以得到这一结论，它就构成了心理主义观点的必要条件。

或许会有这么一种情况，不同的词语以相互联系的方式一起与一组观念建立对应关系，这样一来，词语就不是单独具有意义了。比如，人们也许会认为，只有当"1""2""3"等这样的数词都对应相应数目的苹果的观念，才能说它们获得了意义。当人们把一只苹果当作计数单位时，或许就会这么认为。在这种情况下，不同的词语是一同获得意义的。

不过，这种类型的反驳意见仍然会以不同的方式要求词语单独获得意义，从而可以利用语境原则来加以排除。比如，在前面关于数词的例子中，"单位"这个词仍然是单独获得意义的，它对应于一只苹果的观念。事实上，当要求不同的词语一起与语言之外的东西（即观念）建立对应，从而一起获得意义时，总是在同时要求用某个词语来表明这些词语之间的关系，而这个词语是单独获得意义的。

可能会有一种反对意见说，承认词语在与其他词语的联系中才能获得意义，这将导致循环。因为，如果词语 A 的意义是由其他词语例如 B 确定的，而 B 的意义又是由另外的词语来确定的，那么就要么导致无穷后退，要么导致循环。但这个意见并不成立。如果词语 A 是从 B 获得意义的，那么 B 就必须先获得意义，但这仍然可以是词语单独获得意义的情况。如果词语不能单独获得意义，那么它也就不能从其他词语获得，而是与其他词语一同获得。在这种情况下，如果就某个词语我们不能确定它的意义是什么，这不能算是它没有确定的意义。

如果坚持语境原则，那么为词语确定意义的那种联系，就是通过共同构成命题建立的。如果沿用达米特的表述,这样做就把意义解释成"词语对于句子意义所做出的贡献"①。我们可以这么确定单个词语的意义:先确定包含该词语的句子意义,然后确定这些句子意义的重合部分,这种重合的部分就是该词语的意义。

把问题再想深一层就不难发现,如果句子的意义(也就是句子表达的思想)本身还是可以用句子所表达的观念来确定的,那么心理主义就以另外一种方式回归了。在这种情况下,观念理论者可以解释说,观念实际上对应于句子而不是词语,因而句子意义就是用观念来解释的;然后他可以继续用达米特的方式来解释词语的意义。这样就得到一种合乎语境原则的心理主义观点。

因此,反心理主义的哲学动机不仅要求不能单独考虑单个词语的意义,而且要求不能单独考虑单个句子的意义。必须在与其他句子建立的联系中确定句子意义。在后面恰当的时候(第四章第二节)我们再更加详细地讨论这个问题,这里只是简单说明一下。一种自然而然的考虑是,这里所需要的句子联系,就是句子通过在推理活动中得到使用而建立的推理性联系。这样考虑的好处是显而易见的。如果句子意义是这样获得的,那么思想就将受制于辩护结构,受制于由逻辑系统确定的结构关系。这将使思想彻底摆脱心理规律的控制,而仅仅服务于"辩护"这一知识论目的。只有这样做,才会有真正意义上的辩护。

至此,我们就可以看到,在何种意义上逻辑优先于思想。在前一节我们也看到为什么说语言优先于逻辑。这两种优先性联系起来就得到了语言之于思想的优先性。语言学转向的内涵,至此也就清楚了。

阅读材料

1. 弗雷格:"论概念文字的科学根据",载《弗雷格哲学论著选辑》,王路编译,商务印书馆 2006 年版。

2. 弗雷格:《概念文字》序,载《弗雷格哲学论著选辑》。

---

① Dummett, *Frege: Philosophy of Language*, 2nd., Harvard University Press, 1981, pp. 4-7.

第二章 弗雷格:函项逻辑

第二至第四章讨论分析哲学中的弗雷格传统。函项逻辑是弗雷格对分析哲学做出的最为基础的贡献。在这一章,我们主要考虑函项逻辑基本的设计理念,与此同时我们可以观察,语言学转向是如何得到体现的。

第一节 什么是逻辑?

在弗雷格和罗素的时代,即当代数理逻辑奠基的时代,对什么是逻辑,当时人们的理解与现在体现在数理逻辑教科书中的理解不同。要理解逻辑主义,要理解分析哲学的动机,就要充分重视这一点。

在这一节中,我们从逻辑与语言的关系,以及逻辑与意义的关系这两个维度,来看看逻辑主义所理解的逻辑是什么。

当代数理逻辑通常被视为一种辅助性的工具,它可以帮助人们把推理变得更加严格,也可以帮助人们得到一些一时难以直观地看出的结论。逻辑起这种作用的方式是:先用逻辑符号来改写我们的推理前提,这样就可以利用逻辑规则来展开计算,由此得到的结果就是推理的结论,这样,我们就用逻辑计算取代了依赖于直觉的推理过程。按照这种理解,逻辑本身不为推理提供前提,而只是提供推理规则。这样的逻辑本质上是自然演绎逻辑,而不是公理系统。

我们还可以用"条件式主义"(conditionalism)这个词来称呼这种观点。具有"如果……那么……"这类形式的句子通常叫作"条件式"(conditional)。按照这种观点,逻辑的运用在形式上就构成了条件句。这是一种具有输入输出的形式,当我们从自然语言中输入前提,逻辑就为我们输出结论。逻辑的本质就在于,当前提为真时,它能保证结论也为真——逻辑本身并不说明什么是真的。

按这种方式理解,逻辑所要保证的就是推理过程的可判定性(decidability)。当一个推理过程可以用有穷多步机械的计算过程完成，我们就说这个过程是可判定的。"可判定性"这个词也用于判断一个符号串是否合法。当我们用某个逻辑系统所规定的符号串来表示句子时，有些符号串可以表示有意义的句子，这些符号串就被称为"合式公式"（well-formed formula），其他的符号串则不能。一个逻辑系统应当包含用来构造合式公式的规则，利用这些规则，我们可以通过有穷长的步骤构造任意一个合式公式。在这种意义上，我们也说，某公式是否合式公式，这是可以判定的。

如果逻辑系统在上述两种意义上是可以判定的，那么我们就可以利用这个系统通过计算来进行推理。只有具备可判定性，才有可能排除直觉成分的参与，从而达到推理的严格性。

自然推理是借助语言的意义进行的，语言的符号形式仅仅是识别出意义的线索，这些线索只要达到在推理过程中不至于忘记我们使用的是什么意义即可。这样的要求不足以达到可判定性的需要。要达到可判定性，就必须把所有在推理中起作用的语义要素都体现在符号形式上，从而最终单单从符号形式上就可以判断推理是否有效。这样的符号形式我们常常称为"句法特征"（syntactical feature），逻辑系统中对句法特征所做出的规定则称为"句法"（syntax）。在逻辑系统中对符号的意义，或者符号表示什么东西所做出的规定，则被称为"语义学"（semantics）。相应地，符号在逻辑系统中的意义就被称为符号的语义。

容易看到，按照条件式主义的理解，逻辑本身是不提供知识的。这不是逻辑主义理解的逻辑。如果认为算术是一种知识，而逻辑主义希望从逻辑中导出算术，那么逻辑主义心目中的逻辑，就应当提供知识。而这至少也就要求，逻辑本身就应当保证一些句子是真的，而不止于保证推理的有效性。

逻辑主义所理解的逻辑，通常被称为"普遍主义"（universalism）。按照这种观点，逻辑系统所刻画的，是最为普遍的知识。这样，它就以与条件式主义不同的方式来解释逻辑的普适性。条件式主义的解释是，逻辑是无内容的，因此它适用于任何内容；普遍主义的解释则是，逻辑具有内容，这种内容本身是最为普遍的。

弗雷格和罗素对于这种最为普遍的内容有不同的理解。在弗雷格看来，这种内容就是真这个概念所包含的内容；而在罗素看来，这种内容则是实在最为一般的形式特征，或者说就是实在的逻辑形式。这样，对弗雷格来说，逻辑是关于真这个概念的知识，而对于罗素来说，逻辑则是关于实在的逻辑形式的知识。这两种知识包含在所有知识中。对弗雷格来说，任何知识都必须表达为真命题，因而分有了真这个概念；而对罗素来说，任何知识都是关于实在的知识，因而受制于实在的逻辑形式。弗雷格主义与罗素主义对知识的理解是不同的，但这不影响它们都认同普遍主义逻辑观。它们的逻辑主义动机是相同的。

很难说，逻辑主义者会在与内容对立的那种意义上，把逻辑当作是形式的。但他仍然可以通过在某种意义上满足可判定性要求，来使得逻辑系统具有某种形式性。这种形式性是指，当把逻辑运用于特定的自然推理时，无须理解自然推理所涉及的特定词汇，就能够判定推理的有效性。但逻辑主义会认为，要能够识别出逻辑真句子，必须理解一类通常称为"逻辑词项"（logical terms）的词汇。比如，要判断出句子"p∨~p"是真的，我们无须知道"p"的意义，但必须知道"∨"以及"~"的意义。这个句子可以在这种意义上被认为是形式的，但这不过是普遍性的另外一种说法。

与条件式主义不同，普遍主义认为逻辑词项是一种语言，而不是像条件式主义所理解的那样，是一种算符。按照条件式主义，我们事先无须知道符号的意义，就可以利用这些符号来达到逻辑的目的；对符号进行的"赋值"① 可以与符号变换（即推理）的有效性分开得到解释。但在普遍主义逻辑中，只有对非逻辑词项可以这么处理，对逻辑词项则不能——符号变换的有效性，恰恰是由逻辑词项的意义所保证的。

人们对逻辑的理解是后来才过渡到条件式主义的。这是因为人们把元数学中的形式主义思想引进了分析哲学。后面到第九章我们再讨论这种形式主义思想。

第二节　词项逻辑

设计逻辑系统的目的，就是以恰当的数学结构来表示命题②，这种结

---

① 这里所说的"赋值"，在模型论中又被称为"解释"（interpretation），即把符号与非符号的东西对应起来，并让符号表示这些东西。
② "命题"这个词在通常的情况下是指就具有内容而言的句子，但在弗雷格和罗素那里则用来指句子所表达的、能够称其为知识的内容。在讨论命题结构时，我们所关心的是句子的完整内容如何构成。如果坚持认为命题结构与句子结构间存在对应关系，我们就可以利用句子结构来谈论命题结构。

构能够解释关于这个命题的推理为何是有效的或者无效的。与此同时，这种数学结构也要能够说明新的命题是如何构成的，并且，要能够判断由此构成的命题是不是完整的命题。对特定的句子或者其他具有意义的符号串来说，揭示这种数学结构的过程，就是逻辑分析。

推理的可判定性由数学结构的简单性保证。因此，无论是什么样的逻辑系统，都会遵循一个方法论原则，即用尽可能简单的一个或少数几个基础数学结构，来表示命题的逻辑结构。基础结构越简单，要在其基础上构造命题，所需要的步骤和层次也就越多，命题的逻辑结构也就越长、越复杂。但这种复杂性对于判定过程来说并不构成原则上的障碍。只要命题的长度是有穷的，判定过程就可以完成。

普遍主义逻辑中采用了两种数学结构来充当构造命题的基础结构：在弗雷格那里的函项结构（functional structure）和在罗素那里的关系结构。以函项结构为基础结构的逻辑系统，通常称为"函项逻辑"（functional logic），而以关系结构为基础结构的逻辑系统则称为"关系逻辑"（relational logic）。关系结构可以划归为函项结构，并且在理论上，函项结构具有关系结构所不具备的优点，随着讨论的展开这一点自然清楚。

为了更好地理解函项逻辑，我们可以将其与词项逻辑（term logic）做对照。这一节就简单介绍一下词项逻辑。

一　命题的基本结构

三段论逻辑（syllogism）属于词项逻辑。"词项逻辑"这个术语是就命题的基本结构而言的，而"三段论逻辑"一词则取自有效推理的一般形式。三段论逻辑是词项逻辑的一种，后者是一个外延更广的概念。

词项逻辑是以观念理论为背景建立的，在这种意义上，它与逻辑主义动机、与语境原则相冲突。词项逻辑的基本想法是：1）任何句子都或明或暗地包含了系词"是"，因而都可以写成"S 是 P"的形式，其中"S"与"P"单独具有意义，即单独表达相应的概念，而"S 是 P"则表达这两个概念之间的关系；2）概念之间的所有关系，都最终以包含关系为基础。

词项逻辑中对于命题结构的分析方式，可以利用关于概念的传统理解来加以解释。这种理解可以在康德那里找到系统的阐述。康德在传统的观念理论的框架内理解意义。在康德看来，词语的意义就是与该词语相联系的观念。观念可以区分成形式与内容，其中内容是通过感官获得的，即直觉，而形式则是认知能力本身的特征，它表明观念之间是如何连接起来的，这就是概念。① 比如，对于"红苹果"这个观念，我们会有相应的内容，这种内容是由我们关于红苹果的表象确定的；与此同时，这个观念还具备一种形式，即"红苹果"这个概念。人们在具备红苹果这个观念的同时，也就具备了苹果的观念，而这种关系表现为，红苹果这个概念包含了苹果这个概念。

如果概念之间的所有关系都以包含关系为基础，那么在说明一个概念是什么时，只需说明它包含了哪些概念，而无须考虑这个概念包含何种直觉内容。因此，在用"概念"这个概念来刻画命题的基本结构时，可以把直觉性的内容略去，而仅仅考虑概念，即考虑观念之间通过形式建立起来的关系。

一个概念对应于一个作为外延的集合。对于表达这个概念的词来说，我们可以把这个集合当作是这个词的语义。② 命题中所有具有语义的成分都是以集合作为语义的，这是词项逻辑的基本特征。

不难注意到，这样得到的理解不同于当代的理解。比如，像"苏格拉底是人"这个句子，"苏格拉底"被理解为表示一个概念，而不像现在，理解成表示一个人。这时，这个概念的外延中只包含一个元素，即苏格拉底——这个元素与这个概念的外延显然不是同一个东西。

如果用"概念'S'属于概念'P'"来描述命题结构，那么"属于"就表示两个概念间的包含关系，即概念"P"包含概念"S"。这一点用数学的语言来说就是，"S"的外延是"P"的外延的子集。

使得命题为真的情况有两种：一种情况是，构成命题的两个概念中，主词表示的概念包含了谓词表示的概念；在另外一种情况下这种包含关系不成立，但句子仍然是真的。前面这种情况例如"红苹果是苹果"这个命题，无论"红苹果"与"苹果"表示什么样的观念，这个命题都是真的。它之为真只取决于两个概念的关系，而与它们的直觉内容或者所表示的对象没有关系。后面这种情况比如"苏格拉底是勇敢的"这个命题，它所包含的两个概念之间并无包含关系，它之为真，取决于苏格拉底这个对象是不是勇敢的。如果他是勇敢的，那么由"苏格拉底"和"勇敢"共同构成的概念外延就不是空集，即"是苏格拉底且是勇敢的东西"这个概念的外延不是空的。在康德那里，前一种情况被称为"分析命题"（analytical proposition），后一种情况则被称为"综合命题"（synthetical

---

① 参见康德《纯粹理性批判》，李秋零译，中国人民大学出版社2003年版，第74—75页。
② 以概念的内涵作为语义也没有问题，但这里不必考虑这种情况。

proposition)。

显然,分析命题之为真,仅仅从命题的结构就可以看出,而不需要考虑概念各自的外延,也就是说,不必考虑实在中是否有相应的对象。与此对照,综合命题则取决于有什么样的对象存在。在这种意义上,综合命题表现了实在的情况,我们从这样的命题为真,就可以知道实在是怎样的;分析命题则无法做到这一点。对此人们通常说,分析命题不表达内容,而综合命题表达。

对于命题的这种分析/综合,以及有/无内容的划分,在这里是重合的。一般说来,如果把分析性理解为命题的真值仅仅取决于命题结构,而把句子的内容理解为与命题之外的东西(或者说句子所谈到的东西)的对应关系,那么这两种划分就是重合的。但是,如果把命题结构本身也当作命题内容的一部分,那么这两种划分也就不再重合了。此时命题不管是不是分析的,都会有内容,这种内容就在于命题表现了自己的结构。事实上,在弗雷格那里就是如此。

二 推理的有效性

按照建立逻辑的一般原则,命题结构应当能够解释推理的有效性。词项逻辑把命题解释为概念按照外延的包含关系结合而成的整体。按照这个思路,推理就可以按照集合之间的包含关系来解释。比如这样一个推理:

1. 人都是有死的;
2. 苏格拉底是人;
3. 因此,苏格拉底是有死的。

其中第一个前提(即大前提)说的是,"人"这个概念的外延是"有死的"这个概念的子集;第二个前提则是说"苏格拉底"这个概念的外延(这是一个由苏格拉底这个人作为唯一成员的集合),是"人"这个概念的子集。按照集合的子集关系的可传递性[1],我们就可以知道"苏格拉底"这个概念的外延也是"有死的"这个概念外延的子集,由此得到结论。这样一来,我们就利用包含关系这种集合论结构的数学特性,解释了

---

[1] 一种关系是可传递的,意思就是,如果 A 与 B 之间有这种关系,B 与 C 也有这种关系,那么 A 与 C 就会有这种关系。一个集合是另一个集合的子集,这样一种关系是可传递的;但一个集合是另一个集合的元素,这种关系却不是可以传递的。

这个推理为何是有效的。

由于利用的是包含关系，词项逻辑所理解的命题都是由两个概念构成。由于利用包含关系的可传递性来解释推理，词项逻辑所理解的推理也常常采用三段论的形式。其他形式的命题和推理都要利用两个概念构成的命题，以及三个命题构成的推理来加以解释。

这种解释有时候很笨拙，有时候干脆不可能。比如，我们用另外一种形式来描述前面给出的那个推理：

1）"人"这个概念的外延是"有死的"这个概念的外延的子集；
2）"苏格拉底"这个概念的外延是"人"这个概念的外延的子集；
3）因此，"苏格拉底"这个概念的外延是"有死的"这个概念的外延的子集。

这是一个新的推理，它的每个命题都不仅谈到了概念的外延，而且谈到了包含关系。如何解释这个推理的有效性呢？如果我们分别用"A""B""C"这三个词项来分别表示"'苏格拉底'这个概念的外延"这个概念、"'人'这个概念的外延"这个概念，以及"'有死的'这个概念的外延"这个概念，那么三个命题就依次由B与C，A与B，以及A与C这三对词项，再加上"…是…的子集"这个词项构成。我们不能把各命题中的三个词项算作两个，比如把1）看成是由B与C算作一个词项，再加上"…是…的子集"这个词项构成的，并且类似地把2）中的A与B算作一个词项，3）中的A与C算作一个词项。因为这样一来三个命题就只有"…是…的子集"这个词项是共同的，我们无法利用包含关系来解释这样的推理是如何有效的。经过考察可以发现，其他的组合方式也无法解决这个问题。这是一个很奇怪的现象，因为这个推理中的三个命题，其实都是利用词项逻辑的方式，对前面那个推理中相应命题进行解释得到的。

词项逻辑不能解决这样的问题，这应当算是一个技术上的弱点。在逻辑中要用一种数学结构来表示命题和推理，以此解释推理的有效性。词项逻辑的问题就在于采用了不恰当的数学结构，来充当对命题进行逻辑分析的基础结构。一般说来，设计这样的基础结构，有些像用规格单一的积木，来拼成各种各样的图案。这样的基础结构应当有足够的弹性，以适用于多种多样的命题形式。其次，这样的基础结构应当足够抽象，从而含有足够少的特征，这样才能够利用一种统一的方式，来分析复杂多样的命题。包含关系显然不满足这些要求，这使我们不得不寻找更有表达能力的基础结构。

第三节　函项逻辑的基础结构

弗雷格在制订函项逻辑的基本思路时利用了数学中的函数形式，这似乎只是一种类比。但是，这里我们会严肃地对待这种形式。弗雷格用于逻辑的那种形式，并不是一种类似于数学函数的结构，而就是那种结构。

一　对象与概念

按照弗雷格的函项逻辑，句子包括两种成分，一种表示对象，另外一种表示从对象到真值的映射①，这个映射称为"概念"。前一种成分被称为"名称"（name），后一种成分则称为"概念词"（concept word）或者"谓词"（predicate）。当这两种成分恰当地结合起来，就会确定一个真值。对弗雷格来说，真值正是句子所表示的东西。按照这种考虑，句子成分的语义包括对象与概念，而不像在词项逻辑中那样，只是概念的外延这一种。

比如，在"苏格拉底是人"这个句子中，"苏格拉底"这个词理解成直接就是指苏格拉底这个人。"是人"则表示概念，作为映射，它会从某个人映射到真值真，而从其他东西，比如一匹马，映射到真值假。

弗雷格的要求是，在任何句子中，都必须有词项被用来表示对象。

这样做并不是禁止把"苏格拉底"理解成概念。我们确实可以这么理解，不过如果真要这么理解，"苏格拉底"就要理解成我们就某个对象所把握到的概念。比如在"这就是苏格拉底"这个句子中，我们在说这个句子时辅以手势，就指出了站在面前的一个对象，这个对象就是"苏格拉底"这个概念的实例（instance）②。这样，对于"苏格拉底是人"这个句子，如果把"苏格拉底"理解成概念，弗雷格建议的解释就是"对

---

① 映射是从一个集合 A 到另一个集合 B 的关系，这种关系成立，就意味着对于 A 中的任一元素，都有 B 中的唯一元素与之对应。
② 如果按照康德的方式把概念理解为对应于外延，那么一个概念的实例就是这个外延中的元素。如果按照弗雷格的方式，把概念理解为谓词的指称，那么概念的实例就是满足该谓词的东西，或者说，指称实例的那个名称与谓词构成了一个真句子。关于"满足"这个概念，可参见本书第九章第六节。

于任何一个东西,如果它是苏格拉底,那么它就是人"。这里就用"它"来指出一个对象。

显然,弗雷格使用"概念"这个词的方式不同于康德。康德把概念当作词语的内容,而词语所表示的东西是概念的外延;弗雷格则把概念直接当作一种由词语所表示的东西,而不是词语的内容。这对弗雷格来说,是因为对逻辑的理解发生了变化而做出的术语调整。

按照康德的理解,概念只是观念的形式,而只有与直觉结合在一起、从而具有完整内容的观念才对应于特定的对象。因此一个概念只能部分地确定一个对象,实际上确定的,则是对象的类或集合。这样,康德只能以类或集合为概念的语义。在这种意义上,逻辑仅仅关系到命题的形式部分,内容则由直觉确定,从而受制于心理主义解释。与此相对照,弗雷格要建立的逻辑不仅要把形式的部分包含在内,而且也要包含内容,以免为直觉留下余地。我们可以这么说,在康德那里,逻辑从属于观念理论,它只处理形式的那部分,因此是先有观念理论后有逻辑;而在弗雷格这里,从一开始就没有观念理论,而只有逻辑。

由此我们可以明白,弗雷格为什么要求句子中必须包含名称。在康德的观念理论中,对象最终是通过直观来确定的,因此只有通过直观,命题才能到达对象;而在弗雷格这里,必须确保命题本身就可以到达对象,这样就不至于给直觉的插手留下余地。在康德那里,概念与实例之间通过直观建立联系;而在弗雷格这里,利用命题"这是……"就可以做到。只要这个命题是真的,用"这"(它是个名称)所表示的对象,就是后面所接的概念词所表示的概念的实例。这个句子受到逻辑的约束,也就意味着逻辑对概念与实例的对应关系也建立了约束。

二 命题的函项结构

函项实际上就是数学中的"函数"(function),"函项"这个词通常用于逻辑。函数既可以解释为一种数学结构,又可以解释为一种变换操作时。比如 $y = 3x + 2$,当作为数学结构时,它以直线的形式出现;而当作为一种变换操作,则表示在变元(variable)x 取一个值时,如何得到相应的 y 值。

作为一种数学结构,方程式 $y = 3x + 2$ 的结构是重要的。它影响了直线的位置和角度。而作为一种变换操作,则要求当自变元在定义域内取特定值时,方程式总是确定了唯一的函数值与之对应。这时,人们把一个函数解释成从自变元到函数值的映射,即对于任意自变元,总是有唯一函数值与之对应。此时可以忽略函数式的内部结构。

函项逻辑的灵感是，把句子的逻辑结构解释为与函数对应的数学结构，也就是说，理解成本质上是表示函数这样一种数学变换的结构。其核心想法是把句子结构区分成两部分，一部分类似于方程 $y = 3x + 2$ 中等号后面的那部分，它所表示的东西称为"函项"，另一部分则表示变元的值，称为"主目"（argument），即数学中所说的"自变元"。例如，"苏格拉底是人"这个句子，就分析为表示函项的"x 是人"与表示主目的"苏格拉底"；把主目作为变元 x 的值代入函项，就可以表示成"苏格拉底是人"。

作为一种函数结构，句子应当有取值，就像方程 $y = 3x + 2$ 中的 y 那样。弗雷格把真值（包括真和假）作为句子就整体而言的值，而句子结构表明了真值是如何得到的。

按照对象与概念的区分，函项就是概念，而主目则是对象。进而，在句子结构中，主目由名称表示，而充当函项则由谓词表示。

在单独写谓词时，一定要像在方程式中那样带上变元符号，以表明在哪里和怎样取值。比如，"x 杀死 y"这个带有两个变元的谓词，要在前后两个位置上都取值，才能得到完整的句子结构；而这个谓词与"x 杀死 x"显然不同，后者要求在前后两个位置上取相同的值，而这表示自杀。"x 杀死 y"不一定表示自杀。因此，在单独写"x 杀死 y"这个谓词时，就不能写成"杀死"。有的作者会写成"……杀死……"，以表明主目的位置，但这种写法仍然会造成歧义。如果需要，仍然要用变元来消除歧义。

需要注意，对象与概念的区分，是建立在句子结构的名称和谓词之分的基础上的，而不是说，有些东西本身就是概念或者对象。比如，之所以说苏格拉底这个人是一个对象，是因为我们用"苏格拉底"这个名称来表示它。如果我们把"苏格拉底是人"这个句子理解成是由"苏格拉底是 x"与"人"构成的，那么前者虽然带有"苏格拉底"这个词，它所表示的仍然是概念。

把函项结构当作句子的基础结构，一个直接的好处是具有词项逻辑所不具备的灵活性。由于在一个句子中可以有多个主目，它就允许有更为复杂的结构。比如"A 包含 B"这个句子，就可以分析成"x 包含 y"这个函项，以及"A"与"B"两个主目。

函项解释的另外一个好处是，可以非常方便地实现迭代。常常可以看到用一个句子或者一个句子的变化形式，来充当另外一个句子的成分的情况。比如，"如果奥巴马赢得了弗吉尼亚州，他就赢得了总统大选"这个句子，就由"奥巴马赢得了弗吉尼亚州"与"奥巴马赢得了总统大选"这两个句子组合而成，并且，这个组合而成的句子还可以充当其他句子的成分，从而构成更长的句子，如此等等。这种情况就是迭代。利用函项容易解释迭代的情况。数学中的函数本身就是可迭代的，也就是说，一个函数的函数值可以充当自变元，来构成复合函数。事实上，句子的迭代就是通过函数的迭代来解释的。这样就可以解释，为何在语言中总是可以组成无限复杂的句子。

三 函项结构分析

即使像前面所说的那样了解了什么是函项结构，我们仍然不知道，对任意给出的句子，我们应该如何分析它的结构。比如像"苏格拉底是人"这个句子，它究竟是由函项"x 是人"与主目"苏格拉底"构成，还是由"苏格拉底是 x"与"人"构成，还是由"x 是 y"以及"苏格拉底""人"构成的。事实上，弗雷格从数学上为函项结构给出了非常有效的界定，使得在任何一个足够大的语言背景下，都总是可以以足够确切的方式分析句子的命题结构，并且从这种分析所提供的句子成分出发，构成完整的命题。

为了掌握这套界定，需要一些概念上的准备。

先定义"表达式"（expression）这个词。表达式就是句子中的这样一些符号串，它们能够作为单独表达意义的部分分离出来，构成其他有意义的句子。比如"苏格拉底""人"以及"苏格拉底是人"这样的符号串都是表达式，但"格拉底是人"却不是表达式。像"乞力马扎罗"这样的名称是表达式，符号串"马扎罗"在充当名称时（比如某个人名）也是表达式，但是，"马扎罗"作为从"乞力马扎罗"中分离出来的符号串，却不是表达式。因此，"乞力马扎罗"不是由其他表达式构成的表达式。

作为一种极限情况，一个句子也可以算作一个表达式。人们也可以依据自己的喜好把句子与表达式分开。

谓词中变元所在的位置可以称为"空位"（gap）。具有空位的表达式被弗雷格称为"不饱和的"（unsaturated）或者"不完整的"（incomplete）。我们可以把空位形象地理解成一个待填充的位置，这样理解显然适用于表达式的物理形态。"x 是人"这个概念，我们也可以写作"（ ）是人"，从而表明这个空位究竟在哪里。不过，我们不能赋予这个说法以过多的涵义。我们甚至可以不解释它，而只是将其像化学中的"化合价"

那样,理解为表达式之间相互结合的能力。关于这种能力我们很快就会提到。

特定谓词中空位的数量和位置都是固定的。空位之间的关系(即哪些空位要取相同的值)也是固定的。

名称就是不含空位的表达式。当名称充当某个变元的值时,就说这个名称填充了谓词中的空位。

有了上述说明以后,就可以来看如何对句子进行函项分析。分析句子的函项结构,其约束性的原则有这样四个:①

a) 所有表达式要么有空位,要么没有空位;
b) 有空位的表达式的空位数目确定,并总是在确定的位置上;
c) 只有当一个无空位的表达式填充不饱和的表达式的空位,两个表达式才能连接起来;
d) 只有当不饱和表达式的所有空位都得到填充,才能得到完整的命题。

这四个原则中的第一个原则关系到表达式的分类,这意味着名称与概念词是相互排斥的类别,并且它们穷尽了所有表达式。第二个原则说明空位的数目和位置是不饱和表达式的固有特征。第三个原则解释了表达式之间是如何连接的。这种连接无须借助黏合剂或者中间环节之类的任何其他东西。第四个原则说明了什么样的表达式才能表达完整的命题。

这四个原则一起,就可以对同一种语言之内的句子进行确定的分析,也就是说,把句子中包含的表达式,按照唯一一种方式都分离出来。按照这些原则,还可以把这些表达式拼合成数量无限的完整句子。

例如,前面我们遇到的"苏格拉底是人"这个句子,似乎既可以分析成"苏格拉底"与"x 是人",也可以分析成"苏格拉底 x"与"是人"。但是,只要我们注意到,在我们的语言中可以有"格劳孔走向苏格拉底"这样的句子,就可以发现苏格拉底必须是没有空位的。因为,如果它有空位,空位就不能在前面,在"苏格拉底是人"这个句子中,"苏格拉底"前面没有接任何表达式;同理,从"格劳孔走向苏格拉底"这

---

① 弗雷格关于逻辑句法的理解发生过一些变化,这些变化中最为重要的是在《算术的基本原则》中引入了"course-value"这样的逻辑对象。这里所陈述的原则只适用于弗雷格早期,即《概念文字》时期的逻辑观念。

个句子可以看出，空位也不在"苏格拉底"后面。这样，我们就可以否认能把"苏格拉底是人"分析成"苏格拉底 x"与"是人"。

当然，我们也可以把"苏格拉底是人"这个句子分析成"苏格拉底"、"x 是 y"以及"人"这三个部分构成，因此这个句子仍然有不止一种分析方式。对这个问题我们可以有两种不同的理解方式。一种方式是同意这么分析，但认为这种方式并不排斥前面那种方式。我们可以认为，这个句子可以先分析成"苏格拉底"与"x 是人"，而后再把"x 是人"分析成"x 是 y"与"人"的一种组合结构。这样一来，原来那个句子仍然是只有一种分析方式，只不过这种方式是分多个步骤进行，我们不能认为在进行到不同步骤时得到的产物，构成了对句子的不同的分析。

另外一种理解方式是，否认可以把"x 是人"分析成"x 是 y"与"人"的一种组合结构，理由是，这样分析是参照像"人是有死的"这样的句子进行的，但这样的句子中虽然"人"前面没有出现空位，但在这样的句子实际上表达的命题结构中，却有这样的空位。如前所述，这个句子表达的命题结构可以是"对任何东西来说，如果它是人，那么它是有死的"。这样，"人"仍然是作为谓词出现的。它只是在表面上是名称，但表示的并不是对象。这种理解的要点是，必须分清句子结构与命题结构。句子结构是表面上看起来的语法结构，而命题结构则是句子所表达的内容的结构。所有命题结构都可以用相应的句子结构来表达，因此我们可以借助句子结构来分析命题结构，但这种分析有可能改变原有的句子结构。

这两种回应方式就"人"这个表达式的理解而言是相互排斥的，但就函项结构分析而言并不排斥。它们表明了这种函项分析的两个不同侧面的特性。前者说明了对句子进行的函项分析在何种意义上是确定的，后者则说明这种函项分析的结果并不总是与句子的表面结构吻合。

第四节　普遍性

对康德来说，知识的普遍性（generality）就在于，概念可以运用于不同的直观内容，因此，普遍性进而体现为，概念对应于外延，而外延则是由概念的实例（即对象）构成的集合。概念与实例间的对应关系，则是由某种心理机制保证的。

弗雷格没有这种类型的机制可用。在函项逻辑中，对象与概念之间的关系是通过形如"这是……"的句子为真来保证的。在这样的句子中，对象与概念均是通过语言的手段引入的，这就是名称与概念词。普遍性的原初涵义是指，我们以相同的方式把握了不同的或者在不同时刻给予我们的对象。在函项逻辑中，弗雷格需要一种方式来体现这一点。他的思路如下所述。

"人是有死的"这个句子就表达了普遍的知识。人们通常这样解释这种普遍性："它说的是，不管是什么东西，只要它是人，它就是有死的。"这种解释恰好体现在我们前面对这个句子做出的函项分析中，我们把这个句子分析成，"对任何一个东西，如果它是人，那么它就是有死的"。不过这个句子的函项结构并不明显。在抛开一些语气的成分（例如"就"），容易把"如果 ξ，那么 ζ"，以及"它是人"和"它是有死的"分离出来，进而把后面两句话分别分析成"它"与"x 是人"的结合，以及"它"与"y 是有死的"的结合。难点在于"对任何一个东西"这个表达式该如何处理。

看起来，这个表达式应该理解成变元，因为它表示一个不特定的对象。它同时也决定了，后面出现的两个"它"表示同一个对象。因此，我们可以在这样一种意义上把它看作一个常项（constant）：虽然我们可以任意取一个值，但在"x 是人"与"y 是有死的"这两个谓词中，相应的变元必须取这同一个值。因此，这个句子的函项结构就是

$$\text{如果 } \alpha \text{ 是人，那么 } \alpha \text{ 是有死的。}$$

在这个结构中，"α"就是现在我们称为"约束变元"（bound variable）的东西。其确切涵义是，在这个结构的范围内，它总是取同一个值，因而可以看作一个常项；但是，超出这个结构之外，它的值是任意的。这里的关键是，在这个范围内取同一个值，这并不是"x 是人"与"y 是有死的"这两个概念词的要求，而是出于要把这两个概念词连接起来这一目的，而提出的要求。这样一来，在"x 是人"与"y 是有死的"这两个谓词分别看来，我们都用了确定的名称来填充相应的空位，从而得到完整的句子。

在现在使用的符号系统中，通常用全称量词（universal quantifier）来表现这种结构。我们写成

$$\forall x \text{ (如果 } x \text{ 是人，那么 } x \text{ 是有死的)。}$$

这里使用了括号，并用"∀"以及后面接的变元记号"x"，来表明哪些变元被约束。括号内所有用"x"表示的那些变元必须取同一个值，相应的范围通常称为全称量词的辖域（scope）。

这种特殊的变元在数学中，特别是在几何证明中，是很常见的。比如，在证明三角形内角和是180度时，要证明的是一个普遍命题，但证明这个命题的方式却是画出一个特定的三角形，并以之为基础展开证明。在证明的过程中，这个三角形总是保持不变，因而在证明的程序之内出现的命题中，所提到的总是特定的那个三角形，我们可以说"三角形"这个表达式是常项。得到证明的那个命题之所以是普遍的，是因为证明过程所借助的那个三角形是任意的，在证明过程的范围之外，"三角形"这个表达式是变元。

对于按照这种方式分析出的函项结构，会有两种解释。按照一种解释，全称量词要解释成"所有"，比如，"∀x（x是人）"就解释成"对所有东西，它都是人"。按照这样的解释，我们必须按某种方式来列举所有东西，然后逐个确定这些东西是不是人，只有都是，"∀x（x是人）"才是真的。另外一种解释则是把全称量词解释成"任意"，也就是把"∀x（x是人）"解释成"对任意东西，它都是人"。按照这样的解释，即使不能列举所有东西，我们仍然可以确定全称句是不是真的，方法是，任意选取一个东西，看它是不是人。这里的关键是，"任意"解释允许在确定全称句是否真时，不必完全列举世界中的东西。

有理由认为，弗雷格所理解的普遍性就是"任意"解释的全称结构。这可以解释他单独制定逻辑公理，而不去考虑实在中有什么东西的做法。按照"任意"解释，普遍命题是否为真，取决于这个命题中所包含的概念词，或者说，概念间的关系或者概念结构，保证了普遍命题为真。比如"人是有死的"这个句子，它之是否为真，取决于"人"和"有死的"这两个概念之间的联系，而不取决于"人"的实例是否包含在"有死的"的实例中。能够把握这种使得普遍命题为真的概念联系，也就能够在参照实例的情况下独立确定普遍命题是否为真。这样，弗雷格就在函项逻辑的基础上，把普遍性与命题的结构重新联系起来，而不必像康德那样借助于直觉或者观念。

在函项逻辑中，除了全称量词，还可以引入存在量词。像"有些东西是人"就使用了存在量词。现在，人们通常把存在量词表示为形如"∃x（x是人）"这样的形式。存在量词可以用全称量词来定义，例如"∃x (x是人)"的意思就可以表述成"并不是所有的东西都不是人",即"并非∀x(x不是人)"。与全称量词一样,存在量词也表达了普遍性。

在形式上,弗雷格(以及几乎所有后来的逻辑学家)把"∀x(……)"当作一种新的谓词,用来填充这种谓词空位的是像"x是人"以及"x是有死的"这样的谓词。因此,人们也把"x是人"与"x是有死的"这样的概念词称为"一阶谓词"(first order predicate),它们表示一阶概念(first order concept);而把"∀x"(……)这样的谓词称为"二阶谓词"(second order predicate),它们表示二阶概念(second order concept)。

注意,二阶谓词与一阶谓词的连接实际上并不是通过让一阶谓词填充二阶谓词的空位得到的。这样的连接是得不到完整句子的。二阶谓词仅仅是表示对一阶谓词的主目进行了约束,而这种约束并不是句子的结构特征,而是我们看待句子的方式上的特征。句子的结构中,空位还是由一阶谓词提供的,填补空位的仍然是名称。

第五节 逻辑的自足性

函项逻辑是当代数理逻辑的标准形式。尽管如此,人们对函项逻辑的一些重要方面的理解,仍然与弗雷格建立这种逻辑时试图贯彻的反心理主义的意图相去甚远。在此简要地说明一下这一意图是如何得到贯彻的,是非常有必要的。

在为逻辑设计基础结构时有两种不同的进路,我们可以依次称为"自下而上进路"与"自上而下进路"。前者是从语义开始,按照语义特性来确定句法结构;后者则是从句法结构开始,按照句法结构上的特征来确定表达式语义。

词项逻辑是按照自下而上进路建立其命题基础结构的。概念作为一种观念特性,以独立于语言的方式确定下来。概念的内涵和外延也是这样确定的。这样,词项的语义也就先确定了。包含关系是在概念之间建立的,用"是"连接起相应词项,由此构成的句法结构反映了这种包含关系。

在函项逻辑中,名称与概念词首先是作为句法结构的特征(即饱和与不饱和)得到确定的。它们分别以对象和概念为语义。但什么是对象,什么是概念,这些却是通过它们由名称还是概念词表示,来加以确定的。这样一来,句法结构也就获得了优先于语义的地位。

容易看到，这种优先性正是我们在第一章所说的，语言之于思想（或意义）的优先性。在这里，这同时也是语言之于逻辑的优先性。它要求逻辑对语言本身，而不是语言之外的东西负责。

要注意，当我们说"对象"这个概念是由相应表达式的句法特征定义的，这并不是说，通过一种语言上的约定，我们可以任意地规定一个东西是不是对象。用句法特征来定义的是什么算作一个对象，而不是具体某个东西是不是对象。通过这种定义，确定了我们应该怎么谈论一个对象，而无论要谈论的是具体哪个对象。因此，句法优先性进路所贯彻的是这样一个意图：我们谈论事物的方式应当受制于语言，而不应当受制于事物。

语言之于逻辑拥有这种优先性，实际上就使得逻辑建立在语言的基础上。与词项逻辑对比就可以看到，这是至关重要的一步。

函项逻辑与词项逻辑之间最基本的区别是，在词项逻辑中，词项是先通过概念得到定义的，一个词项就是表达一个概念的东西，而概念以独立于逻辑的方式，以心理学或观念理论的方式得到界定；而在函项逻辑中，表达式则通过句子得到定义，因而没有余地诉诸逻辑之外的东西。词项逻辑违背了语境原则，而函项逻辑则是按照语境原则的精神设计出来的。关于函项逻辑的这一点可以从饱和性这个概念中看出。

在函项逻辑中，饱和表达式填补不饱和表达式，这样一种结构是基础结构。这里所谓的饱和与不饱和究竟是什么意思，在前面我们根本没有加以解释。弗雷格本人也没有给予任何解释。这是因为，如果关于表达式的这种划分是按照语境原则的精神做出的，那就既不能解释，又不必解释。什么算作一个词语，这是由其作为整体来看是否具有意义来决定的。因此，语境原则规定了词语与句子在概念上的先后顺序。它要求句子先于词语，这既是说句子意义优先于词语的意义，也是说，究竟什么是一个词语，也要由有意义的句子来确定。而这意味着，只能用句子这个概念来定义词语，而不能反过来。当然，这就要求只能利用句子这个概念来解释词语是如何构成句子的，因为，词语如何构成句子，这取决于什么词语，而词语概念由句子概念来定义。饱和性这个概念关系到词语构成句子的方式，它实际上是从句子这个概念中派生出来的。我们只能说，饱和表达式与不饱和表达式这两个概念同时被完整的句子所定义，当两个表达式一起构成完整句子时，一个被认为是饱和的，另外一个就必须是不饱和的。至于"饱和"与"不饱和"本身是什么意思，这是不重要的。我们可以用任意别的词语来代替它们。

函项逻辑的这种特征使得逻辑具备了自足性。只要知道什么是完整的句子，也就理解了饱和性这个概念，从而也就掌握了函项结构。知道什么是完整的句子，这是我们语言能力的一个基础部分。因此，对逻辑的理解，也就是我们关于语言的知识或者使用语言的能力的一部分。虽然不能用明确的方式来解释什么是完整的句子，但是，我们总是可以识别单个符号串是不是完整句子，也总是可以知道单个表达式是不是饱和的。这是我们的语言能力使然。一旦获得语言能力，我们无须其他东西的帮助就能够运用它。在这种意义上，语言能力是自足的。因此，把逻辑建立在语言的基础上，这不是使逻辑依附于非逻辑的东西，而是使逻辑获得自足性。这种自足性使得对逻辑的心理学解释无以置喙，从而让逻辑得以成为辩护的真正基础。

阅读材料

1. Frege, *Begriffsschrift*（part）, in *The Frege Reader*, Michael Beaney ed., Blackwell, 1997, pp. 47–55.

2. Frege, "Function and Concept", "On Concept and Object", in *The Frege Reader*, pp. 130–48. 或参见中文译本，"函数和概念"，"论概念与对象"，载《弗雷格哲学论著选辑》，王路编译，商务印书馆 2006 年版。

第三章 弗雷格:逻辑作为真理理论

函项逻辑是当代逻辑的主流类型,实现其基本想法的逻辑系统有很多。与那些后来发展起来的系统比较,弗雷格在1879年创建的概念文字系统(Begriffsschrift)是最原始的一种。这个系统的一种看似相当古怪的特点使得人们后来基本不用它原本的形式了——它不是我们所熟悉的按直线从左到右排列的那种线性的符号系统,而是一种二维符号系统。然而,这个系统包含了几乎所有其他系统都难以企及的哲学动机,对这些动机的挖掘与评价,还是一件正在进行的工作。

在弗雷格看来,逻辑首先是关于真(truth)的理论。这个想法同时实现了好几个理论意图:(1)对一个命题做出辩护,实际上就是论证这个命题是真的——真这个概念是辩护的目标,因此辩护结构最终必须通过关于真的理论得到落实;(2)真这个概念标志着知识的本质,因此关于真的理论将揭示什么是知识;(3)真这个概念为所有知识所分享,因此关于这个概念的知识就是最为普遍的知识;(4)要以逻辑为唯一依据来辩护某种知识(比如算术知识),逻辑本身就必须无条件为真,而一种关于真的理论可以自然地满足这个要求。

第一节 知识、真与逻辑

弗雷格把真当作知识的本质,知识的其他特性都是由此决定的。

知识无论是被理解成观念性的还是语言性的,都必须是真的。真这个概念是知识的必要条件。当然,我们还会认为,知识必须是对实在的反映,这一点也构成了知识的本质。要为知识给出哲学解释,就必须把真与实在这两个概念置于同一个图景中,并很好地协调两者。

弗雷格和罗素分别采取了两种不同的策略。弗雷格从真出发,并在此基础上引入实在;罗素则从实在出发,在此基础上引入真。在《逻辑哲学论》中，维特根斯坦用了一种方法同时引入两者。

"真"或者"是真的"首先是充当谓词，而其主目则是句子。就像热是气体的性质一样，真在形式上是句子的性质。[①] 说真这个概念标志着知识的本质，意思就是，表达知识的句子必须是真的。这一点决定了，关于真这个概念本身的研究对于知识来说究竟有什么价值。概念与概念的实例之间的关系是这样的：一个概念是什么，这决定了它能够有什么样的实例。正如什么是热本身，这一点决定了我们应当把什么东西当作热的，什么是真这个概念本身，这一点也决定了我们应当把什么当作真的，从而决定了我们能够拥有什么样的知识。

我们说一种逻辑系统是关于真理的理论，这也就是在说，这个系统揭示了真这个概念本身是什么。把逻辑当作真理理论，这在数理逻辑中是一个占据主导地位的想法——虽然现在人们对此的理解与弗雷格的时代有很大不同。

哲学家理解真这个概念的方式，决定了他对于逻辑持有何种观点。罗素就是一个很好的参照。从历史角度看，罗素主义的分析哲学不是从关于真的理解发展出来的，但从学理角度看，这个版本的分析哲学仍然面临着为真这个概念定位的压力。在解释了句子如何表现实在之后，罗素不得不解释一个句子如何能构成一个整体，因为拥有真这样一种性质的，就是这样的整体。在讨论罗素时，我们就会看到这一点。

第二节 真作为基本概念

弗雷格把真当作讨论知识的出发点，这要以真这个概念是不可定义的为前提。接下来就讨论，弗雷格在何种意义上认为真这个概念不可定义。可以说，弗雷格建立真这个概念的不可定义性的方式，决定了弗雷格以何种方式理解逻辑。

弗雷格曾经在不同的地方重复关于真这个概念为何不能定义的论证，下面的选段来自于"思想"这篇文章：

> 我们何以能够主张，只要在一个特定的方面符合［实在］，就会

[①] 我们权且把句子当作具备真这个性质的东西，到下一节我们会对这种说法做出进一步限制。

有真呢？但这又是在哪个方面呢？因为，在那种情况下，要确定某个东西是否是真的，我们该怎样做呢？我们必须做的事情就是探究比如说一个观念和某种实在在特定方面相符合，这是不是真的。而这样一来我们就又会面临同样的问题，事情又从头开始。定义真的任何其他企图也会失败。因为，在下定义的时候势必要指出某个特征，而在任何特定情况下要运用这个定义就总是会问，这样的特征出现了，这是否是真的。这样我们就是在兜圈子。由此看来，"真的"一词的内容是独特的和不可定义的。①

这个论证虽然非常著名，但很容易被当作无效的。让我们来分析一下它的形式。

一般说来，要定义一个概念，可以采用内涵式的定义与外延式的定义。② 假设"人是有理性的动物"这个句子算是一个定义。如果认为这个句子是说，"人"这个概念在内涵上等于"有理性的动物"这个复合概念，那么我们就说这是一个内涵式的定义。而如果我们把这个定义理解为，这两个概念的外延实际上是相同的集合，那么这个定义就是外延式的。

如果概念的内涵与外延一一对应，那么这两种形式的定义就是等价的。下面我们就只考虑外延定义的情况。这样，关于概念 C 的定义就是这样一种形式：

> 对任何一个东西，它是 C，当且仅当，它是 D。

这个定义中，"D"所表示的就是用来定义的那个概念，即定义项。定义式中使用了"当且仅当"这样的连接词，意思是说，两边的子句所陈述的情况互为充分必要条件，即它们的真值总是相同的。这样的句子通常称为"双条件句"（biconditional）。这是一个外延形式的定义，它保证了被定义概念 C 的外延与定义项 D 的外延重合。

此外，D 作为定义项，应当是由比 C 更为基本的概念构成的。定义的知识论功能就在于，它能够表明被定义的概念是如何得到把握的。概念的

---

① *The Frege Reader*, Michael Beaney ed., Blackwell, 1997, p. 327.
② 由于弗雷格的工作，对概念的定义有复杂得多的形式，比如关于自然数的定义。不过，就这个论证来说，采取何种方式来定义，这并不构成影响。

这种基本与不基本的区别，总是要体现在表达式的复杂程度上。如果 D 是定义项，那么这个表达式就应当是用多个概念词复合而成的；而 C 作为被定义项，在表达式上应当是简单的。这样，构成 D 的那些概念词，就表示比 C 更为基本的概念，它们是从概念 C 中拆解得到的。定义一个概念就是拆解它。最基本的概念就是不可拆解的，它可以用来定义别的概念，而不能被别的概念所定义。因此。如果按照这种方式能够证明真这个概念是不可定义的，那么这个概念也就是最基本的。①

弗雷格的论证可以在这种定义形式中得到说明。我们把前面那种形式套用到真这个概念上，并用与实在符合来定义真，就得到：

对任何一个东西，它是真的，当且仅当，它与实在相符合。

弗雷格对这种定义提出的反驳意见是：对某个特定的句子运用这个定义，以此判断这个句子是否是真的时，实际上也就是要判断，这个句子与实在符合，这是否是真的；而这就预先假定真这个概念已经被把握了，因而进入了循环。

这个论证的一个很明显的问题是，双条件句的后半部分没有出现"是真的"。如果要判断一个句子是否是真的，需要判断的只是它是否与实在符合，而不是"它与实在符合"这句话是否是真的，那么循环并不出现。在一个定义中，只要定义项中没有包含被定义项，定义就不是循环的。在这种意义上弗雷格的理由似乎并不成立。

另外一种解释是，采用双条件句这种定义形式，本身就需要借助真这个概念才能得到解释，因此这种定义形式预先假定了真这个概念。这个解释的理由是，双条件句所说的是"当且仅当"这个表达式两边的子句真值相同，因此，这种形式本身需要借助真这个概念才能得到理解。

但是，这种解释也不成立。定义式说明了人们是如何理解被定义的概念的，因此，即使人们原来并不知道定义是如何表达的，只要他们确实是按照定义式所给出的方式理解被定义的概念，定义式仍然成立。在这种意义上，一个人可以不知道"当且仅当"这样的说法是什么意思，比如从来没有见过这个说法，因而实际上不理解关于真这个概念的双条件句定义式，但这个双条件句仍然正确地描述了他把握真这个概念的方式。比如，

---

① 在有些情况下，概念之间不存在谁更基本的问题，它们分属不同的"家族"。不同"家族"都有最基本的概念，但这些最基本的概念之间是不可比的。

每当一个观念与实在相符合的时候,这个人就说这个观念是真的。在这种情况下我们就会说,他确实是按照那个定义式来理解真这个概念的。但在这样做时,他根本没有对自己表述双条件句,因此无须预先假定真这个概念。

对于弗雷格的这个论证,笔者的理解是,他利用了一个在"思想"这篇文章中给出的前提,即判断就是承认一个句子的内容是真的。由于这个前提是在给出这个论证之后才给出的,读者通常在没有足够背景信息的情况下读到这个论证,因而难以正确地理解它。

弗雷格区分了思考(thinking)与判断(judgment),并且指出,思考就是把握一个思想,而判断则是承认一个思想是真的。[①] 弗雷格的意思大体上可以这么理解:把握一个思想,就好像在头脑中想象某个场景,而并不关心这个场景是否真的发生;而做出判断,则意味着认定它真的发生了。判断不仅仅是在思考,而且承认所思考的东西是真的。

有了这个区分以后,关于真这个概念的不可定义性的论证就非常容易理解了。在运用关于真的定义来判断一个观念是否为真时,我们总是要先判断,比如说,这个观念是否与实在相符合。这就意味着,要决定是否承认"观念与实在相符合"这个思想是真的。这样一来,在运用关于真这个概念的定义时,我们又要预先把握真这个概念。这里的关键是,对真这个概念的把握不是借助把握一个思想来进行的,而是判断这种行为所要求的。由此就可以解释,在表达式中并不出现循环时,弗雷格为什么还是坚持认为,在运用定义判断观念是否为真时又会出现循环。这是因为,对真这个概念的把握包含在判断行为中。

不过,这并没有结束这个论证,因为我们还需要这样一个前提:在运用关于真的定义时,一定要诉诸判断。要进行判断,就要使用句子;但在这里为何不能使用词语呢?事实上,弗雷格坚持一个更强的观点,即任何具有认知性的内容,都必须借助句子才能得到表达。这个观点显然是语境原则的一个后果,而语境原则是必须要坚持的,这是确保逻辑系统能够达到目的的条件。

我们可以这么说,在弗雷格那里,并不是因为真这个概念本身具有某种奇异的特性,而使得它不可定义,而是因为这个概念与知识、判断这样一些其他概念之间以某种特定的方式联系起来,这种联系使得真不可定义。可以这样表述这种联系:a) 知识总是体现为判断行为;b) 判断就

[①] *The Frege Reader*, pp. 329–330.

是承认某个思想为真。给定了这种联系，我们也就不能定义真。这是因为，要运用这种定义来判断真假，就必须利用关于所判断的对象的某种知识，但按照 a) 与 b)，就要预先假定已经把握了真这个概念。

事实上，弗雷格认为真这个概念对思想不起作用。他说，"把真这个性质加给思想，这似乎什么都没有增加。"① 这是一个非常著名的论断。有些哲学家认为，真这个概念是没有内容的。这个想法就来自弗雷格。简单地说，这个想法可以表述为：

> 对于一个句子 p 来说，"p"与"p 是真的"表达了同样的思想。

我们通常会觉得，一个人断定某个句子是真的，与使用这个句子来进行断定，所进行的是同一个判断活动。同样的判断活动具有同样的内容，因此，说某个句子是真的，在内容上也就与这个句子相同。在这种意义上，我们不能说真这个概念表现了句子或者句子内容的性质，因为这就意味着它具有非空的内容了。这样，"是真的"这个词也就不能算作真正的谓词，而只能算作判断行为的一种标记。当我们说一个句子是真的，也就等于说在表达用这个句子做出的判断。由此，有的哲学家认为这个词是一种态度的表达。当然，就其形式上仍然属于谓词而言，弗雷格还是权且把"是真的"当作谓词。

这样，在弗雷格那里就有两个结论，其一，对真这个概念的把握总是包含在判断行为中；其二，这个概念对判断的内容不起作用。弗雷格把判断行为解释为断定与思想两个部分构成的，因此在判断中除了思想或者说内容的那个部分，剩下的就是被归于语力（force）② 的断定了。鉴于这些，我们就可以说，真这个概念属于断定这种语力。因此，弗雷格关于真这个概念不可定义的观点，可以看作这样一个主张：我们不可能通过把握思想，来获得关于真的把握。之所以这么说，是因为定义起作用的方式就是，通过理解关于另外一个概念的内容，来理解要被定义的概念；既然真这个概念不在内容的层次上起作用，用定义的方式来把握这个概念，也就是徒劳的了。

真这个概念不可定义，这个观点的直接后果是，这个概念是一个基本概念，我们要通过把握这个概念，来把握其他概念，比如实在这个概念。

---

① *The Frege Reader*, p. 328.
② 语力就是使用句子来做出的行为的类型，比如断定、疑问、命令、祈愿等。

如果用实在可以定义真,那么我们就要先知道实在是怎样的,由此才能知道什么东西是真的;而如果真这个概念是更为基本的,那么我们就必须先知道有哪些观念是真的,然后,通过知道这些真的观念都有什么内容,以此来知道实在是怎样的。概念之间的这种先后关系,对于哲学来说是至关重要的。关于真与实在之间先后顺序上的不同观点,导致了弗雷格主义与罗素主义之间的巨大差异。

第三节　逻辑作为理性科学

逻辑是关于真这个概念的理论,它以这个概念作为研究主题。另一方面,真是最基本的概念,它是不可定义的。这两点结合起来,就决定了逻辑是一种什么样的理论。

我们不可能以这样一种方式来解释一个像真这样的概念:在预先没有把握这个概念的情况下,通过理解这种解释,我们可以把握这个概念。最基本的概念在这种意义上只能解释别的概念,而不能被别的概念解释。对于最基本的概念,如果在一开始没有把握它,也就不可能通过解释去把握。

但是,对最基本的概念,我们可以有一种阐明。通过说明在不同的场合与语境下如何使用这个概念,我们学会这种使用,从而了解这个概念。对数这个概念,我们就是这么学会的。老师从没有告诉过小学生,数这个概念是如何定义的——学习这个概念,不是一个从无到有的过程;他教会学生在什么时候怎么使用这个概念,教会学生识别关于这个概念的句子该如何使用。于是,从一个很难界定的时刻开始,学生把握了这个概念。对基本概念的这种处理方式,弗雷格称为"阐明"(elucidation)。[①]

按照弗雷格的思路,在开始逻辑研究之前就必须看到,真这个概念已经得到了把握——只要会做出判断行为,就已经把握了什么是真。这样,逻辑就是对于已经把握了真这个概念的人表明,他所把握的东西是什么,或者更确切地说,他所把握的东西要求他怎么做。

虽然说只有把握了真这个概念才可能进行判断,但这并不意味着所有实际进行的判断,都合乎这个概念的要求。比如,人们都知道,一种既真又假的想法是不合乎真这个概念的要求的;但人们也都承认,自己经常持

---

① 可参见 *The Frege Reader*, pp. 313–314。

有一些相互矛盾的想法。人类对知识的探究,总是按照一种自己能够把握的方式,来对把握到的东西进行修改、调整和扩展的过程。对真这个概念所做出的逻辑研究也是如此。就实际情况而论,人们对真这个概念的把握是不完全的;但这种不完全的把握,如果处理得当的话,可以充当基础,来确定这个概念在其他情况下是怎样的。逻辑把复杂的命题和推理分解成最简单的基础结构,就是要达到这个目的。

在弗雷格这里,逻辑研究就是一种理性科学,它使所有知识都建立在规范性的基础之上。

这一点要与真这个概念的特殊性结合起来理解。这个概念不是在思想的层次上起作用的,因此,我们不能说,通过逻辑研究获得的真命题说明了真这个概念是什么。我们不能像理解物理学那样理解逻辑。物理学给热以定义,然后在这个基础上解释所有的热力学现象,而所有这些命题都是谈论热这种现象的,它们告诉我们热是什么。逻辑并不通过逻辑命题来告诉我们真是什么,而是告诉我们,应当把什么命题判断为是真的。这就是说,逻辑的效果最终落实到判断的行为上,而达到这种效果的方式,则是说明什么样的命题被判断为真。因此,逻辑研究的目的,就是要向已经把握了真这个概念的人说明,就其把握了真这个概念而言,他应当把什么命题判断为真。这是对判断的行为进行调整,在这种意义上,逻辑就像用来调整人们的社会行为的法典一样,是规范性的(normative)。

逻辑中给出的那些必须判断为真的命题,人们通常称之为"逻辑命题"。如果逻辑命题确实是基于得到把握的真这个概念而得到确定的,那么这些命题就是由于真这个概念本身而为真。比如对一个表述了矛盾律的命题我们应该判断其为真,就是因为真这个概念本身的要求。这样的命题我们不妨称之为"明证的"(evident)。只要把握了真这个概念,我们就必定能够知道逻辑命题是真的。而对这个概念的把握,又只在于我们具备做出判断的能力,因此,无需理由,我们就知道逻辑命题是真的。逻辑命题的明证性正在于此。这种明证性表明,逻辑命题表达的是一种无前提的知识,因而它能够成为一切知识的前提。

第四节 逻辑系统

要成为一种关于真这个概念的理论,逻辑就必须给出由于真这个概念而为真的命题。当然,这还只是一个非常笼统的目标,因为,这样的命题可能是无穷多的。解决这类问题最为通行的方法是，确定一套系统的方法，来产生这无穷多的命题。有可能的话，最好能够证明，所有这样的命题都可以用这套方法产生出来。产生这样的命题所借助的，就是逻辑系统。概念文字是逻辑系统中的一种。

逻辑系统由于是在前面陈述的那种意义上构造出来的，它在理论上就有一些值得说明的特性。

大部分哲学家认为，逻辑系统的构造方式不是唯一的，或者说，关于是否只有唯一正确的逻辑系统，不存在原则上的限制。这是因为，就逻辑系统的目的是"展示"真这个概念来说，并不存在一种独立的标准，来衡量这种逻辑系统本身是否正确；或者说，人们并不参照某个独立的标准，来建立逻辑系统。逻辑学家按照自己对真这个概念的把握来建立逻辑系统，而这种把握是判断行为本身的特性，而不是判断的内容所包含的东西。因此，逻辑学家通过建造一个逻辑系统来"展示"为自己所把握的真这个概念，就有点像画家拿起画笔，来"展示"自己所掌握的绘画技能，是不存在外部限制的。

尽管如此，当逻辑系统中足够多的部分确定下来以后，其余部分是什么样的，也就有所限制了。随着逻辑系统的逐步完成，这样的限制越来越严格。这是因为，逻辑系统不是通过单个的要素来表现真这个概念，而是通过系统整体来表现。既然真是一个确定的概念，它就对系统的局部与整体之间的关系施加了限制，这是因为，局部在系统整体中才对真这个概念有所表现。当一个系统从头开始建造时，在一开始是完全没有限制的；随着系统的逐步完善，限制就越来越多；到系统完全完成时，由系统能够得出何种命题，就是严格的确定了的。

一些技术上的问题必须在构造逻辑系统时予以考虑。比如，一个很突出的问题是，逻辑系统应当以尽可能容易的方式来构造出所需要的命题。

通常，逻辑系统中都包含了构造出命题的规则。这些规则包含两类。一类用来建立语言，它们决定如何从亚命题成分构造出命题，如何从简单命题构造复合命题，且由此构造的命题是可以赋予真值的。另一类规则，即推理规则，则是用来从真命题得到真命题，它们是在前一类规则的基础上，确定那些基于真这个概念而为真的命题。后一类规则配备了一组公理，它们一起构成了逻辑系统的证明论（proof theory）部分。公理是本身已经得到确认为真的命题，而推理规则则用于从公理出发推出定理。

这两类规则都有设计上需要考虑的问题。一般而言，要利用有限的材料构造出无穷多的命题，唯有借助于迭代法，也就是说，通过某种操作获得的东西可以再次进行同样的或者其他的操作,从而得到更加复杂的结构。使用迭代法,就是用一些可重复使用的要素来获得复杂的结构,最终,任意复杂的结构都应当能够用这些要素通过迭代获得。因此,在设计相应的构造规则时,也就必须考虑如何找到进行迭代操作的要素。为了便于构造,它们必须足够简单;但要能够构造任何命题,它们又必须足够强大。

设计逻辑系统,需要高超的数学技巧和极大的耐心与细致。深入考察弗雷格的概念文字,我们不难看到这些品质。

在用逻辑系统来充当关于真的理论时,由于逻辑系统作为整体不受独立的条件约束,人们就常常设计一种与自然语言不同的符号体系,来充当逻辑系统所用的语言,并用这种语言来表述公理和制定推理规则。这种借助逻辑系统来探讨真这个概念的做法,常被当作是理想语言哲学的标志性特征。像弗雷格这样的理想语言哲学家,通常会用自然语言存在歧义、模糊,并且受制于表达知识之外的目的作为理由,而拒绝以自然语言为手段来建立真理理论。

但是,如果真这个概念对于语言来说存在着某种选择性,或者说,如果只有满足某种条件的语言才能揭示真这个概念,那么自然语言的这种缺陷并不足以支持理想语言哲学家的做法。

日常语言哲学家常常就在这一点上反驳理想语言哲学家。在他们看来,真这个概念确实对语言具有选择性,因为,只有借助那种实际上为人们所使用的语言,才能对他们所把握的真这个概念有所揭示。如果这种想法是对的,哲学家就不能任意地构造一种语言,来揭示真这个概念,而只能够在对语言的实际使用的背景下来做这件事——人们实际使用的语言,就是自然语言。这里先不讨论这个问题,我们继续看弗雷格的理想语言哲学方案。

第五节 概念文字系统

这里介绍一下弗雷格的概念文字系统的设计思路。这个系统的二维记号现在很少有人使用,但它的基本理念却已经成为当前设计逻辑系统的主流理念。在后面需要采取符号的时候,就换用现在通用的符号,而不用弗雷格自己的符号。

一　真值函项

概念文字的指导思想是函项逻辑，即用函项形式来对命题进行结构分析。为了建立逻辑系统，也就是说，为了给出那些仅仅由于真这个概念就为真的命题，关于函项结构的基本想法是不够的。为了达到这个目的，需要一种特殊的函项结构，即真值函项（truth-value function）。所谓真值函项，就是不仅其值是真值，而且其主目也是真值的函项。概念文字系统（以及当前大多数主流的逻辑系统）不仅把命题分析成函项结构，而且分析成真值函项结构。

使用真值函项结构的基本想法是：只要把握了真这个概念，就能够理解真值函项；由于真值函项的主目就是真值，把握了真这个概念，就足以确定通过真值函项结构建立起来的命题是否是真的。这个想法包含了两个部分，其一，可以利用真值来定义真值函项，因此无须真这个概念以外的东西，就可以确定真值函项符号的意义；其二，真值函项的主目也是真值，而在把握了真值函项符号意义的情况下，确定了主目也就可以确定函项的值，因此要确定真值函项结构的命题是否是真，也无须借助除真这个概念以外的东西。这样，对于给定命题来说，只要能够用真值函项结构来表示它，我们就能够利用概念文字系统来确定其真值。

我们在数理逻辑中看到的逻辑联结词以及否定号，就是真值函项符号。真值表就是利用真值来对这些真值函项做出的定义。

人们有时候把析取号（disjunction symbol）"∨"解释成连词"或者"，而把实质蕴涵（material implication）"→"解释成因果关系，这都是不对的。析取的唯一意义是排除两个析取支均为假的情况，或者说，只有在两个析取支均为假时为假，在其他情况下均为真。实质蕴涵则仅仅排除前件真后件假的情况。

所谓"实质蕴涵怪论"其实是过度解释的结果。逻辑系统允许像"如果 9 + 1 = 10，那么海豚是哺乳动物"（写作"9 + 1 = 10→海豚是哺乳动物"）这样的句子为真，人们通常会对此感到不解，因为前后件显然缺乏语义上的联系。现在我们知道，这种语义上的联系反而是不允许的。这种联系超出了真这个概念的范围。逻辑系统被设计出来，目的只是要揭示真这个概念，超出这个概念的东西，则是不相关的。一个系统要揭示真这个概念，就势必要在前面所陈述的那种意义上定义真值函项，而这意味着要允许那类怪异命题。逻辑系统不能一开始就试图刻画排除那类命题所需要的语义联系，而能够刻画这种语义联系的，只能是允许那类怪异命题的那种逻辑系统的扩展形式；在扩展之前，真这个概念必须已经得到了揭示。

定义了真值函项，就可以对命题采取中立化操作，也就是说，把所有与真值不相关的要素都过滤掉。比如，在"海豚分泌乳汁→海豚就是哺乳动物"这个命题中，把前件"海豚分泌乳汁"换成"9 + 1 = 10"，它们都同样是真命题，因此整个实质蕴涵式的真值是不变的。在这种情况下，我们可以用字母"p"和"q"来表示前后件，且只规定它们是真命题，由此就得到原来那个句子中立化了的形式，即"p→q"。在中立句子中，我们完全不理会句子讨论的是什么，而只关心句子的真值，因此，真值函项结构将完全用中立句的形式表现出来。当然，中立句也就表现了真这个概念。①

这里要注意，中立句并不是当代数理逻辑中所说的"命题模式"（propositional schema）。把句子中的非逻辑常项②全部换成变元，就得到命题模式。命题模式并不表达完整的命题，因而并不直接具有真值；人们一般将其看作命题的形式。但中立句是完整的命题，且直接具有真值。可以把中立句解释为全称句子，而中立化则是把非逻辑常项换成约束变元。

当把中立句中的字母系地换成赋予了具体内容的表达式或句子，也就是说，用相同的表达式或句子来替换相同的字母，我们就得到了具体的句子。如果按照逻辑系统中立句的真值已经确定下来，那么替换后的具体句子的真值也就保持不变。由此我们可以看到，逻辑系统与具体句子之间的关系是怎样的了。具体句子虽然依据具体的内容而为真或为假，但它们总是受到逻辑系统的约束，这种约束就体现在相应的中立句上。这种约束具有普遍性，这是因为，任何一个中立句都对应于无穷多的具体句子，中立句是作为刻画这些具体句子所受到的逻辑约束的定律出现的。

二 公理与推理规则

逻辑系统的作用是，利用少数几个由于真这个概念即为真的命题，来构造所有同样基于这个概念为真的命题。这个目的是通过允确定公理，即

---

① "中立句"以及"中立化"都不是弗雷格所用的表述，而是专为了论述的方便而使用的术语。
② 像真值联结词、量词，以及后面要引入的等号，就是逻辑常项（logical constant），其他常项都是非逻辑常项（non-logical constant）。总之，在逻辑系统中得到定义的常项就是逻辑常项。

初始的真命题，然后利用推理规则来从公理得到所有其他命题实现的。

与设计逻辑联结词这样的语言性的要素相似，公理的制定也是一种理论设计，而不是一种发现——并不存在一种独立的标准，来确定究竟要选择哪一套公理。这首先是因为，公理具有何种函项结构，取决于采用哪种符号体系，以及什么样的逻辑联结词。另一方面，公理与推理规则协同起来，产生所有出于真这个概念即为真的命题，因此，公理与推理规则是成套使用的，而它们的合法性，则是通过它们是否真的能够推出由于真这个概念即为真的所有命题，而得到确认的。

因此，确认一个命题是否公理，需要两个方面的标准。首先，它必须也是出于真这个概念而为真，也就是说，它必须具有明证性；其次，在与其他公理以及推理规则配套使用时，公理应当具备构造出逻辑定理所必须的那种基础地位。它们合起来得到的标准就是自明性（self-evidence）。①

关于明证性，可以举例说明。例如，一个形如"（p→（q→r））→（q→（p→r））"的中立句在概念文字系统中就是公理。这个句子是这样表现出自明性的：按照实质蕴涵的真值表定义，只有当前件为真、后件为假时，实质蕴涵式才是假的；如果我们假定这个蕴涵式为假，那么其前件p→（q→r）为真，而后件q→（p→r）为假；而要使得后件q→（p→r）为假，就必须使得q为真，而p→r为假，即p真r假；但是，在q与p为真而r为假的情况下，蕴涵式的前件p→（q→r）也为假；既然按照假定前件p→（q→r）为真，因此整个蕴涵式不能为假。

从上述推理可以看出，只要我们承认一个句子不能既为真又为假，在按照真值表定义来理解实质蕴涵的前提下，就能够看出整个中立句是真的。承认一个句子不能既为真又为假，这是真这个概念所要求的，因此，这个句子为真，是由于真这个概念。在这种意义上，这个命题是明证的。

要注意的是，"明证性"这个概念在有些哲学家那里是一个知识论概念。按照这种理解，明证的东西就是人们有充分证据而加以确认的东西。作为知识论概念，某种知识要达到明证的程度，这与主体的认知能力，以及为知识提供辩护所需要的证据的类型有关，而这意味着明证性是相对的、有程度之别的。在弗雷格这里，逻辑公理的明证性不是这样的一个知识论概念，它与主体的认知能力没有关系，而是与真这个概念本身有关。

---

① "自明性"是弗雷格本人的术语，"明证性"则是笔者自己的术语。这里使用以及区别这两个术语的方式也是为了论述的方便而设计的，它区别于弗雷格本人的用法。

不过，这个概念与知识也并非全然无关。我们可以这么说，具有明证性的命题，就是把握了真这个概念的人应当知道为真的命题。在这种意义上，是否认识到一个命题有明证性，这并不取决于主体实际所具备的认知能力，相反，它决定了主体是否有认知能力——一个人如果没有能力意识到明证的命题是真的，那么他就并不具备获得知识而必须具备的理性能力。

就明证性而言，逻辑系统的公理与定理是没有区别的。但是，任何命题都是具有一定复杂程度的句子，而这意味着，判断其明证性是一件难易程度不同的任务。人们必须首先识别写下来的句子，通过句子的句法结构来看出句子所表达的思想，然后才能知道它是否是明证的。这样，就不排除有些句子以最为简单的方式，通过其句法结构体现出明证性。我们可以设想，所有明证的命题都是通过若干最为简单的模块通过拼接、迭代、变形操作而成，而这些简单模块对于推出所有明证命题来说都是必要的，那么，以恰当的方式分离出这些最简单的模块，就得到了这个系统的公理。在这种意义上，公理就是其明证性最容易识别的命题。这样的命题就是自明的。

与公理协同工作的是推理规则。公理所提供的基本模块按照推理规则所确定的方式进行操作，由此得到各式各样的明证命题。在这种操作中，推理规则需要满足的条件就是，要保证从真命题得到的也是真命题。

三　指称与同一性

一个逻辑系统如果只利用真值函项来分析命题结构，那就只是一个命题逻辑系统。概念文字系统包含了更多内容，它是一个谓词逻辑系统。命题逻辑系统所处理的表达式，其最小单元是句子，而概念文字系统还处理亚句子结构，其中还包括量词。但是，概念文字系统仍然是关于真这个概念的理论，这是因为亚句子结构中的一些特点，也受制于真这个概念，这就是表达式指称的同一性。

分析哲学家不仅谈论一个东西是什么，有时候还谈论这个东西的同一性（identity）。同一性总是结合类似于"a = a"或者"a = b"的形式来得到解释的。有些文献将其解释为一个东西与它自身的关系，也有文献解释为一个词（例如"a"）与另一个词（例如"b"）表示的东西相同。不管怎样，同一性总是关系到一个对象能否被重新识别出来，就像我们意识到眼前的这个人原来是昨天见过的那个一样。在重新识别一个对象时，我们也可以不知道这个对象是什么。比如我们盯着远处的一个移动的物体，确认它还是原来那个东西,但不知道那个东西是什么。识别那是同一个东西,这是认出那个东西的必要条件,但不是充分条件。

我们会认为,表达式要表示实在中的东西,并且,正是因为表达式有这样的功能,它们所构成的句子才具有真值。但弗雷格不这么认为,因为这就意味着接受真理符合论;相反,他认为,表达式要与实在建立联系,必须经过真这个概念。在弗雷格这里,真这个概念先于实在。弗雷格用"指称"(Bedeutung)这个概念表现亚句子层次的表达式与句子真值之间的这种关联。

这种关联可以这样表述:在句子中,表达式具有确定的指称,就在于表达式对句子真值做出了确定的贡献。这种表述说明了指称究竟是一个什么样的概念,并且是用真值来解释,具有确定的指称是怎么回事。这一点体现在我们是怎样确定一个表达式的指称的。为了确定一个表达式的指称是什么,我们需要做的就是给出一个包含该表达式的真句子,一旦知道这个句子为真是怎么回事,我们也就知道该表达式的指称是什么。这样也就贯彻了语境原则,这时语境体现为对于指称的限制,即在句子语境中确定词语的指称。在确定指称时我们无须诉诸非语言的手段,从而避免落入心理主义。

在这种意义上,一个表达式的指称就是我们在前一章中谈到的语义。句子所谈到的东西是用名称来表示的,这就是名称所命名的对象。显然,一个句子是否为真,取决于它所谈到的东西是怎样的。因此,名称的指称就是对象。

但在这种意义上使用的"指称"一词,与我们通常的理解不同。我们常会把表达式的指称当作实在中的东西。但弗雷格把指称与真值联系起来,把表达式所对应的、可以确定句子真值的要素都当作指称。这样,不仅名称所表示的对象是名称的指称,而且,谓词所表示的概念也是谓词的指称。子句的真值对整个句子的真值构成影响,因此,子句的真值,进而一切句子的真值,也都是句子的指称。但是,我们很难说概念与真值是我们通常所理解的那种属于实在的东西。[1]

以这种方式理解指称这个概念,立即就会得到这样一个原则:对于一个句子,在其他部分保持不变的情况下对某个表达式进行替换,如果用来替换的表达式与原来的表达式具有同样的指称,那么句子真值将保持不

---

[1] 有些文献会把性质当作概念词的指称,比如,"是红色的"这个词的指称就是红色这种性质。从这里可以看出,这个解释不适合于弗雷格。

变。这个原则通常被称为"替换原则"(the Substitution Principle)。

替换原则是从指称概念中抽引出来的，因此，我们可以把这个原则对于特定表达式成立，解释成该表达式具有确定指称的必要条件。于是，在概念文字中就包含了这样一个公理，(a = b) → (Fa→Fb)，其中的"a"与"b"是任意名称，"F"是任意谓词。这个公理就是人们通常所说的"莱布尼兹律"(Leibniz's Law)的一个子命题，即"同一物不可区分原则"(the Principle of the Indiscernibility of Identicals)。与此同时，它还充当推理规则，用于对句子中的名称进行替换操作。

替换原则还具有一种很合乎直观的价值，我们可以把满足替换原则当作表达式所指称的东西独立于语言的必要条件①。也就是说，如果一个表达式不满足替换原则，我们就可以认为它所指称的东西不是独立于语言的。

按照指称这个概念的定义，决定句子真值的是其中的表达式的指称，而不是表达式。如果在对表达式进行共指称替换以后句子真值发生了变化，那么我们就不能说，这是因为用来替换的表达式指称了不同的东西，或者说是表达式与所指的东西之间的对应关系发生变化，依据假定，这些都被排除了；而只能说，这种对应关系没有变，是替换前后所指称的东西本身发生了变化，而这种变化是由于我们使用了不同的表达式去指称它。这就是表达式所指称的东西不独立于语言的情况。

比如，"屋里的人数必然大于14"这个句子是假的，因为有人离开后，屋里的人数就会小于14；但是，"16必然大于14"这个句子却是真的。这里，同一个东西，即16这个数，是以两种不同的方式指称的，而这种差别改变了句子真值。由此我们可以推知，16这个数不是独立于语言的东西。②

在这种替换原则失效的情况下，人们通常会用"不透明语境"(opaque context)这样一种形象的说法，来称呼把替换的表达式去掉以后剩下的部分。相应地，如果替换原则没有失效，相应的语境就是"透明语境"(transparent context)。③

---

① 但不是充分条件。请读者自行验证这一点。
② 像"必然的"和"可能的"这样的词语人们通常称为"模态词"(modal term)。在含有模态词的句子中确实会出现替换原则失效的情况，并进而导致像"16不是独立于语言的东西"这样的结论。弗雷格显然不同意这个结论。在弗雷格的逻辑系统中实际上不会出现模态词，因此他也得不出这样的结论。
③ 进一步的讨论可以参见第四章第一节以及第十一章第六节。

这里要注意，使用替换原则的前提是，要能够得到像"a = b"这样的含有等号的真句子，而不是按照一种非语言的手段来确定表达式的指称，然后再确定用来替换的表达式指称是否相同。这意味着，按照替换原则来判断其指称是否独立于语言，只是一种适合于名称的手段。这是因为，既然等号表示的是一种关系，那么就只有名称才能置于等号的两边。进一步看，由于替换原则表明了什么样的表达式可以进行替换而不会影响句子真值，因此，也只有名称才可以进行这样的替换操作。

这引起了一个更加重要的后果，这个后果与量词相关。在第二章第四节关于普遍性的讨论中我们已经可以看出，只有对那些可以进行替换的表达式，我们才能够替换成约束变元。这是因为，无论用什么表达式来替代约束变元，表达普遍性的句子都是真的。既然可以替换的只能是名称，那么能够充当约束变元的值的，也只有名称。我们不能对谓词进行量化。如果完全忠实于语境原则，严格地按照通过句子来确定词语意义的方式来建立语义学，那么概念文字就只应该是一阶逻辑。

当然，实际情况并非如此。弗雷格实际描述的概念文字系统是一种高阶系统。它允许对谓词进行量化。弗雷格引入了一种被称为"过程值"（course-value）的对象，它大体上相当于概念的外延。与任意谓词相对应，都可以找到唯一一个过程值。这样，弗雷格就认为，只要在过程值之间建立同一性，就可以对谓词进行替换，进而，也就可以对谓词进行量化。正是这一举措，使得弗雷格最终陷入罗素悖论。[①]

若忠实于同一性这个标准，我们就可以通过使用量词来确定实在中有什么。在定义一个量词时，必须规定定义域（domain），即约束变元的取值范围。由于只有名称可以加以量化，约束变元就只能在对象中取值。这意味着，实在中能够存在的只能是对象。既然满足替换原则是所指称的东西独立于语言的必要条件，那么也是这些东西具有实在性的必要条件，我们也就可以欣然接受这一点。

第六节 从真到实在

弗雷格开创了逻辑优先于本体论的哲学研究思路。这一思路不仅与语言学转向的基本精神一致，而且是句法优先于语义的逻辑理念的体现。当

[①] *The Frege Reader* 的附录 2 对这一过程提供了非常清晰的说明。

然，它还是真优先于实在这一原则的直接后果。

弗雷格并没有专门讨论本体论，对本体论也没有表现过真正的兴趣。不过，我们还是可以从他关于数的哲学讨论中，看得出一种局部的本体论。

利用真这个概念来引入实在，最为直接的思路就是，利用具有确定真值的句子，来确定实在中存在什么。比如，如果"阿波罗十三号顺利返航"这个句子是真的，那么阿波罗十三号就是存在的。因为，如果它不存在，那么"阿波罗十三号"这个名称就没有指称，这个句子也就没有真值，而这与句子为真这个事实相悖。

这种从真到实在的思路与通常的理解有些距离。我们通常会认为是先确定句子要谈论什么，然后依据句子所谈论的东西是否如句子所说的那种情况，来确定句子是不是真的。这条思路实际上承诺了实在优先于真。这种优先性要求我们把真理解为与实在相符合。但我们知道，这正是弗雷格在论证真这个概念不可定义时所否决的思路。

通过否决这条思路，弗雷格要求我们仅仅通过语言，或者更确切地说，仅仅通过句子，来达到实在。对照上述理解就会看到要点所在。要能先确定句子所谈论的东西，我们必须拥有一种非语言的手段来获知实在，比如通过感觉或者柏拉图式的"回忆"。但是，这种非语言的认知渠道为语境原则所排除。只要同意弗雷格的逻辑理念，知识就只能通过逻辑获得可靠性。

从真到达实在的思路会引起人们通常所说的"抽象对象问题"。用来区别抽象对象（abstract objects）与具体对象的标准是非常模糊的。有人使用感官知觉作为标准，可以感知的对象为具体对象，否则为抽象对象；也有人使用因果作用为标准，能够与其他东西发生因果作用者为具体对象，否则为抽象对象。不管哪个标准，都不与从真句子出发建立的逻辑标准重合，这样，按照弗雷格的方式就要承认抽象对象存在。如果关于算术的逻辑主义计划成功，那么自然数就是这样一类要承认其存在的抽象对象。

所谓"抽象对象问题"是指，如果标准的认知途径是通过感官（从而通过与感官的因果作用）来获得知识，而抽象对象不能从这一途径达到，那么它是如何被认识的呢？这个问题对弗雷格来说似乎是不可避免的。他可以回答说，抽象对象是通过逻辑被认识到的。但这个回答等于说推迟了问题，因为我们还是可以问，通过逻辑获得知识，这是什么意思。这个问题关系到，在弗雷格的逻辑主义框架下知识究竟是什么。而这对逻辑主义计划来说，是一个非常基本的问题。

阅读材料

1. Frege, *Begriffsschrift* (part), in *The Frege Reader*, pp. 56 – 78.
2. Michael Beaney, "Frege's Logical Notation", in *The Frege Reader*, Appendix 2.

第四章 弗雷格:逻辑作为关于思想的理论

在弗雷格的框架内,通过界定"思想"这个概念,"知识本身是什么"这个问题最终得到了回答。这个回答就是,知识就是思想。这个回答与观念理论的回答(即知识就是观念),具有对等的地位。因此,这个概念的提出,意味着弗雷格给出了关于知识的形而上学解释,这个解释最终结束了观念理论。但是,究竟什么是思想,这个问题并不容易回答。在弗雷格之后的语言哲学研究中,无论是接受还是拒绝这个概念,它都为人们的思考提供了起点。这一章试图给出关于这个概念的一种解释。我们将先讨论思想是什么,然后讨论如何把握思想。

第一节 内容

在弗雷格那里,思想是后来才提出的一个概念。在此之前,他使用的是"概念内容"或者"内容"这个概念。要看清究竟是什么思想,要先讨论一下内容这个概念。①

在前面讨论逻辑的时候,我们只是从知识必须是真的这样一个要求出发,来看知识应当是怎样的。我们主要是结合知识的表达形式展开讨论的——谈到句子以及句子的内容,即句子表达的命题。那时所关心的是命题怎样构成,而不是句子内容本身是什么。我们只是默认,句子表达知识,是因为句子有内容,因此当讨论句子所表达的知识时,所讨论的是句子内容。现在,让我们把注意力集中在内容上,考虑这样一个问题:当我们认为句子表达了知识时(此时的句子当然是陈述句),它所表达的是

---

① "内容"这个词近似于第一章所说的"意义",都是我们在句子中理解到的东西。这基本上是一种日常的用法。我们会逐步看到,在分析哲学中这些日常的词语是如何获得专业性的内涵的。

什么。

对这个问题可以区分出两种不同的看法。第一种看法认为陈述句的内容就是句子所谈到的对象的情况,第二种看法则否认这一点。下面依次说明。

如果我们认为"白云山上正在下雪"这个句子表达了知识,那么这个句子所谈论的,就应当是白云山的天气情况。当这个句子为真时,白云山上就在下雪,而句子为假时则否。因此,这个句子所表达的内容,就是白云山这座山的情况。我们理解句子,也就知道这种情况是什么。总之,句子的内容就是句子所谈到的东西,即相应事物的实际情况。

但是,在有些时候我们也会弄错。比如,若白云山此时没有下雪,前面提到的那个句子就是假的。考虑到这一点,我们甚至不能说,当句子为真时,其所表达的内容就是白云山的实际情况,因为,这个句子可能是假的,这本身就决定了句子的内容不是所谈到的东西。句子内容存在真假之别。当句子的内容为真时,其所谈论的东西或者情况也就存在;而当句子内容为假时,其所谈论的东西或者情况也就不存在,但此时句子内容却不受其真假的影响。因此,句子内容与其所谈论的不是同一个东西,我们最多能说,它表征了后者。①

不妨考虑这两种相互对立的理解的出发点是什么。在用陈述句做判断时,我们会把句子当作是真的来使用,因为,按照前面对于判断的理解,判断就是承认判断所用句子表达的内容是真的。在这种情况下,我们当然会把句子内容与所谈论对象的实际情况联系起来,并总是把对象实际上不是如此,作为否认句子为真的理由。这种情况我们可以说,句子是在判断语境下使用。

然而,当返回头来对句子进行评价,而不是用它做出判断时,句子可能为假,这一点就起作用了。在这个时候,我们区分句子内容与句子所谈论的实际情况。一般说来,这就是对判断进行辩护的情况。在辩护语境中,句子内容与句子所谈论的情况不是一回事。

这两种语境的区别,为我们理解思想这个概念确定了起点。如果认为

---

① 当然,这里的讨论还没有走到底。比如,有人或许会反驳说,无论句子是否为真,其内容都是对象的实际情况,只不过当句子为假时,情况不是像句子所说的那样罢了。按照这种意见,实际情况不管怎样都是句子内容的一部分。对这个意见我们只需考虑,当句子为真和为假时,其所谈论的实际情况是不是同一种情况。比如,当"白云山上正在下雪"为真时与当它为假时,相应的实际情况是不同的;当然,使用句子想要谈论的那种情况是相同的,然而,虽然它据称是实际情况,但仍然不是实际情况。

除了句子所谈论的情况之外，还需要思想这个概念才能刻画句子内容，那么就可以推测，这是要求用句子内容来承担辩护功能的结果。当然，对弗雷格的思想概念，我们也可以这么理解。另一方面，对使用句子的语境进行这样的区分，也为如何在一个更大的图景中安置思想这个概念，提供了某种指导。不管怎样，我们都需要把句子内容与判断、辩护这样一些对于知识来说是非常基本的活动联系起来，并在这种联系中理解这个概念。

这幅图景的最初轮廓是这样的：在判断语境中，句子内容被当作为真，此时句子内容是关于实在的谈论，因此句子与实在的对应关系就体现在内容中——句子中所包含的表达式具有指称，就建立了这种关系；而在辩护语境中，句子内容是否是真的，要受制于其他句子，因此句子之间的推理关系就是句子内容所要体现的。句子是因为有内容才能谈论实在，同时也是因为有内容，句子才能够进入推理过程，因此，句子内容必须能解释 a) 句子与实在的联系，b) 句子与其他句子的推理关系。

弗雷格通过引入"涵义"（Sinn）这个概念，同时达到了上述目标。按照他对涵义的界定，思想就是句子的涵义。

第二节　逻辑涵义

人们都承认，弗雷格对语言哲学影响最大的贡献，就是把内容区分成涵义与指称（Bedeutung）这两个部分，并把指称解释成确定指称的方法。对于这么做的理由，学界的主流说法是，弗雷格是通过讨论信念语境下的指称问题得到这一结论的。由于这个问题牵涉到对信念的解释，从而牵涉到知识的解释，我们可以把这种说法称为关于涵义的认知解释。如果涵义这个概念就是这么界定的，我们就有了一种认知涵义。

但是，这里所要给出的解释，却把涵义当作是首先要承担句子推理能力的东西，我们可以称这种涵义概念为逻辑涵义。[①] 按照这里的看法，认

---

① 这种解释实际上是以另外一种方式贯彻了语境原则。这里需要区分两种不同的理解。一种理解是，把句子的推理能力当作涵义这个概念的定义。在这种情况下，句子的涵义除了推理能力就没有别的东西了。此时，如果我们认为自己已经以别的方式确定了涵义，就必须论证，这样确定的东西就是句子的推理能力。另外一种理解则是，把句子的推理能力当作识别涵义的标准，也就是说，推理能力相同的句子涵义也就相同。这种理解允许我们把以其他方式确定的东西当作涵义，而不需要前面提到的论证。这两种理解中，后者要弱些。我们这里仍然鼓励用这种较弱的方式来理解弗雷格的涵义概念。

知涵义可以通过逻辑涵义来得到解释。与此同时，这种解释也尊重了弗雷格自己对"思想"这一概念的定位——他说，思想这个概念的提出，是一项逻辑成就[①]。

解释句子与实在的联系，以及解释句子间的推理关系，这为句子内容提出了不同要求，而满足这种要求的自然而然的方式，就是把句子内容区分为涵义与指称，并且让涵义来确定指称。

接下来我们就先考察，按照概念文字构想，句子与实在的关系，以及句子与其他句子间的推理关系，各自来看应当是怎样的，然后再来看怎样理解内容才能够解释这两者。

一　外延性

弗雷格把真作为基本概念，以此来确定什么是知识，这种做法使得句子通过具有真值而与实在联系。这种联系分成两个层次，即句子层次与（亚句子的）表达式层次。当句子为真时，句子所陈述的就是事实；而当句子具有确定真值时，表达式就具有确定指称。规定了句子的指称就是其真值之后，句子与实在的联系就统一地体现为指称的确定性。有鉴于此，我们可以说，句子与实在相联系，这一点体现为句子满足替换原则。

可以用一种非常直观的方式来理解这是什么意思。在"刘禅是蜀汉皇帝"这个句子中，"刘禅"这个词指称一个实在的对象，即刘禅这个人。作为一个实在的东西，他独立于语言而具有确定性，而那个句子的真假，则仅仅取决于他本人是不是句子所说的那样。这一点体现在，无论是用其他什么词语来替换"刘禅"这个名称，只要指称的是刘禅这个人，替换后得到的句子真值就不变。比如，如果我们用"刘备的小儿子"来替换"刘禅"，句子仍然是真的。替换原则表明了，词语所指称的是独立于语言的东西。实在之物至少要是独立于语言的。

但替换原则在有些时候看起来会失效。比如，虽然"刘禅是刘备的小儿子"这个句子是真的，但在"张三认为刘禅是蜀汉皇帝"这个句子中，用"刘备的小儿子"来替换"刘禅"，就可能改变句子真值。这是因为，张三也许不知道刘禅是刘备的小儿子，因此，虽然他认为刘禅是蜀汉皇帝，但并不认为刘备的小儿子也是。由此看来，替换原则是失效了。

在特定的情况下替换原则是否适用，这并不取决于词语本身指称了什么，而是取决于特定的条件要求词语指称什么。容易看出，在"张三认

[①] 参见弗雷格的短文"Notes for Ludwig Darmstaedter"，*The Frege Reader*，p. 362。

为刘禅是蜀汉皇帝"这个句子中,使得替换失效的因素是"认为"这个词的出现。不管张三认为的东西是什么,也不管是谁在认为,类似的替换失效的情况总是会发生。但是,这样的替换失效在"刘禅是蜀汉皇帝"这样句子中不会出现。

分析哲学家用"语境"(context)这个术语来刻画这种现象。这个词通常是指说出一个句子或者使用一个表达式时的特定环境,在这里则是像"语境原则"中的用法一样,用来指一个表达式出现于其中的句子。比如,在"张三认为刘禅是蜀汉皇帝"这个句子中,"刘禅"这个词所处的语境就是"张三认为……是蜀汉皇帝",这是在句子中去掉"刘禅"这个词而剩下的句子片段。利用这个术语,我们就把替换原则在其中适用的语境称为"外延语境"(extensional context),而把替换原则失效的语境称为"内涵语境"(intensional context)。

对于词语来说,具有确定指称,这一点在弗雷格这里是必须的。一个句子如果包含了没有确定指称的词语,它就没有确定的真值,从而也就没有传达知识。满足替换原则,是词语具有确定指称的必要条件,而这又需要把词语置于外延语境中,因此,传达知识的句子应当构成外延语境。这一点构成了针对传达知识的句子的外延性要求。

二 推理关系

概念文字就是一个推理系统,句子内容是在这个系统中通过真值函项及其相关结构得到刻画的。这个系统遵循句法优先原则,也就是说,对于推理关系产生贡献的所有特征,都应当在符号的句法特征上表现出来。只有这样,才能最大限度地排除直觉的干扰,达到推理的严格性。

按照句法优先原则,这样的推理是正确的:

$$\frac{f(a)}{a = b}$$
$$f(b)$$。

然而,即使在推理时我们知道"a"与"b"指称同一个对象,这样的推理仍然是不正确的:

$$\frac{f(a)}{f(b)}。$$

这是因为，从符号上并没有表现出"a"与"b"指称同一个对象，而要表现这一点，必须为推理添加一个前提，即"a = b"。

值得注意的是，在推理中，用共指称的符号来替换，会影响推理的有效性。比如，对前一个推理的第二个前提进行共指称替换，得到的推理是无效的：

  f(a)
  a = a
  f(b)。

这仍然是因为，符号上并没有表现出"a"与"b"指称同一个对象。这里的替换虽然没有影响第二个前提的真值，但让一个有效的推理变成无效的了。不过，替换如果系统性的，也就是说，在整个推理中用同一个名称把所有的"b"都替换掉，得到的推理仍然是有效的。例如，我们用"c"来指称b，对那个推理进行系统的替换，就得到这样的推理：

  f(a)
  a = c
  f(c)。

这个推理是有效的。我们可以说，推理所需要的东西，不止于指称。

要说清这里需要的究竟是什么，我们不妨引入一个在弗雷格本人那里没有出现，但他实际上可以使用的术语，即"推理能力"（inferential power）。[①] 推理能力是针对句子的。一个句子的推理能力，就是在附加了一些前提的情况下，能够从这个句子推出其他句子的能力。对于两个句子来说，如果在附加了同样前提的情况下，总是能够推出同样的句子，那么这两个句子的推理能力就是相同的。按照这个定义，前面的例子显然表明了，"a = a"与"a = b"这两个句子即使在真值相同的情况下，其推理能力也不相同。

推理能力必须借助内容来得到解释。这一点当然要落实到词语上。

---

① 弗雷格在不同场合下表达了接近于下面所要表述的想法，参见 *The Frege Reader*, p. 53; pp. 305-306。

"a = a"与"a = b"这两个句子在推理能力上的区别，最终应当落实到"a"与"b"这两个符号所具备的内容上。当然，词语内容在这种意义上的区别，已经无法用指称来解释了。

三 涵义与指称

当外延性与推理关系都需要用内容来解释时，我们遇到的困难是，按照外延性要求能够替换的地方，按照推理关系的要求不能替换。对于"a = a"与"a = b"这两个句子，当"a"与"b"指称同一个对象时，按照外延性，它们的内容相同；但按照推理能力，它们的内容又不同。这种现象使我们感到，内容这种东西似乎是双面的，在一面有区分的地方，在另一面区分又消失了。

弗雷格用一种非常自然的方式来处理这个问题。他把内容区分成两个层次，即指称与涵义，用指称来解释外延性，而用涵义来解释推理能力。"a"与"b"这两个符号具有相同指称，但涵义不同，因此，"a = a"与"a = b"这两个句子的指称相同，但涵义不同。这样就解释了为何这两个句子在真值相同的情况下，却又具有不同的推理能力。前面观察到的那种双面性可以这么解释：在有涵义区别的地方，并不一定有指称上的区别，也就是说，即使表达式的指称相同，其涵义也可以是不同的。

涵义与指称之间的关系，可以通过句子的推理能力与真值之间的关系来理解。句子的推理能力，是通过句子被置于逻辑系统中时与其他句子建立的推理关系来界定的。对弗雷格的来说，概念文字系统作为逻辑系统就是一个辩护系统，在这个系统中，句子的真值是通过公理与推理规则来确定的。只要这个系统给出的是真之定律，它就是用来确定句子真值的基础。因此，在句子层面上，涵义作为决定句子推理能力的东西，是可以确定句子指称（即真值）的。在这种意义上，涵义与指称间的关系，就体现了辩护与真之间的关系。弗雷格以真为目的建立逻辑系统，这就使得逻辑系统作为辩护系统，与真这个概念内在地联系在一起。

涵义与指称在句子层面上的关系可以进一步落实到词语的层次上。句子的涵义可以用于确定句子指称，由此就可以自然而然地认为，词语的涵义也可以用于确定词语的指称。首先，词语的指称是通过句子的指称（真值）来定义的，这样，各个词语的指称与词语据以构成句子的那种结构一起，就将确定句子真值。进而，如果认为句子的涵义也是由词语的涵义按照这种句子结构结合而成的，我们就可以认为，与词语涵义相对应，总会有唯一一个指称。也就是说，可以利用词语的涵义来确定其指称。

对这种联系，还可以按照一种更加形象的方式理解。我们可以把涵义与指称当作看待语言的内容的两种不同的方式，它们对内容做出了不同的区分。比如，当"a"与"b"共指称时，这两个符号的内容就指称而言是相同的，但就涵义而言又是不同的；而涵义确定指称，这一点就相当于说，只要涵义相同，指称也就相同，而当指称相同时，涵义却可以不同；因此，涵义是区分内容的更加精细的方式。如果把区分内容的这两种方式比作用网格来划分不同表达式的内容，那么涵义的网格就更细一些，而指称的网格线条总是与涵义网格的线条重合。

用这种方式理解涵义与指称的一个明显的好处是，它忠实于弗雷格把真这个概念作为初始概念的意图。这个意图要求在真这个概念的基础上定义语义学。现在我们有了一种两层次的语义学，即涵义与指称。前一章我们已经看到，表达式的指称可以定义为该表达式对包含它的句子真值做出的贡献。而现在，我们可以把表达式的涵义定义为表达式对于其他句子的真值做出的贡献。这是因为，通过推理，我们从一些句子出发来确定充当结论的那个句子的真值，因此，句子的推理能力就表现为它对其他一些句子的真值所做出的贡献。既然表达式的涵义取决于包含表达式的句子有多大的推理能力，我们就可以说，表达式的涵义就是该表达式对其他句子（它们充当结论）的真值所做的贡献。

在弗雷格这里，表达式的意义受制于句子意义，因此，句子层次上的涵义—指称之分，就会落到表达式上。弗雷格关于涵义与指称的划分，就如下表所示：

符号层	句子	名称	谓词
涵义层	思想（命题）	思想的部分	思想的部分
指称层	真值	对象（主目）	概念（函项）

在这个表中我们注意到，对于名称与谓词来说，指称是有所区分的，但涵义都作为思想的部分出现。弗雷格并不特意区分名称与谓词的涵义。他的意思似乎是，对句子所表达的思想进行切分，就会得到名称与谓词的涵义，而不必特意分别说明它们是什么。但是，在指称层次上弗雷格区分了对象与概念，这样，概念就作为从对象到真值的函项加以理解了。如果情况是这样的，那么对象与概念间就谈不上结合，它们与真值间不是部分与整体间的关系。整体—部分关系出现在思想这个层次。名称所表达的涵义是思想饱和的部分，而概念词表达的涵义则是不饱和的部分，这两部分

的结合就构成了完整的思想。对名称与概念词来说，涵义与指称之间的关系可以这么说明：名称由于所确定的是对象而具有饱和的涵义，谓词则是因为所确定的是不饱和的函项，而仅具有不饱和的涵义。指称层的对象—概念之别，与涵义层的饱和—不饱和之别，两者同时表现在符号上。谓词含有空位，这表现其不饱和的特征；空位留给主目符号，这样，谓词也就表示函项。

第三节 认知涵义

前面提到，对弗雷格的涵义概念的主流解释是，涵义是为了解决信念语境中的指称问题而引入的，这样的涵义概念这里称为"认知涵义"。这一节先说明这种解释的基本思路，然后说明，认知涵义是如何从逻辑涵义派生而来的。

事实上，当我们区分外延语境与内涵语境时，就已经可以看出信念语境内的指称问题究竟是什么了。容易看到，内涵语境与替换原则相冲突，因而，要么否认替换原则，要么否认内涵语境真的存在。引入涵义这个概念，就相当于采纳了后一选项，即否认我们所以为的内涵语境是内涵的，而是认为，这类语境真正说来仍然是外延的。

在解释什么是内涵语境时所给出的例子，实际上就是信念语境。信念语境就是指用像"相信""认为""知道""怀疑"这样的动词引导的从句。比如，在下面的两个句子中，"刘禅"一词在1）中位于信念语境之内，而在2）中则在信念语境之外。

1）张三相信刘禅是蜀汉皇帝；
2）至于刘禅，张三相信他是蜀汉皇帝。

把这两个句子中的"刘禅"一词换成共指称的"刘备的幼子"，1）的真值可以变化，而2）的真值则不变。由此可以看出，信念语境是内涵语境。

内涵语境内的指称问题就是由于这种违反替换原则的现象而产生的。按照对这个问题流行的解释，弗雷格认为，至少在像信念语境这样的内涵语境中，表达式的指称并不是我们通常认为的那种指称，而是我们通常认为的涵义，即确定指称的方法。如果按照这种方式来看待信念语境中的表达式，则替换原则仍然生效，且信念语境仍然是外延语境。

为了看到这一点，我们不妨利用涵义这个概念对信念做出一种直观的解释。我们对于某个对象持有一种信念时，心里肯定会对这个对象有所设想。比如，当我想起撒哈拉沙漠时，心中就浮现起那样一幅沙漠的画面，它描绘了我心目中的撒哈拉沙漠是什么样的，它有什么样的特征。这样，每当想到这样的特征，我想起来的就应当是撒哈拉沙漠。我们是利用对象的特征来确定对象的，因此就可以这么理解：一个表达式的涵义，就是用来确定表达式指称时起作用的那种特征，谈论表达式所指称的对象时，我们所谈论的，就是具有那种特征的东西。这样一来，涵义这个概念就确实能够用来解释什么是信念。对于某个对象持有信念，就是设想用来确定对象的那种特征。因而，信念的内容就是由表达信念的句子的涵义构成的。

这似乎为解决信念语境内的指称问题提供了出路。句子1）所陈述的就是张三的信念内容，在这种情况下，"刘禅"这个词并不是指刘禅这个人，而是指当张三想到刘禅这个人时，心中所想到的那些特征，比如一个皮肤白净的胖子形象。这种解释就允许出现用"刘备的幼子"来替换"刘禅"而改变句子真值的情况。比如，当张三想到刘备的幼子时，心中想到的是叼着奶嘴的孩子，而这个特征与那个胖子的形象并没有联系起来。

这样的解释虽然很合乎直观，但并不与弗雷格的其他重要观点合拍。比如，它直接与弗雷格反对观念理论的立场相左。因为，如果涵义就是所指称的对象的特征，而关于对象的信念以对这种特征的把握为基础，那么，具有关于对象的知识，在观念理论的那种意义上，也就可以解释成是拥有关于对象的观念。在观念理论中，观念就是通过单个确定下来的特征，来与对象建立对应关系的。

此外，一个很关键的问题是，心灵与实在之间通过涵义和信念这样的东西建立的关联中，并没有为弗雷格的概念文字系统留出什么位置。因为，当心灵由于某种心理学机制而"想到"对象的某种特征时，这种特征也就确定了对象，在这个过程中，心灵并不需要逻辑。这样，我们很难从这种解释中看出，涵义这个概念在何种意义上是一项逻辑上的成就。

如果在逻辑涵义的基础上解释认知涵义，这些问题就很容易避免。为了看出这种解释是怎样得到的，需要重新考虑信念语境中的指称问题究竟如何产生。

下面是两组句子：

3) 张三相信刘禅是蜀汉皇帝;
4) 张三相信刘备的幼子是刘禅;
5) 张三相信刘备的幼子是蜀汉皇帝;
6) 刘禅是蜀汉皇帝;
7) 刘备的幼子是刘禅;
8) 刘备的幼子是蜀汉皇帝。

信念语境内替换原则失效的情况是这样的:当我们把3)中的"刘禅"替换成共指称的"刘备的幼子",由此得到5);但当3)为真时,5)可以为假,这是因为当4)为假时,这种情况就是可能的。这并不是说张三实际上相信什么,而是说,我们这么解释张三的信念,这不会有问题。我们总是要按照融贯性要求来解释信念,而不应当把矛盾的信念归于他人(即使人们常常持有矛盾的信念)。正是出于这一原则,我们认为3)与5)具有不同真值,这是可能的。

可以用逻辑的方式来说明这种融贯性要求。这项要求可以这么表述:

> 某人的一组信念是融贯的,当且仅当,在正确的逻辑系统内,这组信念中的任何一些信念,都推不出这组信念中任何其他信念的否定。

按照这个标准,6)—8)这一组句子就可以用来表述张三的一组信念。从推理关系来看,这组信念是融贯的,而8)的否定与6)、7)不融贯;但是,去掉7)以后,8)的否定就与6)融贯。按照这种融贯性标准,如果我们认为3)和4)是真的,就不能认为5)也是真的;但是,如果认为4)不是真的,也就是说,张三并不认为刘禅是刘备的幼子(这不一定是说,张三认为刘禅不是刘备的幼子),那么当我们把3)当作是真的,5)也可以是假的。这是因为,去掉7)以后,8)的否定就与6)融贯。

这样一来,我们就用逻辑涵义解释了什么是认知涵义。认知涵义只不过是把在逻辑系统中得到解释的那个涵义概念用到信念语境的结果。我们不需要专门解释当表达式被置于信念语境中时,表达式的指称是什么。因为,当说某人相信如此这般的时候,我们要说的只不过是,如果他处在我们的位置上,也会做出如此这般的判断,而这种判断是合乎逻辑的。一个人持有某个信念,这样看来就不是某种心理机制作用的结果,而是某种可以撤销的决定。因为持有一个信念,也就是按照合乎逻辑约束的方式,来调整自己的信念系统，以使其达到融贯。之所以这么说，是因为我们认为他人会相信什么，这一点也决定了我们自己该相信什么——把信念归于他人，这与把信念归于自己，都同样是遵守逻辑的结果。因此，持有信念，这是一件合乎理性的事情。

第四节　第三域

　　弗雷格的思想概念是一个非常复杂的概念，他希望用这个概念来表明，建立在逻辑的基础之上的知识最终是怎样的。弗雷格确实需要这么做。逻辑体系以及相应的逻辑观念，都是基于关于知识应当如何的一种理论预期建立的，它应当回答"如果知识的本质是达到真，那么知识应当是怎样的"这个问题。按照弗雷格的框架可以给出的回答是，知识应当可以按照概念文字系统加以分析和系统化。为此他需要说明，这样分析和系统化的东西确实就是知识。

　　这项工作可以分成两个部分，第一部分是对特定的系统分析是否成功加以评价，第二部分则是对纳入概念文字系统的究竟是什么，给出哲学上的解释。前一部分的工作体现在弗雷格对算术的逻辑主义计划中，这里略去。弗雷格引入思想这个概念，目的就是要进行第二个部分的工作。

　　前面已经看到，思想（即句子涵义）决定了句子的推理能力，而推理能力是由逻辑系统定义的。这样一来，逻辑系统就可以用来表现思想。事实上，弗雷格也是这么做的。在他看来，句子结构本身就表明了，表达式的涵义是如何组合起来构成句子所表达的思想的。因此，那些按照函项结构而构成的逻辑命题，也就表现了一些思想结构，具有这类结构的思想总是真的。在这种意义上，弗雷格在把这些命题解释成关于真的定律的同时，也将其解释成关于思想的定律（laws of thoughts）。按照这样的解释，获得知识，就要以把握这类思想为基础。

　　事实上，弗雷格正是用把握思想来解释知识的。在他看来，如果所把握的思想是真的，人们就获得了知识。在哲学上，这样的论断就意味着，弗雷格有义务论证，思想具有知识应当具备的特征，即客观性。在"思想"这篇影响巨大的文章中，弗雷格做出了这样的论证。但是，这个论证却是极其有误导性的。我们将按照同情原则说明，在把误导的成分澄清以后，这个论证是怎样的。

第四章 弗雷格：逻辑作为关于思想的理论

弗雷格首先讨论了区分观念与物理世界的区分标准①，这个区分的目的在于弄清观念应当是什么，并参照这一点来说明思想并不是观念。弗雷格并不担心人们会把思想与像桌子、山脉以及水这样的物理世界的东西混淆起来，而把注意力集中在说明思想并不属于内部世界、从而并不是心理实体上。思想作为抽象的东西，不会像物理的东西那样产生因果作用。人们一般不会认为，句子的内容会像人行道上的那棵树一样迫使我们绕开它。

弗雷格的论证大致是这样的：观念必定属于某个人，并且仅仅属于单个人，没有人与他人共有观念；因此，如果思想就是观念，那么知识就不是公共的了；既然知识是公共的，而知识本身就是思想，那么思想不是观念。②

在这个论证中，弗雷格用"观念"一词来指表象这样一类心理实体，矛头指向心理主义。他利用的主要前提是，观念本质上属于单个人，因而是私人的。可以用不同的方式来理解这种私人性。一种方式是形而上学的理解方式，认为观念就像某种实在的东西一样，由于只能包含在特定的心灵中而不能移植，因而具有私人性。另一种方式是知识论意义上的理解，认为观念是从特定心灵看到的东西，观念与心灵的关系，就类似于透视效果图与视角间的关系，这样，用一种形象的方式说，私人性就有些像一幅透视效果图不可能从别的视角得到。前一种意义上的私人性似乎是不成立的，因为，作为心灵的内容物，观念在逻辑上是可以转移到别的心灵中的。因此我们将采取知识论解释。

对于观念的这种私人性，还有另外一种不同意见——即使观念作为心灵所把握到的东西，取决于心灵此时此刻的状态，同一个观念仍然可能为不同的心灵所分享，因为当两个心灵处于同一个状态时，它们将把握相同的东西。弗雷格在论证中间接地回应了这个异议，他认为我们无法比较两个心灵中出现的观念是否相同，因此这个异议是无意义的。③ 这里的要点不是说，两个心灵所把握的观念实际上是相同的，而是说，我们不可能发现它们相同。这里所说的私人性仍然是知识论上的。如果要用观念来解释知识，那就必须解释，我们实际上有意地彼此达成一致，也就是说，我们知道彼此都在讨论同一个东西；仅仅是说，我们所拥有的观念实际上相

---

① *The Frege Reader*, pp. 334–336.
② 参见"Thought"，*The Frege Reader*, pp. 335–337。
③ 参见"Thought"，*The Frege Reader*, p. 335。

同，而不考虑我们是否有理由认为它们相同，在这里就毫无用处。容易看到，如果心灵所把握的观念取决于心灵一时一地的状态，那么心灵本身是不可能比较不同心灵所把握的观念的。它甚至不可能比较不同状态或者不同时刻所把握到的观念。观念的私人性意味着，心灵只能活在当下。

从观念的私人性与知识（从而思想）的公共性，立即就可以得到思想不是观念。它们之间的区别是本质上的。弗雷格这么理解这个结论，他说，思想既不是外部事物，也不是观念，而是属于"第三领域"（the third realm）。①

这是一个相当著名的结论，弗雷格因此而被列为"柏拉图主义者"（Platonist）。② 人们把承认抽象对象存在的观点称为"柏拉图主义"。思想由于不是外部对象，因而是抽象的，前一章结尾我们已经看到，由此也就导致了抽象对象问题，即心灵究竟怎样才算把握了思想。

然而，这个问题的提出，本身就是出于一种误解。对这个误解弗雷格本人也要负一定的责任，因为，他把思想归于第三域，这就等于承认了思想的实体地位。但是，弗雷格关于私人性以及公共性的区分，却是一个知识论上的区分，而不是形而上学的区分。这里的要点是，只有当思想享有实体的形而上学地位时，它与心灵如何建立联系，这一问题才有可能提出；但是，如果思想与观念的区分是在前述知识论意义上进行的，那么这种形而上学地位对思想这个概念来说就是不必要的。

弗雷格区分私人性与公共性，是为了说明对知识来说什么是客观性。关于知识的客观性，人们都有一种直观的理解，即这种客观性意味着知识不是我们自己创造的，而是我们所发现的。在这种意义上，知识的内容必定是独立于心灵的东西。当弗雷格强调思想属于第三域时，也就是在强调这种独立性。但是，这种独立性并不是形而上学实体所具有的那种独立性，而是知识论上的独立性。这种独立性的必要条件是，不同的心灵总是可以认识同样的内容。这里起作用的是认知内容的公共性，而不是客观的东西所具备的实体的形而上学地位。

可以举一个例子来说明关于客观性的不同理解。设想我们从远处看同一个物体的情况。如果我们确定自己没有看错，认为自己看到了一种客观的东西，那么关于这种客观性可以有两种不同的理解。一种理解

---

① 参见"Thought"，*The Frege Reader*，pp. 336 – 337。
② 弗雷格被归为柏拉图主义还有另外一个更常见的原因，就是他认为数是对象，因而能够独立存在。

第四章　弗雷格:逻辑作为关于思想的理论　69

是,认为客观性是由具有客观性的东西所具有的实体地位所保证的。按这种理解,我们这样解释看到的东西的客观性:我看到的是真实存在的东西,因此我看到的是客观的。这就是用实体的形而上学地位来解释客观性的情况。另一种理解则是知识论上的,按照这种理解,我会这样说明我看到的是客观的:如果你处在我的位置上,你也会看到这幅情景,因此我看到的东西是客观的。当然,为了排除同时出现幻觉的情况,我们需要附加这样一个条件:我可以让其他人知道我看到的是什么,只要他具备基本的认知能力。

　　容易看到,这两种理解确实是不同的。一方面,一种东西即使在形而上学上可能并不存在,但在知识论上仍然是客观的,比如海市蜃楼。海市蜃楼展现了并不存在的场景,比如位于沙丘中间的绿洲,但不同的人都可以看见它。另一方面,某种在形而上学上存在的东西,在知识论上仍然不是客观的,比如某种因人而异的幻觉。幻觉的出现是真实的,它甚至可以得到形而上学上的解释,但因人而异的幻觉并不具有公共性,因而不具备知识论上的客观性。

　　在关于客观性的形而上学解释与知识论解释中,弗雷格偏向后者。从前面陈述的关于观念的私人性的论证中很容易看到这一点。如果认为观念因为是私人性的而不能构成知识,那么这里起作用的正是关于客观性的知识论解释。按照我们这里给出的解释,弗雷格应当是以观念的私人性为由,说明观念不具有客观性。

　　在强调思想属于第三域时,弗雷格至少想说,如果知识是客观的,而我们又把知识解释成思想,那么思想一定不能像观念那样,通过心理学来解释。但是,当他说思想是某种独立于心灵的东西时,却要小心地加以理解。看来他毕竟为思想找到了一种形而上学地位,从而把思想当作实体。如果厘清了前面关于客观性的区分,我们就不会把思想的实体地位当作解释知识客观性的东西,而是把它当作知识的客观性的结果。

　　这一点可以这么说明:如果我把握了一种客观的思想,那么我就会把这种思想当作独立于心灵的东西;我一定不会把客观的思想当作我创造的东西,而是当作我发现的东西,当作是"已经在那里"的东西。我甚至会用思想的实体地位,来解释其客观性。但是,这只是一种自说自话式的解释。比如,如果以从远处看到的那座山来比喻思想,那么用思想的实体地位来说明我看到的是客观的东西,我就会说"那里实际上有座山"。但是,这仅仅是重复了我认为我看到那座山这件事,而不会为我所看到的东西添加客观性。真正能够赋予客观性的是这种说法,"如果换做你,你也会看到那座山"。如果这是真的,那么我所看到的就是客观的东西。

第五节 理性

现在,我们可以继续前面讨论认知涵义时引入的话题,即理性。在康德之前的理性论者那里,理性是指心灵对知识的基础或者基本原则的把握,心灵具有理性,是因为它本身就被植入了一些观念,这些观念是其他知识的基础。而在康德那里,理性被赋予了一种新的意义,而这种意义与康德关于心灵的新见解联系在一起。康德不仅把心灵当作观念的处所,而且认为心灵具有对观念进行主动加工的能力,以及为自身建立规则并遵守这种规则的能力,也就是说,心灵被理解为主体。与这种见解相联系,康德认为理性实际上是一种自我约束的能力,心灵能够决定自己相信什么不相信什么。事实上,康德所谓的批判哲学,就是这种理性能力的运用。前面对认知涵义的解释,使得我们可以把弗雷格的思想概念与康德的理性概念联系起来。

我们先区分对信念的两种不同的理解。一种理解是,信念是心灵实际上拥有的东西,而信念归属句则是对这种实际拥有的东西的描述。另外一种理解则是,当我们为某人归属信念时,或者当某人认为自己相信什么时,被归属的往往是应当相信的内容。这两种理解常以非常复杂的方式交织在一起。对信念来说,很难说有一种明确的标准,用以判断某人实际上相信什么。他自己的陈述(如果诚实的话)可能是最具权威性的,但是他自己的陈述并不是基于对自己内心世界的观察,而往往是一种承诺,是他认为自己应该相信什么。当然,这里的"应该"不是当人们陈述一种推测时使用的那个带有语气成分的"应该",而是真正意义上的"应该"——他要求他人按这种方式理解自己,并且承诺自己会按照这种信念来行事,等等。

对上述两种理解,我们可以说,康德心目中的心灵同时容纳两种解释,而弗雷格在讨论认知涵义时,则只允许按后一种方式来理解心灵。这个区别是弗雷格不遗余力地反对观念理论或心理主义的结果。按照观念理论或心理主义,信念就是观念,就是心灵实际拥有的东西。把负载认知涵义的信念从心理现象中脱离出来,使其接受逻辑的约束,这是弗雷格关于思想的学说的主要成就。

这并不意味着弗雷格否认信念实际上是一种心理现象。对他来说,对思想的把握永远是一种心理现象，知识最终会落实到这种把握中，从而才会有特定的人掌握了知识这回事。但是，对于所把握到的东西，也就是说，对思想本身的探究，却永远不属于心理学，而是属于逻辑。这样，他就要说明逻辑的东西如何与心理的东西联系起来。就这一点，弗雷格所说甚少，但我们可以从他给出的为数不多的几处暗示出发，做出与前面的思路融贯的解释。

他说："逻辑与数学都不会研究单个人的心灵（minds）及其意识内容，它们的任务或许可以更恰当地说是研究那个唯一的心灵（the mind），单数的而不是复数的心灵。"[1] 他的意思当然不能理解成，不仅有一种心理学的心灵，还有一个逻辑学的心灵。对这段话自然而然的解释是，逻辑与数学研究为我们提供了关于什么是理性心灵的理解，而我们对逻辑与数学知识的把握，则使得我们所具备的感性的心灵成为理性的。

这里的理性心灵就是弗雷格所说的那个单数的心灵。它之所以是单数的，意思不是说只有唯一的一个这样的心灵，而是说理性心灵是无人称的。"理性心灵"这个说法只是一种手段，用以说明理性能力是怎样的。当弗雷格说，逻辑就是对本身即为真的那些思想结构的描述时，那些思想结构就被归于理性心灵，并充当其信念。那些思想结构并不真的像第三域实体那样，漂浮在虚空中，而是作为判断的内容出现。在前面解释真这个概念的基本性的时候，我们就已经看到，真这个概念必须通过判断引入，并且只有在判断中，才会有逻辑自明性。这就是为什么在概念文字系统中，所有的逻辑命题都以断定号（judgment stroke）开头。现在，既然判断必须在场，充当判断者的心灵就总是已经在起作用了。但是，由于这个心灵只是因为判断而引入的，它只能是无人称的。这就是理性心灵。

对逻辑的把握是由单个人的心灵完成的，我们暂且称为"感性心灵"。逻辑命题是这样起作用的：一旦感性心灵认识到逻辑命题是真的，它就具备了理性，从而成为理性心灵。我们也可以说，所谓理性心灵，或者那个单数的心灵，只不过像函项结构中的空位一样，等待着填充，而填充这个空位的，只能是感性心灵。感性心灵沉湎于感性的世界，为感官、情绪以及生理上的和物理上的限制条件所制约，因而不总是按照真这个概念的要求进行判断；逻辑使感性心灵从感性世界中提升出来，并用真之定律加以提示，从而使其把握知识。因此，知识的获得，总是以心灵获得理性能力为前提的。

---

[1] *The Frege Reader*, p. 342.

这样解释弗雷格心目中的逻辑具有巨大的理论优点，其中最重要的是，它回答了这样一个问题：逻辑是以描述的方式给出的，那么它何以又能够对我们的判断活动施以规范呢？

弗雷格一方面把逻辑律解释成像是物理学研究力与热这样的现象那样，是一种关于事实的研究，它对真这个概念进行系统性的描述；另一方面，又把逻辑律与心理学区分开，而认为逻辑是规范性的[1]。弗雷格认为逻辑所提供的是辩护[2]，而我们知道，辩护所决定的不是我们实际上是怎样判断的，而是我们应当如何判断。描述性的陈述不能告诉我们应当如何，这在哲学上已经因为休谟的工作而成为常识。在描述性的陈述中，并不含有"应当"一词，因此无法起规范作用。因此，弗雷格面临着休谟所提出的如何从"是"导出"应当"的问题。

这个问题可以这样解决：逻辑律所描述的是，就理性心灵来说，什么样的思想结构是真的；而逻辑律起作用的方式则是，它潜在地规定了，应当像理性心灵那样，发现那样的思想结构是真的。换言之，逻辑的规范作用在于，它所描述的是感性心灵应当发现其为真的那些思想结构。

用类比来说明。逻辑律就像描绘一处风景的图画，那幅图画起作用的方式是，如果人们站在正确的位置上，就能够看到这处风景。因此，我们可以用这幅图画来下命令，让人们站到特定位置上去。

这样一来，我们就可以更自然地解释，为何弗雷格要引入"第三域"。把思想解释成实体，并不是一项形而上学讨论的结果，而是对什么是逻辑进行解释的结果。这个解释就是，逻辑律是描述性的，这种描述必须是对所描述的东西的描述，而思想就是这种所描述的东西。如果只有站在某个角度才能看到海市蜃楼，那么对海市蜃楼的描述就只是说明我站在正确的角度上，而并不意味着海市蜃楼是存在的东西。

第六节 语言

第一章简单地说明了什么是语言学转向，那里把语言学转向解释为"知识的基础是语言"这样一个基本的洞见。现在，我们可以在弗雷格这里看到，语言在何种意义上是知识的基础。

---

[1] 参见 *The Frege Reader*, p. 228。

[2] 同上书, p. 326。

第四章 弗雷格:逻辑作为关于思想的理论 73

弗雷格喜欢把句子比作思想的外壳。虽然思想本身是抽象的,不能知觉的,但句子作为思想可以感觉的形式,使得思想能够得到把握。[①] 弗雷格并没有讨论过思想是否能够不通过语言而直接得到把握,他似乎并不关心这个问题。考虑一下他设计概念文字的动机就会明白,他关心的是,对我们这样的生活在经验世界中的人来说,我们能够怎样把握思想。也许上帝可以不通过语言而直接把握思想,但具有感性心灵的人类,却唯有通过思想的可感外壳才能把握。语言属于不完美的理性存在物。

他似乎觉得,只要使用概念文字,我们就能够识别并把握思想,因为这正是他设计概念文字的动机;但是,为什么是这样的,弗雷格并没有解释清楚。以下所述是笔者基于第一章第四节的内容给出的解释。

先要弄清楚所谓把握思想是什么意思。

如果把思想直接解释成认知涵义,而不从逻辑角度来解释,那么思想就是一个句子在内涵语境内的指称,也就是说,一个人把握一个思想,就是一个心灵与所指称的思想间建立所谓的"把握"这种关系。当思想被当作句子在内涵语境内的指称时,就是柏拉图主义所理解的那种抽象对象,这样一来,弗雷格就确实面临柏拉图主义所遇到的那个问题,即如何解释感性心灵与一个抽象对象间的那种"把握"关系。感性心灵与对象的联系,只能通过感官建立,而这是一种因果关系;但是,像思想这样的抽象对象由于不是物理对象,本身不会产生任何因果作用,因而不会与感性心灵联系起来。

而如果把思想首先联系到逻辑上,那么作为确定句子推理能力的东西,思想就是为理性心灵所把握的内容。但是,我们并不需要解释这种把握在形而上学上究竟是如何实现的,因为理性心灵只是作为一个空的位置出现,这个位置留给了感性心灵;理性心灵对思想的把握,就只是用来说明,如果感性心灵把握了思想,那么情况是怎样的。这种情况当然不是心灵与思想之间建立了一种所谓"把握"的关系,而是心灵具备了按照概念文字系统进行推理的能力——对思想的把握,就在于发现概念文字系统中的句子是真的,从而在于能够按照这个系统进行推理。在这种意义上,概念文字系统的作用,就相当于解释怎样才算把握了思想。

这样一来,虽然思想本身是抽象的,感性心灵仍然能够把握它们,因为感性心灵所要做的,不是与一种抽象的东西联系起来,而是学会使用概念文字,而概念文字是语言,是存在于物理世界中的东西。

---

① 参见 *The Frege Reader*, p. 328。

这应当是一个相当自然的观点。对于某人把握一个句子的涵义这件事，人们通常不会理解成与句子涵义这样一些抽象的东西建立联系，而是理解成，这个人能够对句子涵义做出正确的解释，能够在各种情况下正确地使用这个句子。句子以合乎逻辑的方式彼此联系在一起，我们认为这种联系是通过其所表达的思想获得的；但是，当试图给出某个句子所表达的思想时，人们不会像展示一个物件一样来展示思想，而是利用句子之间那种合乎逻辑的联系，来用别的句子解释思想。当然，如果你看出这种联系，也就知道了那个要表达的思想是什么。把握思想，这是通过句子完成的，而完成这件事的方式，却是把句子置于复杂的逻辑网络中的一个正确的位置上。学会使用句子，实际上就相当于知道它在这个网络中的正确位置在哪里。

设计概念文字，目的就是要以一种系统的方式构造这样一个句子网络，在句子之间建立辩护关系。概念文字是为了感性心灵把握思想而设计的，而这要求符号的句法特征能够精确表现这种辩护关系。如果事先对何为辩护毫无概念，任何物理形态的符号都无法达到这个目的。只有对设计逻辑系统的目的有了基本的把握，从而对其针对理性能力的指向性有了基本的概念，符号的物理特征才能服务于把握思想的目的。这时，对使用这种符号的人来说，物理特征不是"赤裸裸地"给出的，而是作为句法特征给出。对句法的掌握，是感性心灵进入理性领域的入口。

按这种方式理解语言，就解释了语言在何种意义上能够成为知识的基础。这不是说，知识一定要通过语言来表达；而是说，只有能够使用语言，才能够把握思想，从而拥有知识。弗雷格通过自己建立的那种逻辑观念，把语言与思想紧紧地交织到一起。这种交织从已经起作用、但不够完善的理性能力开始，它使得逻辑研究的过程，成为对什么是理性能力的阐明过程；伴随着逻辑研究的推进，理性的领域也得以扩展。

阅读材料

Frege，"On Sinn and Bedeutung"，"Thought"，in *The Frege Reader*.
以上文章也可在《弗雷格哲学论著选辑》（王路编译）中找到。

第五章　罗素：分析哲学的实在论来源

罗素的哲学以多变著称，人们在综述他的思想时，常常不得不说明他是在哪个时期持有所提到的观点。罗素对分析传统影响最大的思想，大都是在20世纪的头二十年发展和表述的。这里讨论的内容也主要属于这个时期。为了让读者看到罗素思想中最为重要的部分。这里略去了其中的一些复杂的细节。由于这种省略，我们不能说这里展示的是罗素本人会予以承认的思想。尽管如此，我们关注的仍然是罗素思想中最为基础的部分，同时也是罗素大半生都在坚持的部分。这部分思想不仅决定了他会以何种方式理解逻辑，而且直接导致了他的摹状词理论，以及以摹状词理论为核心的逻辑分析理念。

第一节　弗雷格主义与罗素主义

先概括一下前三章所讨论的弗雷格传统。一般说来，一个典型的弗雷格主义者会持有下述观点：

1) 关于知识的理性主义解释，即我们的知识是从理性能力获得保障的。这种理性能力通过逻辑得到解释和体现。逻辑表明了理性的结构与有效性。

2) 要构建或把握逻辑系统，只需要理解什么是完整的句子，并把握真这个概念。这没有超出我们使用句子来做出判断的能力。逻辑系统在这种意义上是自足的。

3) 我们是通过把握真思想来知道外部世界的，而这种把握可以通过对语言的理解获得。

4) 我们可以认为什么东西存在，这由我们使用什么语言决定。这会使怀疑论失去容身之地。

为便于对照，这里先列出罗素传统的要点。具体解释后面逐步展开。

1）实在论，即事物独立于我们谈论它的语言而存在。
2）指称主义，即表达式的意义就是其指称，就是其与独立于语言的事物之间的联系。
3）关系逻辑，即句子是由起指称作用的词语经由关系连接而成的，它表示所指称的事物也以同样方式连接起来。逻辑揭示这种起连接作用的关系是什么。
4）逻辑是一种普遍的科学，它揭示那种支撑着所有实在之物的逻辑结构，其中也包括像数这样的数学对象的逻辑结构。

罗素以不同于弗雷格的方式看待知识，在他看来，知识的定义性特征不是真，而是实在，知识是关于实在的知识。罗素是从与实在的关联入手来对知识表述展开分析的，在知识分析上，罗素是一个实在论者。

如果说实在论构成罗素哲学的一个支点，那么另外一个支点就是他的外在关系理论。外在关系理论虽然在表述上是以形而上学的形式做出的，即"关系本质上不是（一元）性质"，但在罗素那里，这个观点首先是一种逻辑观点，即"命题的基本形式不是主谓形式"。因此，外在关系理论意味着，正确的逻辑应当是关系逻辑。在罗素的逻辑观念中确实有函项（不完全符号理论本质上就是一种关于命题函项的理论），但其主导形式仍然是关系逻辑。虽然在形式上关系逻辑可以用函项的形式表示，但在基本精神上并不是弗雷格的那种函项逻辑；在基本精神上关系逻辑更接近词项逻辑。

这两个支点一起，决定了罗素要以何种方式来解释知识表述。在他看来，句子之所以能描述实在，从而能够表达知识，是因为句子所表达的是罗素式命题。这样，关于知识的逻辑分析，就是描述罗素式命题是如何构成的。摹状词理论就是关于这种逻辑分析如何进行的一种具有全局价值的方法论。

第二节　实在论

罗素通过反对当时盛行于英格兰的新黑格尔主义，来建立自己的哲学观点。新黑格尔主义既是一种一元论（monism），又是一种观念论（idealism）①。它认为存在的只有一个东西，这就是绝对观念，所有看起来各式各样的存在物，都是绝对观念在自我发展的过程中产生的中间环节，因而不具备真正的实在性。它还认为，任何知识都是绝对观念的自我认识，因此，在知识论上这是一种观念论。按照罗素的描述②，他和同事 G. E. 摩尔一起揭竿而起，反驳这种新黑格尔主义。摩尔主要反驳观念论，而他自己则主要反驳一元论。按这种说法，摩尔的主要成就是发展了实在论，而罗素本人的主要成就则是发展了外在关系理论，即多元论。确实，罗素直接接受了实在论，而没有在论辩上做多少贡献。不过，就实在论在哲学分析中意味着什么而言，罗素却做了极其重要的工作。我们要了解的就是这些工作。

对于"实在论"（realism）一词，当代分析传统中的用法通常是与某类可能的实体联系起来。如果把这类实体称为"x"，那么通常就说"关于 x 的实在论"，意思就是说，承认这类实体是独立存在的。但是，这个术语的意义仍然需要进一步辨析。我们要区分对实在论的形而上学解释与知识论解释。

从形而上学角度来解释关于 x 的实在论，意思就是 x 这类实体本身就是存在的。形而上学是对存在物本身的研究，而无须理会它是如何得到认识的。把"x 存在"解释成一个形而上学论断，也就是这个意思。而从知识论角度理解，实在论则是肯定知识对象相对于心灵或语言而言的独立性。对于按这两种理解的实在论来说，相反的论断通常用"观念论"、"反实在论"（anti-realism）或"非实在论"（irrealism）这样的术语作为标签，它们分别否定了与之对应的实在论观点。

这两种理解是有区别的。在知识论上持有实在论，并不意味着要在形而上学上也持有实在论。例如，贝克莱认为物质并不具有独立的存在，但仍然认为我们知识的对象是独立于我们的心灵的，因此对于物质来说，他在形而上学上持有非实在论，但在知识论上持有实在论。之所以能够如此，是因为他认为物质是由上帝创造的，物质依赖于上帝的心灵，因而在形而上学上不独立存在；但是，当谈到知识时，他讨论的还是人类的知

---

① 这里要把观念论与前面多次提到的"观念理论"（the theory of ideas）区分开。观念理论是关于知识载体的理论，而观念论就是我们常说的"唯心论"。这里没有使用"唯心论"这一说法，是为了避免与心灵哲学中的"唯物论"（materialism）建立联想关系，这种关系具有一定误导作用。

② 罗素：《我的哲学的发展》，温锡增译，商务印书馆1995年版，第47页。

识，物质由于是上帝的观念所创造，因而还是独立于人类心灵，于是就有知识论上的实在论。正是因为贝克莱持有这种意义上的实在论立场，他才认为自己实际上维护了普通人的信念，而像约翰逊博士通过踢石子的方式对他做出的驳斥，显然不起作用。

相似的情况也在康德那里出现了。对于经验对象来说，康德在形上学上持有非实在论而在知识论上持有实在论。经验对象是先验主体所构造的东西，因而它们在形而上学意义上不存在；但它们独立于经验主体是否知道而存在，因而在知识论意义上是实在的。

由于有这样不同的理解方式，对于遇到的各种关于实在论的说法，就要细心辨别。当说罗素是一个实在论者时，我们的意思是，他至少在知识论的意义上是一个实在论者。

另一方面，罗素还在语言学意义上持有实在论观点。我们可以把罗素的这种实在论称为"语言学实在论"（linguistic realism）。语言学实在论既可以与知识论意义上的实在论分开理解，也可以联系起来理解。当我们把知识首先与表述知识的句子，而不是与心灵联系起来的时候，知识论意义上的实在论所要求的，就是句子所谈论的知识对象相对于语言的那种独立性。这样的实在论就是语言学的实在论。

不妨在这个基础上回头看看弗雷格的逻辑理念。

前一章我们已经看到，弗雷格至少在语言学意义上声称自己对思想和自然数这样的抽象实体持有实在论观点，但他的逻辑理念似乎并未提供实现这一想法的途径。唯一可供使用的是替换原则，即当谈到那些抽象对象时，说明所使用的句子遵守替换原则。但很明显，替换原则只是实在论的必要条件，而不是充分条件。因为，即使某个表达式遵守替换原则，其指称仍然可能并不独立于语言而存在。真正能够保证语言学实在论的方式，只能是用某种非语言的手段来达到实在——这种手段独立于语言，这一点就保证了由此得知的实在也是独立于语言的。

从前面讨论的逻辑理念我们已经可以看出，弗雷格实际上排斥这种手段。按照弗雷格的方式来贯彻逻辑的自足性，其结果就是认定，只能经由语言来达到实在，确切地说，只能经由句子，经由句子具有真值这一事实，来达到实在。这使弗雷格的逻辑理念染上了观念论的色彩。如果认为能够通过非语言的途径认知实在，那么真这个概念的不可定义性论证也就失效，结果是，逻辑的自足性遭到瓦解。

罗素主义就可以看作是为了坚持语言学实在论，而接受逻辑的非自足性的结果。

在《我的哲学的发展》一书中，罗素声明，"知道我们'如何知道'是知道我们'知道什么'的一个小部门"①。这是实在论者通常采取的立场。如果把我们所知道的东西罗列出来，就构成了形而上学。实在论者通常会把形而上学放在知识论前面，把形而上学当作解决知识论问题的基础。反之，非实在论者则通常会有动机把知识论放在形而上学前面，因为非实在论是解决怀疑论问题自然而然采取的一种立场。

第三节　直接指称理论

罗素采取了一种非常直截了当的方式，来贯彻这种实在论立场。他把表达式的意义规定为该表达式的指称，并以此作为研究逻辑与语言的基本原则。

这个原则产生的最为直接的后果是，除了关于指称的理论，没有独立的意义理论。意义理论的任务，是研究为了表达知识，语言应当具有何种特性。弗雷格的意义理论就把涵义当作使语言能够表达知识所要具备的首要特征，而指称是由涵义来确定的，在这种意义上，涵义就是语言表达知识所需要的中间环节。罗素完全抛弃了这个中间环节。对他来说，只要确定了指称是怎样的，表达式的意义也就确定了，表达式的意义就是其指称，两者之间没有任何中间环节。我们可以把这种关于指称的理解称为直接指称理论。

直接指称理论赋予语言某种"透明性"，也就是说，在理想的情况下，关于实在的情况，将会不加扭曲地表现在语言中，因而只要理解了句子，也就知道了句子所表达的那种情况。由此容易看到直接指称理论与实在论之间的关系。如果对于知识持有语言学的实在论立场，那么直接指称理论就是一种自然的选择。因为，如果使用句子的目的是陈述独立于句子的情况，那么要达到这个目的，就自然要求句子具有这种透明性。

把意义等同于指称，这有一个明显的好处——笛卡尔式的怀疑论也就自动排除了。笛卡尔怀疑论的要点就在于，当我们认为自己知道一些内容时，魔鬼可以让这些内容与一个完全不同的实在相对应，从而让我们所把握的内容落空，使其不成其为知识。魔鬼的作用就是把意义（即所知道的内容）与指称隔离开，对指称进行系统的替换，而让内容维持原状。

---

① 罗素：《我的哲学的发展》，温锡增译，商务印书馆1995年版，第11页。

如果意义就是指称，这种隔离也就是不可能的。这时，只要我们理解所使用的语言，也就知道与语言对应的实在中有什么东西。在这种情况下，除非魔鬼让我们什么语言都不理解，让我们无法表达自己所把握的内容，它无法把实在与我们隔开。当然，只要能够陈述和理解怀疑论，也就自动证明了我们理解语言。①

从另外一个角度可以看到，直接指称论是体现实在论立场的必要条件。要体现实在论立场，表达式的所指②就应当能够以独立于语言的方式得到确定，也就是说，要能够以直接的、不通过其他表达式的方式来确定。在这种直接确实的情况下，表达式本身的句法结构不应当为确定表达式的所指（referent）提供语义上的贡献。比如，情况就不能像"中华人民共和国的第一任主席"这个表达式确定刘少奇这个人那样，"中华人民共和国"提供了一种语义上的贡献；而应该像"刘少奇"这个表达式那样，其语义不是由其构成部分的语义来确定——这个表达式虽然在物理上是复合的，但在语义上不是复合的。因为，否则的话，表达式的所指就是通过语言的手段确定的了。

反之，如果像弗雷格的意义理论那样，所指是通过一种类似于涵义的中间层次来确定的，那么，由于这种中间层次总是需要通过语言表述才能得到确定，因此仍然不能保证所指能够以非语言的途径确定。

持有直接指称论，也就承认词语可以单独获得意义，而这直接就打破了语境原则。正如弗雷格所担心的那样，这样一来，通往心理主义的道路对罗素来说就畅通无阻了。事实上，罗素思想的整个发展就经历了向心理主义逐步退却的过程。③ 对语境原则的否定不是导致心理主义的充分条件，却是其必要条件。

持有直接指称论，也就等于承认指称这个概念是不可定义的，因而对于语义学来说具有基础地位。在罗素那里，指称所拥有的地位，相当于真这个概念在弗雷格那里拥有的地位。弗雷格把语义学建立在真这个概念的基础上，而罗素则把语义学建立在指称这个概念的基础上。弗雷格用真来

---

① 不过，这种好处也不真这么确定。一方面，如果没有独立的理由来支持直接指标理论，用这种方式对付怀疑论显然就乞题了（beg the question）。另一方面，以为自己理解了，这与真的理解还不是一回事。怀疑论者当然可以利用这个区别来构造一种关于意义的怀疑论。
② 通常，"reference"表示表达式与事物之间的指称关系，或者表达式表示事物这样一种能力；而"referent"则是指所指称的事物，在此译为"所指"。
③ David M. Godden and Nicholas Griffin, "Psychologism and the Development of Russell's Account of Propositions," *History and Philosophy of Logic*, 30 (2), 2009, pp. 171–186.

解释指称，而罗素用指称来解释真。罗素接受真理符合论，而句子与实在间的符合关系，是以指称关系为前提建立的。例如，"赤兔比乌骓快"这个句子与实在中相应的情况之间是否符合，就取决于"赤兔"与"乌骓"这两个词指称的是什么，因为这决定了要与那个句子符合的是什么情况。①

最终，直接指称理论就意味着，理解一个词语的意义，以及知道这个词语所指称的对象，这都是一种直觉，即罗素所说的"亲知"（acquaintance）。简单地说，亲知是一种直觉知识，它针对的是对象，因此只需使用词，而无须用句子来表述。比如我们通常会说，"张三认识李四"，对此罗素会认为，"李四"这个词本身就可以表达张三的知识内容。亲知是心灵与单个对象之间的关系，因而在形式上不是判断；判断总是要用到句子。②

有了亲知知识这一概念，罗素就有能力在弗雷格面前捍卫自己的直接指称理论。假设罗素看到弗雷格关于真这个概念不可定义的那个论证，并且已经看到，如果那个论证成立，那么自己的直接指称理论就站不住脚了。这时，罗素可以这么为自己辩护：那个论证预先假定了，只能在判断的形式下运用关于真这个概念的定义；但是，既然有一种知识形式不需要判断，那么以这种并非判断的形式为基础，来解释关于真这个概念的定义是如何得到运用的，这仍然是可能的；而在这种情况下，弗雷格所说的循环也就不存在了。引入了亲知知识，也就阻止了弗雷格的那个论证。但是，只有当罗素确实解释了关于真的符合论定义何以能够不在针对命题做出判断的形式下得到运用，他才算是成功地反驳了弗雷格。对这个问题，我们略去不提。

要通过指称来解释真，就要解释与实在相符合的东西是什么。这需要一种命题理论。由于持有直接指称论，罗素不能像弗雷格那样，把句子的涵义当作命题——在罗素那里没有这种意义上的涵义概念。罗素把句中表达式的指称所构成的抽象实体称为命题，这就是罗素式命题（Russellian

---

① 严格地说，罗素关于真所持有的是同一论，即真命题就是命题所陈述的事实本身。这种同一论所断定的是命题与实在的关系，而我们这里所考虑的是句子与实在间的关系。就句子与实在间的关系而言，说罗素所持有的是关于真的符合论，这仍然是恰当的。在后面讨论罗素式命题之后，对同一论也就很容易理解了。

② 关于亲知的进一步讨论，参见本书第六章第四节。

propositions)①。在罗素那里，所谓哲学分析，就是解释要分析的那类句子表达了什么样的罗素式命题。在讨论罗素式命题之前，需要先了解他的外在关系理论。

第四节 外在关系理论

外在关系理论被罗素本人认为是他在逻辑上做出的最为重要的洞见。这种重要性可以从他的一个关于哲学史的观点上看出。他是通过研究莱布尼兹的哲学得出这一观点的。② 他认为先前所有哲学家对于命题的形式都怀有错误的认识，这就是认为命题最基本的形式是主谓结构，并且这种错误导致了许多严重的后果，比如康德的二律背反。他认为，自己的外在关系理论，以及以这个理论为基础的关系逻辑，结束了这个局面。③ 这个看法本身是否正确，这是另外一个问题。这里我们关心的是，被他赋予如此重要性的理论究竟是什么，以及为何被他如此看重。

一 命题结构问题

外在关系理论与传统的词项逻辑一样，都是关于命题如何构成的理论。只有当把词语的意义理解为比句子意义更加基本时，我们才需要用词语意义来对句子意义是如何构成的做出解释。如果像弗雷格那样认为句子意义要比词语意义更加基本，就不需要这样的解释。④ 在弗雷格那里，由于意义是就表达真这一目的而定的，而真属于句子而不属于词语，句子意义就要比词语意义更加基本，因而不能用词语意义来解释句子意义；而对罗素来说，情况正好相反，这样，也就需要用词语意义来解释句子意义。

弗雷格认为命题具有函项结构，这看起来也是用了一种方法来利用词

---

① "罗素式命题"一词是后来的学者们谈到罗素关于句子意义的理论时使用的术语。他本人常用"命题"来指句子。

② 参见罗素《关于莱布尼兹哲学的批判性解释》，段德智译，商务印书馆 2000 年版。

③ 罗素：《我们关于外间世界的知识》，陈启伟译，上海译文出版社 1990 年版，第六讲。另外，也可以参见罗素《我的哲学的发展》，温锡增译，商务印书馆 1982 年版，第五章。

④ 在哲学上经常遇到用一个概念解释或定义另外一个概念的情况。我们只能用更基本的概念来解释或定义不那么基本的概念，因而，最为基本的概念也就不能得到解释或定义。确定概念之间的依赖关系，是比解释和定义概念更加基础的工作，它决定了什么样的解释才是可能的和必要的。

语意义解释句子意义。但这只是表面上的。函项结构仅仅提供了把词语拼合成句子的方法，但对这种方法的确切意义，却既没有、也无须给出任何解释。人们被告知，函项结构是用饱和的部分来填充不饱和的部分构成的，但究竟什么是饱和与不饱和，这一点却取决于什么是完整的句子。只需要明白，特定词语只有按照与之匹配的模式相结合才能构成有意义的句子，我们也就明白弗雷格所设想的函项结构究竟是什么。因此，函项结构并没有解释如何能够从词语得到命题；它仅仅解释了，给定一些命题，我们如何能够从这些命题来确定其他命题是怎样构成的。

罗素则需要解释句子意义是怎样得到的。对他来说，词语意义是通过单独建立指称关系来确定的，在建立这种关系时需要借助直觉。另一方面，句子意义与词语意义不属一类。这部分地是因为，如果句子意义也是按照直觉的方式建立，那么得到的就是一种相当没有意思的理论。因为这就需要逐个解释句子意义，但事实上，我们希望能够达到解释无穷多有意义句子的程度。此外这还因为，罗素（在维特根斯坦的提示下）知道，句子具有真值，而词语不具备真值。因此，必须另外解释句子意义是如何得到的。这包含新的解释任务，即解释句子何以具备真值。

在理解句子是如何由词语构成的这一点上，外在关系理论与词项逻辑都遵从同样的思路，即句子是由词语组合而成的。但是，它为这种组合关系是如何建立的，给出了不同于词项逻辑的解释。在词项逻辑那里，也就是说，在罗素所理解的传统逻辑那里，句子总是可以解释为是按照主谓结构得到的；而在罗素那里，用来构成句子的基本结构不是主谓结构，而应当是一种外在关系。

康德给出了词项逻辑的成熟解释。从第二章我们知道，在词项逻辑中，词项结合为句子，是因为词项所表达的概念之间具有关系；由于这种关系最终以包含关系为基础，而包含关系只能建立在两个概念之间，因此词项逻辑所理解的句子，只能分析成两个成分。这两个成分就构成了主谓结构的命题。罗素把以主谓结构为基础结构的逻辑称为主谓逻辑。

在罗素看来，主谓逻辑的本质特征在于，它允许把所有真命题都解释成两个概念间具有包含关系，因而所有真命题最终都可以还原成分析命题。[1]

表面看来，似乎只有康德意义上的那种分析命题才会出现这种包含关系，但仔细考虑就会发现，按照词项逻辑的思路，综合命题也要以这种关

---

[1] 参见《我的哲学的发展》，第52页。

系为基础。像"有些哺乳动物有翅膀"这样的句子，其所包含的两个概念就外延而言没有子集关系。如果这个句子是真的，那么两个概念的外延相交，但不一定需要一个外延完全在另外一个外延里面。但是，按照词项逻辑的解释，这个命题要能够是真的，就必须有这样一个概念，即"长翅膀的哺乳动物"，这个概念使得"长翅膀的哺乳动物是哺乳动物"以及"长翅膀的哺乳动物有翅膀"这两个命题是真的。而这两个命题是分析命题。

按照这个思路，综合命题可以用来构造新概念，而一个综合命题为真，是以新概念包含了原有概念为前提的，也就是说，以一些分析命题为前提。按照词项逻辑的理解，只要这些分析命题为真，那么所考虑的那个综合命题也就是真的。出于这个理由，罗素认为，这就意味着所有命题只要是真的，就实际上都可以归结为分析命题。

这个想法与一元论联系在一起。如果所有真命题都是分析的，那么真命题唯一的作用，就在于用谓词所表达的概念来构造主词所表达的概念。按照这种构成—被构成关系把概念排列起来，最终所有的概念就都汇聚并构成一个包含了所有概念的超级概念，这个概念将穷尽世间的所有真命题。现在设想这个超级概念的实例是什么。由于不可能有其他未包含于那个超级概念中的概念，充当这个超级概念的实例的那个存在物就是唯一的；否则就会有一个概念来将其与其他存在物区分开，并且由于那个超级概念不足以做出这种区分，那个用来区分的概念没有包含在超级概念之内。

我们也许会认为，上述推论取决于有什么样的真命题，从而取决于有什么样的概念，而从这一点得不出实在中究竟有一个还是多个实体。但我们应当考虑到，这个结论是从命题的基本形式得出来的。如果主谓逻辑是正确的，那么即使是上帝的知识，也要用主谓逻辑来表述。于是，我们可以考虑作为全知者的上帝，考虑从上帝的角度来看，实在是怎样的。这样一来，上帝只需要把握那个超级概念就可以得到所有知识，而这意味着，整个实在都是这个超级概念的实例。由于这样的超级概念只有一个实例，整个实在也就只有一个实体。由于上帝是全知的，一元论就表现了实在的真实情况。因此，一元论者就可以说，我们之所以会认为有多个东西，是因为我们的知识是有限的。至少有些概念是我们所没有把握的，这使我们无法充分确定任何概念的实例；但若把握了这些概念，我们就不会认为有多个实例。

按照函项逻辑的方式理解，主谓结构的命题可以表示为一元函项结构，谓词表示的函项只含有一个空位，比如"赤兔是一匹马"中的"……是一匹马"。这时我们有一元谓词。函项逻辑中并不特意规定谓词表示的函项含有几个空位，例如句子"赤兔比乌骓快"中就出现了两个空位的函项"……比……快"，而这个函项也被当成谓词。此时，我们有二元谓词以及多元谓词。通常，人们会把一元谓词的指称解释成性质，而把二元谓词及多元谓词的指称解释成关系。这样，谓词的句法特征就具有了形而上学方面的意义。罗素尤其重视这种形而上学意义。这时，罗素虽然没有采纳句子意义的优先性，但还是可以利用函项的形式，只不过要以不同于弗雷格的方式来解释这种形式。

二 拒斥内在关系理论

性质与关系的区别只有在词项逻辑传统中，以及在基于词项逻辑建立的形而上学中，才具有非常重要的地位。在词项逻辑中只允许由两个词项构成命题，这样，它就只能表达性质，而无法表达关系。前面我们看到，词项逻辑实际上允许把关系当作构建新概念的方法，而一旦新概念建立起来，关系也就消失了，转而让位给性质。罗素意识到，如果一切命题本质上都是主谓结构，那么再加上"关系肯定能够用命题来表达"这个前提，就可以得到关系是不存在的这个结论。事实上，布莱德雷就提出了一个关于关系的非实在性的论证，[1] 而罗素正是通过拒斥这个论证，来建立自己的外在关系理论的。

这种把主谓结构当作命题基本结构的观点，被罗素称为内在关系理论（internal relations theory）。罗素把能够解释成性质、因而仅仅是徒有其表的那些关系，都称为内在关系。这样使用术语的用意是说明，内在关系是内在于关系项的，而不是关系项之外的第三者。比如，就兄弟关系来说，具备这种关系的两个人就是关系项，如果把这种关系当作内在关系，那么只需要确定这两个人是谁，也就能够确定，他们之间有兄弟关系。按照罗素的解释，内在关系理论所说的就是，所有关系都是内在关系。我们可以看出，主张所有关系都是内在关系，也就相当于说，所有关系本身都是不存在的；而这个结论可以从"主谓结构是句子的基本结构"这个观点推出。

---

[1] F. H. Bradley, 1930, *Appearance and Reality* (Oxford: Clarendon Press, in *Writings on Logic and Metaphysics*, James W. Allard & Guy Stock ed., Oxford University Press, 1994, pp. 115–226), chp. 3.

主张内在关系理论的另外一个后果就是认为所有性质都是本质性质。这个后果虽然罗素本人没有明确提到过，但很容易从内在关系中导出。我们只需考虑实体与性质之间的关系即可。这种关系对应于命题中主目与一元函项之间的关系。①主张内在关系理论，实际上就相当于断定，任何一种关系是否在两个关系项之间成立，只需确定这两个关系项就可以得到确定了。现在我们分别把这两个关系项换成实体与性质，而相应的关系则是实体具备性质，即后面要提到的例示关系（instantiation）。这样，实体与性质之间的关系是内在的，就意味着，只要确定了实体和性质，也就确定了实体是否具备该性质。这就是说，实体是因为自己本身而具备或者不具备一种性质，当它具备一种性质，这种性质就是其本质性质。

在说明罗素自己的观点前，有个要点需要指出。从命题结构到关于关系是否存在的推论，实际上就是从逻辑过渡到形而上学。这种过渡不仅在传统哲学中（例如在亚里士多德的形而上学中）经常见到，而且也是罗素的哲学分析所特意发展的。我们不难注意到，直接指称理论为这种从逻辑研究得到形而上学结论的做法提供了理论保障，因为，通过指称关系，句子中的词语与实在中的事物对应起来，而这使我们可以从句子结构看到实在的结构。下一章我们会详细讨论这种对应关系，这里仅仅是指出，如果没有直接指称理论充当前提，外在关系理论是无法建立起来的。

外在关系理论的要点是承认，如果没有关系项之外的第三者，即那个充当关系的东西，关系就无法建立起来。比如，就前面关于兄弟关系的例子而言，如果认为兄弟关系是内在关系，那就相当于要求，在确定这两个人是谁的情况下，就能够判定他们是兄弟；但外在关系理论家否认这是可行的，理由是，即使我们可以通过 DNA 检验来判定他们是兄弟，这仍然是借助了一种关系，即具备那两种特定 DNA 特征的人是兄弟关系。举另外一个例子。为了确定张三比李四高这种关系，我们只需分别测量两人的身高，比如张三 1.78 米，而李四 1.65 米，但是，如果不是借助 1.78 米长于 1.65 米这种关系，张三与李四之间的那种关系仍然不能建立起来，因此，这里仍然有无法归约成性质的东西，这就是作为第三者本身就存在的关系。

罗素用了一种更加严格的方式来论证，内在关系理论是不成立的。这

---

① 这里需要注意，我们可以通过谈论相应事物之间的关系，来谈论相应命题的结构。这样做一般而言是没有问题的，因为命题的结构应当对应于命题所谈论事物之间的关系，或者说，对应于关于这些事物的事实的结构。罗素尤其会接受这一点。

个论证的大意是说，内在关系理论不能把非对称关系解释成性质。①

所谓非对称关系，就是指不能反向理解的关系。比如，张三比李四高，反向理解就是李四比张三高；谁比谁高，这种关系不能反向理解，这就是说，如果张三比李四高，那么李四肯定不比张三高。在表述非对称关系时，关系项的先后顺序是重要的，而罗素论证的要点是，这种顺序上的差别不可能用一元谓词来表示，因而非对称关系本质上不是性质。

比如，"张三比李四高"这个句子要分析成一元谓词的形式，显然不能用"（张三）比李四高"这种形式，因为这样一来就无法表现它与"（张三）比王五高"之间的关系，换言之，无法表现"（ ）比李四高"和"（ ）比王五高"这两个谓词中的共同之处。这是因为，当它们都被当作一元谓词时，它们的内部结构就要被忽略掉；它们是不同的一元谓词，因此可以用不同的符号来表示，例如用"L（x）"和"W（x）"表示，于是，它们的共同之处就消失了。

也不能把"张三"和"李四"看作一个整体，从而用一元谓词来表示谁比谁高这种关系。为了表达不对称性，这个整体最好是有序对。我们可以用比如"H（〈张三，李四〉）"这样的符号来表示"张三比李四高"这个句子。由于有序对〈张三，李四〉是一个整体，符号"H（x）"就是一个一元谓词，表示性质。但是，要这样做，仍然利用了张三与李四的一种关系，这种关系使得那个有序对能够建立起来，这就是在该有序对中张三先于李四这样的一种关系。如果这种关系没有被消除，原来谈论的那种高矮关系也就没有还原成性质。

罗素通过这个论证得出的结论是，至少有些关系不是内在关系，而是外在关系。但是，他实际上持有的观点是，所有关系都是外在关系，甚至，那些所谓的性质，实际上也需要外在关系才能结合到具有性质的东西上。看起来罗素似乎是在以偏概全，不过，如果把他的那个论证看作关于命题的基本结构是什么的论证，那么他确实得出了自己想要的结论。

我们看到，罗素是怀着逻辑的动机讨论关系和性质这样的形而上学范畴的。当讨论内在关系理论是否成立时，他关心的实际上是，命题的基本结构是不是主谓结构。如果内在关系理论不成立，那么命题的基本结构就不是主谓式的。不管这种基本结构是什么，它都必须适合于表达所有的情况。也就是说，应当有一种统一的基本结构，使得逻辑分析能够普遍适用。这样，罗素的论证就被可以看作关于主谓结构的归谬论证。既然这个

---

① 参见《我的哲学的发展》，第52页。

论证所提出的那种情况只能在引入外在关系的前提下才能得到表达，那么命题真正的基本结构就起码要能够处理这种情况，因而必须是一种按照外在关系所要求的那种方式结合而成的结构。这样得到的是一个逻辑的结果，而"所有关系都是外在关系"这样的形而上学结论，则是这个结果的推论。

第五节　罗素式命题

一　罗素式命题的基本结构

外在关系理论为命题结构确立了基本原则，而直接指称理论则建立了句子与实在的关系，这种一横一纵的关系，共同决定了什么是罗素式命题。按照横向的关系，构成命题的各个项（term）按照外在关系结合成命题；而按照纵向的关系，词语的意义就是其指称，那么，构成命题的那些项，就是表达命题的句子中所包含词语的指称。这样的命题就是罗素式命题。

就以"赤兔是一匹马"这个句子为例。"赤兔"与"一匹马"都指称相应的对象。"赤兔"所指的是单个的、特殊的对象，即那匹被称为"赤兔"的马，三国时期的英雄人物关云长的坐骑。罗素仍然沿用中世纪的术语，用"殊相"（particular）这个词来指相应的形而上学范畴。"一匹马"这个词的意思与"一匹马远远地走过来"中同样的那个词意思有所不同，它不是指某个特定的东西，而是指一个类别，用在那个句子里是说赤兔属于这个类别。在这时候我们可以说"赤兔是马"，而不用"一匹"这个修饰语。照这样理解，我们可以把"一匹马"所指的对象称为"共相"（universal）。像"圆形""红色""善良""动物"等适用于多个殊相的词，其所指称的就是共相。按照直接指称理论，赤兔这个殊相与马这个共相，分别是"赤兔"与"一匹马"这两个词的意义，因此，这两个东西组合，就构成了"赤兔是一匹马"这个句子所表达的命题。

横向的关系则是在命题内部建立的。按照外在关系理论，构成命题的是外在关系，而不是可以解释成性质的那种关系。在前面那个例子中，赤兔这个殊相与马这个共相之间的关系，如果按照（罗素心目中的那种）内在关系理论理解，就是马这个概念是赤兔这个概念的构成部分。此时赤兔必须理解为概念，这是因为它是由像马这样的概念所构成的，因而必须是普遍的东西，而不能是殊相。而按照罗素所推荐的方式理解，这个句子所表达的命题就是赤兔这个殊相与马这个共相通过例示关系构成的，赤兔是马的一个实例（instance）。不同于构成关系，例示关系可以在殊相与共相之间建立，因此，按照罗素的方式理解的命题，就允许出现单称命题（singular proposition）。例示关系是一种外在关系，这是因为，在给出这种关系的关系项之后，它们之间是否有例示关系，这仍然没有确定——已给出的殊相与共相间，可以没有例示关系。

对于熟悉了弗雷格的思想概念的读者来说，罗素式命题是一个颇为奇怪的概念，因为，它是由实在的东西构成的。像马这样的共相，作为"马"这个词的指称，似乎不容易在实在中找到。如果我们承认，实在中的所有东西都是可以经验的，那么共相由于是不可经验的（比如我可以骑在一匹马身上，但不能骑在马这个共相上），而很难说是实在的。但是，如果要承认"马"这个词单独具有意义，并且这种意义取决于其所指称的东西，那就只能接受共相存在这个结论。不过，罗素还是可以通过拒绝承认"马"这个词单独具有意义，来避免承认共相。这里的关键是，不管是什么构成了罗素式命题，它们都应当是实在之物。

二　真值条件

由于采取了从指称到真这条路线，罗素要自下而上地建立命题。这项工作的难点在于，在通过指称关系由语言到达命题之后，还要通过所指称的对象之间的结合，来解释句子的一些特征，而这些特征常常与真这个概念相联系。在某种意义上讲，只有在这种联系的基础上，才能建立一种关于真这个概念的理论。

罗素式命题虽然是由实在之物构成的，但作为整体却不一定是实在之物。这与句子具有真假二值性有关。句子可以是真的或假的。按照前面的叙述，要使得"赤兔是一匹马"这个句子成为真的，赤兔这个殊相就应当例示了马这个共相，而赤兔与马通过例示关系连接起来，这恰恰构成了相应的罗素式命题。因此，罗素式命题的存在，本身就使得表达这个命题的句子成为真的。但是，如果相应的句子为假，其所表达的罗素式命题就不存在。在这种意义上，我们不能认为句子所表达的命题始终存在，并认为真假是针对这个已经存在的命题而言的。

这一点当然与弗雷格式的命题不同。弗雷格式命题就是句子涵义，或者说是句子所表达的思想。思想作为第三域实体，是不管其是否为真都存在的；假思想也是思想。但在罗素这里，任何存在的命题都已经是真的，假命题是不存在的。与此相应，罗素不像弗雷格那样，要以思想为起点来确定其他表达式的意义。他不必假定，只能通过把握命题来理解句子。因此，虽然句子在为假时其所表达的命题并不存在，但其意义还是可以通过理解构成句子的词语来得到。只不过在这时不能说这些词语所指称的对象自己结合到一起，能够说的似乎只能是，心灵关于这些对象的亲知在心灵中结合在一起。在不知道"赤兔是一匹马"是不是真的之前，我们还不能断定相应的命题是否存在。但是，只要对赤兔这个殊相与马这个共相（当然，还包括例示关系，这也是一个共相）有亲知，我们就能够知道这个句子为真是一种什么样的情况。这时，我们把这种情况称为"真值条件"（truth condition）。

简单地说，一个句子的真值条件，就是使得句子为真的那种情况。真值条件必须是实在中能够出现的那种情况，因此，真值条件应当是由实在的对象构成的，或者至少由实在的对象来确定。在弗雷格那里，句子的真值条件由句子表达的思想所确定，真句子所表达的思想被认为直接就是实在的情况。但是，即使是关于物理事物的思想，也仍然存在于非物理的领域。因此我们很难说，弗雷格所理解的思想就是那种由实在之物（当思想关涉到的是物理对象，这里的实在之物就是物理对象）构成的真值条件。

要对"真值条件"这个词的意义加以区分。当我们主张真值条件必须能够在实在中得到满足时，这是用形而上学的方式来理解真值条件。我们也可以按照知识论的方式来理解它，此时所考虑的仅仅是充当知识内容的相应情况，而不管这种情况"落实"成什么东西。比如，在按照知识论的方式理解"赤兔是一匹马"的真值条件时，只要赤兔这个东西是一匹马，这个句子就是真的，至于像马这样的共相究竟是不是存在，或者像"一匹马"这样的词指称的是不是共相，都不会影响这种情况；但是，若按照形而上学的方式理解，如果那个词指称的的确是共相，而共相又很不幸并不存在的话，那个句子就不会有真值条件了。

按照这个区分，我们可以说，弗雷格那里如果有真值条件的话，就应该在知识论的方式上理解，而在罗素这里，则最好是在形而上学上理解。在弗雷格那里，实在是通过把握思想才得以认识的，而这意味着不能越过思想来谈论实在。因此他没有余地来独立地确定真值条件，而这是对真值条件的形而上学式理解所需要的。而罗素则能够越过句子，通过亲知来达到实在，因此一种关于真值条件的形而上学是可以进入知识分析的；并且，由于持有直接指称理论，他也必须有这种形而上学。

我们可以说，对于真句子来说，其真值条件直接就是罗素式命题；而对于假句子来说，即使在罗素式命题不存在的情况下，句子也必须有真值条件。如果要突出真值条件与实在之间的联系，我们就必须说，句子的真值条件是实在可能满足的情况。当然，这种说法也适合于真句子。

在罗素这里，要对句子进行逻辑分析，目标不在于弄清那些存在的罗素式命题是怎样的，而在于要弄清，如果句子是真的，那么相应的罗素式命题是怎样的。而这等于说，要分析出句子的真值条件。由此可以揭示出，实在能够是怎样的，因此，对句子的逻辑分析，最终就是关于实在的可能状况的分析。这种分析揭示了实在的形而上学结构。

这样一来，罗素的实在论立场，就落实到了关于真值条件的分析上。前面已经说明，罗素至少在知识论上是一个实在论者，他主张知识对象独立于知识以及用来表述知识的语言。这并不意味着他在形而上学上也一定是一个实在论者；他可以像贝克莱那样，在形而上学上持有非实在论立场，也可以对此不作表态。不过，即使他没有这样的形而上学主张，关于真值条件的分析，仍然可以充当一种形而上学分析，这种分析所揭示的是，如果我们用来表达知识的句子是这样的，那么实在应当具备什么样的形而上学结构。这样，形而上学是作为一种承诺出现的。这就是说，如果我们按照这种方式来理解句子，那么不持有这种形而上学观点，这就是不融贯。罗素关于知识表述的整个逻辑分析，都可以在这个意义上理解。

三 涵义

按照关于语言的透明性要求，句子的逻辑特性应当体现到命题中。罗素也使用"涵义"（sense）这个词，但赋予了不同于弗雷格的那种意义。在罗素这里，涵义就是命题中体现出句子真值特性的那种特征，涵义仅限于与句子、而不与其他类型的表达式联系。[①]

前面我们用命题的存在与否，解释了句子为真和为假是什么情况。按照这种解释，使得"张三比李四高"这个句子为真的那种情况，就是张三与李四一起例示了"……比……高"这个词所指称的那种关系，也就是张三、李四以及 H 关系（即"……比……高"这个词所指称的那种关系）通过例示关系构成的复合物。这个复合物如果真的构成了，它就是那个句子所表达的罗素式命题。这个复合物存在，意味着那个句子是真

---

① Russell, *Principles of Mathematics*, Routledge, 1903/2010, §217; Russell, *Theory of Knowledge: The 1913 Manuscript*, ed. by Elizabeth Ramsden Eames, London and New York: Routledge, 1992, pp. 86–9.

的，否则，那个句子就是假的。

但是，还有另外一种现象需要解释，这就是罗素用来批评内在关系理论时所依据的非对称关系，也就是说，比如在下列四个句子中，为何当1）为真时，2）就为假，为何3）为真，4）就为假。与此同时，罗素显然还有义务解释，为何1）与4），以及2）与3）这两对句子中，其中一个句子为真，对应的另外那个句子也就为真。

1）张三比李四高；
2）李四比张三高；
3）张三比李四矮；
4）李四比张三矮。

应当说，对这些现象，罗素最终没有给出满意的解释。下面的讨论不是要展示他在这个问题上的全部观点，而只是通过讨论来表明这是一个什么样的问题。

要解释这类现象，要点在于如何处理顺序。"张三"与"李四"这样的名称按照先后顺序出现在句子中，而1）与2）、3）与4）之间正是因为这种顺序上的差异，而具有不同真值；1）与4）、2）与3）之间的关系显然也与顺序相关。但是，这种顺序只能出现于句子中，而不能出现在命题中。命题是由实在中的东西按照实在所能容纳的关系构成的，这种关系并不取决于我们如何看待它们；但出现在句子中的先后顺序，则取决于我们的阅读方式或者书写习惯。比如，像1）那样的句子，我们通常解释为，写在前面的那个词所指称的对象是高的那个，但是，并没有什么逻辑上的限制使得我们说，不会有另外一种阅读方式，按照这种方式，指称较高的那个对象的名称放在后面。因此，先与后，这种顺序完全是人为的。如果要分析句子所表达的命题，就要排除这样的人为因素。这里对于命题结构起作用的因素是，如果按照同一种书写习惯，1）与2）、3）与4）这两对句子就不能同为真。

对这个问题罗素提出了不同的解决方案，这些方案都把句子通过词语的顺序表现出来的逻辑特性归于关系本身，与此同时在命题中排除掉顺序。这种归于关系本身的特性，就被称为"涵义"。

一个较早的方案是这样的：把关系的涵义解释成方向，而在语言中，这种方向由词语的顺序表现出来。比如，在句子1）中，"张三"与"李四"这两个名称一前一后，就表现了 H 关系的涵义，这个涵义带有方向，我们可以用"H↓"这个符号来表示这种特性。具有相反涵义的关系则写成"H↑"。这种解释有些类似于有机化学中的手性。当化合物的分子结构足够复杂时，同样元素即使是按照同样的化学键还是可能构成不同的化合物。这些化合物之间恰好像左右手的关系一样，在空间结构上完全一样，但由于有方向上的差异而具有很不相同的化学性质，因而属于不同的化合物。同理，附加了方向的关系虽然有相同之处，但方向上的区别还是使之不同。

按照这种解释，1）所表达的命题就是由张三、李四，以及H↓关系通过例示关系构成的复合物，即命题，而2）则是由张三、李四，以及H↑关系由例示关系构成的复合物。这两个复合物不能同时存在，这一点可以用其中包含的共相是方向不同的关系来解释——方向的相反使其不相容。当然，这样解释时，张三与李四这两个关系项在命题中就没有顺序区别了。这种顺序并不真的存在，真正存在于命题中的是关系的涵义。①

这种策略还必须解释，为何1）真时4）也真，而2）真时3）也为真。对这种现象，最为自然的解释是，它们分别表达了相同的命题，因为"张三比李四高"这个句子显然说了与"李四比张三矮"同样的意思。但是，要得到这种自然的解释，对罗素的添加了涵义的关系概念来说，仍然有难以克服的障碍。

不难注意到，1）与3）所表达的关系虽然在方向上相同，但仍然是不同的关系，因此，如果用"H↓"来表示1）中的关系，就要用类似于"S↓"这样的符号来表示3）中的关系。它们的方向相同，但本身是不同的关系。这样一来，4）中的关系就要用符号"S↑"来表示。于是，要把1）与4）解释成表达了同一个命题，就必须认为H↓与S↑是同一个关系。这里，罗素面临的困难是，如果方向上的差异就足以让关系成为不同的共相，那么H↓与S↑就不能解释成同一个关系。这里，罗素不能通过定义或者别的人为手段来达到这种解释。因为，按照他的命题理论，句子的意义是通过真值条件（即罗素式命题）来确定的，而这种真值条件必须是由实在中存在或者能够存在的东西构成的——我们不能规定或者定义什么东西存在，因此，只有当句子表达了同一个命题，或者说句子表达的命题是由同样的东西按同样的方式构成时，我们才能说它们具有相同意义。

涵义概念所面临的这一问题，意味着关系本身与它的方向之间有种连

---

① Russell, *Theory of Knowledge: The 1913 Manuscript*, pp. 86–7.

带关系,当关系本身与方向同时发生某种变化时,会产生复原的效果。这就好像把一支箭颠倒两次,它将指向原来的方向一样。这意味着,方向不是关系之外附加的特性,它在某种程度上构成了关系本身。

按照这个思路,罗素又引入"位置"这个概念。① 位置既可以用来确定方向,又可以用来确定关系本身。比如,在"张三比李四高"这个句子所表达的命题中,H 关系附带了两个位置,分别由张三与李四占据;只要标出两者的位置,也就确定了关系的方向,因此我们可以用"H (x, y)"来表示这种关系。在"李四比张三高"这个句子所表达的命题中,张三与李四所占据的位置确定了关系的方向,得到关系 H (y, x)。"H (x, y)"与"H (y, x)"方向相反。在"张三比李四矮"这个句子表达的命题中,相应的关系表示成"S (x, y)",其方向与 H (x, y) 相同;但关系本身的改变也可以用位置的变化来解释,而且当用位置来解释关系本身时,关系的方向仍然不变。这样,S (x, y) 这种关系就可以写成"H (y, x)"。于是 S (x, y) 就与 H (y, x) 是同一个关系。这样解释,就把各个非对称关系结成了对子,每对关系中都包含不同的关系,但通过颠倒关系项在句子中的顺序,就可以得到等价的命题。例如甲比乙大,与乙比甲小;甲是乙的丈夫,与乙是甲的妻子;甲在乙左边,与乙在甲右边;等等。

这个方案很像弗雷格意义上的函项。函项内在地附带了位置,即空位。这些空位要由具备特定关系的对象来填充,因此像"x 杀死 y"与"x 杀死 x"就是不同的函项,因为后者中的两个空位要由同一个对象来填充,前者则没有这个要求。按这种解释,当"H (x, y)"与"H (y, x)"联系起来对待时,确实可以表示不同的方向,比如在"对于所有的 x 和 y,H (x, y),当且仅当,H (y, x)"这个句子中就是如此。这个句子说,关系 H 是对称的。但是,单独地看,"H (x, y)"与"H (y, x)"并不表示任何确定的方向,因为凡是在前者中 x 所取的值,总是可以在后者中成为 y 的值。在弗雷格的逻辑中,"H (x, y)"之所以表示确定的方向,是因为其中的变项是把常项换成约束变元以后得到的。在那里,之所以说两个变项占据了确定的位置,是因为我们有相应的句子,在这些句子中变项原来是常项,并且这些句子的意义按确定的方式联系在一起。因此,在弗雷格的逻辑中,变项的位置是由句子结构、特别是名称在句子中的排列顺序所确定的。

---

① Russell, *Theory of Knowledge: The 1913 Manuscript*, p. 88.

而在罗素的逻辑中，由于句子结构是可以人为约定的，而必须按照命题的结构来确定句子结构。这样一来，"位置"这个概念究竟是什么意思，就不清楚了。弗雷格的函项逻辑利用句子的句法结构来确定"位置"，而由于其实在论立场，罗素恰好不能利用这种句法结构。不过，即使不考虑这个困难，即使假定我们已经用某种方式确定了关系中的位置，我们仍然没有办法用句子结构来表现它。

假设我们希望用"张三比李四高"来陈述已经用某种方式确定了的命题。由于名称的顺序是可以人为约定的，我们就需要确定，句子中的那个顺序对应于什么样的关系。既然命题没有涉及先后关系，顺序本身就不会出现在命题中。再者，名称在句子中的顺序改变对命题的影响，可以通过使用比如"矮"而不是"高"这个词而加以抵消，因此，命题本身是确定的，这个事实就不足以决定句子中出现的是"高"还是"矮"。这时，我们已经确定的只是张三与李四在那个关系中的位置，而位置既能影响关系的方向，又能改变关系本身，因此在要同时确定这两个要素时，我们就得不到确定的结果。这就相当于要解的是一个不定方程，只有在假定一个变元取确定值的情况下，才能确定另外一个变元的值。而如果要通过约定的方式来先确定比如名称在句子中的顺序，我们甚至不知道命题中的什么特征对应于约定中的那种句子结构。这样一来，我们还是不能在句子与命题间建立对应关系，从而对句子做出确切的分析。

无论如何，至此我们还是看到，由于持有实在论立场以及外在关系理论，罗素发展了一种什么样的逻辑理念。这种逻辑理念并不是简单地针对新黑格尔主义建立的对立观点，而是对催生新黑格尔主义的逻辑土壤进行审查的结果。这种新的逻辑理念在一个更深的层次上起作用，它在方法上使得一元论和观念论成为不可能。这种逻辑理念，就是罗素哲学的逻辑基础。

第六章　罗素：构造主义分析

从前一章我们就可以看出，对罗素来说，对知识或知识表述进行逻辑分析，实际上就是弄清相应的罗素式命题是如何构成的。尽管这套理念本身还未能有效地处理与真这个概念相关的一些特性，但如果撇开这些问题，它在形而上学或者说本体论的运用上，还是展示了巨大的解题潜力。这就是罗素的构造主义分析。这一章，我们就以一个问题为线索，来讨论这种构造主义分析的方法论框架。

第一节　间接指称问题

直接指称理论虽然在罗素的理论背景之下是一种非常自然的选择，但这个理论本身并不完整。一种完整的意义理论不仅要解释意义是怎么回事，还要解释理解是怎么回事。罗素需要专门解释什么是理解，这一点就体现为间接指称问题。

理解（understanding）是一个直觉性的概念，人们通常知道自己是否理解了表达式或句子。因此，人们会直接得到关于理解的一些事实，而要求对这些事实给出哲学上的解释。

通常，理解一个表达式或句子，也就是知道这个表达式或句子的意义。当然，当分析哲学家讨论理解时，一般还会把这里的"意义"一词稍作限制，专指知识性的内容，而把一些属于情感色彩或者弦外之音的东西略去。

按弗雷格的意义理论，意义是由涵义与指称这两个部分构成的，而理解理论则最终落实到概念文字上——由于涵义是确定指称的方式，知道指称就等于把握了涵义，而对涵义的把握则体现为对概念文字的正确使用中。

简单地说，关于理解的理论实际上就是为我们已知有意义的表达式或句子确定意义。经常会有这样的情况：我们认为自己理解某种表述，但对这种表述的确切意义，却没有把握。在已经建立了意义理论的情况下，我们对什么算作表达式或句子的意义已经有了一种预期；理解理论则是从这种预期出发，来解释我们直观上认可的理解。

在这种情况下，就会产生一种可称为"承诺"（commitment）的现象。假定我们已经认定自己理解了某个表达式，那么，按照某种意义理论，这就相当于承诺，有某个东西赋予该表达式以意义。按照直接指称论，赋予表达式意义的是其指称时，于是在这种情况下就会有关于其所指存在的承诺，即"本体论承诺"（ontological commitment）。

间接指称问题就是由本体论承诺引起的。如果按照直觉的标准一个表达式有意义，但它却没有指称，那么关于这个表达式的本体论承诺也就落空了。这一点与直接指称论相违背，由此导致的问题就是间接指称问题。把这个情况称为"间接"，是因为按照实在论立场，这种有意义而无指称的表达式最终还是要通过指称来获得意义，而这种指称肯定不属于这个表达式本身，而是与之间接联系在一起。

按一种方式理解，弗雷格那里也会有本体论承诺这种现象。他似乎承认，如果表达式没有指称，包含它的句子也就没有意义，因为这样的句子没有真值。①但这种现象不会像在罗素那里一样产生问题，这是因为，只有当一种意义理论允许表达式以一种独立的方式确定指称，本体论承诺才会产生问题。因为，这样的问题总是本体论承诺落空产生的，而这是按照意义理论承诺的存在物，与存在物就其本身而言不存在之间的冲突；而如果我们没有一种方法，绕开这种意义理论所规定的那种方式，而去判断存在物是否存在，谈论这种冲突也就没有意义。

事实上，这种间接指称的词语是非常常见的。我们可以区分出两种情况，第一种情况是词语所指称的是不特定的对象，比如，"我遇到一个人"中的"一个人"，"有的人是自私的"中的"有的人"，"没有人知道逃犯的下落"中的"没有人"，等等。在这些例子中，"一个人"与"有的人"都是指称不确定的情况②，若按照直接指称理论，这就意味着词语的意义也是不确定的，但问题是，相应的句子却具有确定的意义。"没有人"这个词看起来不指称任何对象，但这个词也是有意义的。

---

① 少数哲学家认为，既然涵义是确定指称的方式，当指称不存在时，涵义也就谈不上存在了。例如埃文思（G. Evans）就持有这种看法。参见 Gareth Evens, *The Varieties of Retference*, Oxford, 1982.
② 这些指称单个不特定对象的词项，通常被称为"非限定摹状词"（indefinite description）。

第二种情况是，词语指称特定的对象，但对该词语所构成的句子的理解，却不需要它所指称的对象存在。比如，"太阳系中的第九大行星是不存在的"中的"太阳系的第九大行星"。"太阳系的第九大行星"在相应的那个句子为真的情况下就没有指称，但在那个句子中，无论句子是真还是假，这个词显然都是有意义的。事实上，对于一个有特定指称的词语"E"，只要"E 不存在"这个句子是有意义的，这个词语就属于间接指称的情况。我们可以把是否能够有意义地断定不存在，当作具有特定指称对象的词语是否属于间接指称的检验标准。容易看到，这样的词语是相当多的。像"太阳系的第九大行星"这样指称特定的单个对象的词语是由描述性的成分组合而成的，我们称为"限定摹状词"（definite description）；而像"刘禅"这样不含描述成分但也指称特定的单个对象的词，则称为"专名"（proper name）。不仅限定摹状词属于间接指称，专名也是——我们可以有意义地说"刘禅是不存在的"。

为了弄清间接指称问题究竟何在，不妨在罗素的框架中重新表述这个问题。在下面的推理过程中，"E"表示任意一个前面描述过的表达式。

a) 我们理解包含了 E 的句子；
b) 因此，我们知道 E 的意义；
c) 因此，我们亲知 E 的所指。

这个推论总起来看就得到结论，"如果我们理解包含了 E 的句子，那么我们亲知 E 的所指"。这个结论恰好与存在间接指称词项这个事实相矛盾。

要解决这个问题，可以采取三条途径：其一，阻止从 a) 到 b) 的推论；其二，阻止从 b) 到 c) 的推论；其三，否认上述推论导出了与间接指称词项相冲突的结论。有趣的是，罗素考虑过后面两种方法。他至少对第三种，即梅农的对象理论，表示了同情[1]；与此同时他自己提出了第二种解决方法，即指谓概念理论[2]。他很快又放弃了指谓概念理论。最终采取的是第一种途径，这就是摹状词理论。[3]

---

[1] 参见《我的哲学的发展》，第 74 页。对这一点更加详细的阐述可以参见 Russell, "Meinong's Theory of Complexes and Assumptions"（Ⅰ–Ⅲ），*Mind*, New Series, Vol. 13, No. 50–2, 1904。

[2] Cf. Russell, *Principles of Mathematics*, chp. 5.

[3] Russell, "On Denoting", *Mind*, New Series, Vol. 14, No. 56, 1905, pp. 479–93.

第二节　摹状词理论

摹状词理论形式上非常简单，但非常有效地解决了间接指称问题。如果把简单与有效当作理论优美与否的标准的话，摹状词理论就是一个极其优美的理论。

从摹状词理论入手，我们可以挖掘出罗素的不完全符号理论；这种理论以命题函项为基础，而命题函项概念则把一种类似于弗雷格式的函项结构，引入了逻辑分析。这为罗素的逻辑理念带来了一种有趣的张力。这种张力存在于外在关系理论与命题函项概念之间。如果把不完全符号理论背后的理论潜力充分地挖掘出来的话，摹状词理论本身就可以成为取代以构造罗素式命题为目的的那种逻辑分析。① 因此，我们可以说，罗素同时有命题分析与摹状词分析这两套想法。它们之间也许是难以共存的，但它们的确构成了罗素在不同时期所采纳的不同的理论选择。

接下来，我们先看摹状词理论是怎样的，然后再看它是如何建立在命题函项这个概念的基础之上的。

摹状词理论的核心想法是，把句子的语法形式与逻辑形式区分开，并承认两者可能相互背离。

这里，所谓语法形式与逻辑形式都是针对表达式这个概念而言的。一方面，从语法上说，句子是由一些表达式构成的；另一方面，从逻辑上说，句子意义是表达式意义组合的结果。在这两个层次上我们都可以区分出表达式来。在第二章讨论函项逻辑时，我们已经讨论过什么是逻辑意义上的表达式。现在，我们有两套区分表达式的标准，而摹状词理论的出发点则是承认，间接指称词项都是语法意义上的表达式，但不是逻辑意义上的表达式。

容易看到，从这一点如何可以解决间接指称问题。当我们说自己理解包含了表达式 E 的句子时，这里的 E 是语法意义上的表达式。依据上述区分，由此推不出 E 也是逻辑意义上的表达式，也就是说，推不出 E 具有可以从句子意义中分离出的意义。在罗素那里，一个符号（或符号串）

---

① 在 *Russell's Hidden Substitutional Theory*（Oxford, 1998）中，Gregory Landini 考虑了罗素在 1905 年到 1907 年持有但没有发表的替换理论，并试图将其解释成足以支撑罗素的整个逻辑主义计划。在某种意义上，替换理论是摹状词理论的一种推广形式。如果 Landini 是对的，那么摹状词理论（就其推广形式而言），也就可以替代命题分析。

是否表达，这是由它是否独立具有意义，从而是否独立具备指称来确定的。因此，在这里也就可以说，基于这一区分，罗素会承认有些符号在语法形式上似乎有意义，似乎在指称什么，但在逻辑上却并没有。摹状词就属于这类符号。

罗素设想，之所以产生上述区分，是因为当符号出现在句子中时得到了理解，但当它单独出现时却并不具有意义。在这种情况下，我们只能把对符号的理解与它出现在句子中的情况联系起来，而不与符号单独联系。这样，我们就不会把意义单独归于这类符号。如果确实有这种情况，那么在理解了包含这个符号的句子时，误以为符号在单独出现时也得到了理解，我们就会以为它单独出现时是具有意义的。我们可以仔细考虑一下，理解了像"我半路上遇到一个人"这样的句子，是不是就意味着当"一个人"单独出现时我们确实也是理解的。如果觉得不是，我们就会同意罗素的想法。

先按照间接指称的第一类情况来说明摹状词理论的基本思路。在"我半路上遇到一个人"这个句子中，"一个人"这个短语具有确定的意义，这是因为我们理解整个句子，并认为整个句子有确定意义。按照直接指称理论，"一个人"这个短语有确定意义，就意味着要承诺相应对象存在。但是，按照我们对句子的理解，这个短语不需要指称特定对象，这样就与直接指称理论相冲突。

现在仔细看看这个句子。它相当于说，"我半路上遇到了一个东西，这个东西是人"。这个形式中出现了与"一个人"同样具有不确定指称的表达式，即"一个东西"，不过，如果使用变元来表示"一个东西"，这种相似性就消失了。此时我们得到

1）存在 x，我半路上遇到 x，并且 x 是人。

这种形式把原来用"一个人"表达的内容，拆分成一个变元和一个谓词"是人"，从而，当我们提到"一个人"时，就可以换成"x，x 是人"这种形式。谓词"是人"具有确定指称，即例示关系与"人"这个共相构成的不完整的复合物。在拆分以后的形式中，我们原来希望用"一个人"指称的对象，现在要通过变元 x 来指称；但是，从直观上看，我们不会认为变元本身就具有确定的意义。要点是，如果原来由"一个人"所谈论的东西，现在表明是通过使用变元来谈论的，而在不认为变元有确定意义的前提下，我们也就不会认为"一个人"单独具有意义。

变元的意义是高度依赖语境的。这种依赖关系可以从含有变元的句子具有何种真值条件中看出。比如说,"存在 x,我遇到 x"这个句子,在我遇到张三时是真的,在我遇到李四时也是真的,在我遇到王五、赵六等情况下都是真的。可以说,在后面这些情况的任何一个得到满足时,"存在 x,我遇到 x"就是真的。如果这样理解的话,"存在 x,我遇到 x"这个句子的真值条件就不能解释成,有这么一个我们可以用"x"来指称的东西,这个东西构成句子真值条件的成分;而要解释成,当"我遇到张三""我遇到李四""我遇到王五""我遇到赵六"等这些句子中任何一个为真的情况。"存在 x,我遇到 x"这个句子的真值条件,是在这些句子的基础上得到的。这些句子具有统一的结构,对此可以用"我遇到 x"来描述——这些句子是把其中的变元 x 换成常项以后得到的。这样就揭示了变元的意义究竟是什么。变元并不单独表示对象,而是与其他成分一起,表示句子结构;而像"存在 x"或"对于所有 x"等这些量词成分,则可以像罗素那样,解释成相应的句子结构"有时真"(对于"存在 x"来说)或"总是真的"(对于"对于所有 x"来说)。①

像这类指称不特定对象的间接指称,其典型情况就是使用像"一个人"这样的非限定摹状词。摹状词理论处理这类情况的一般方法,就是把摹状词中可以用来充当谓词的成分分离出来,而只剩下变元来承担引入不特定对象的功能,最终,通过引入量词,把含有摹状词的句子改写成含有约束变元的句子。这样,按照上面对变元的解释就可以看出,原来的摹状词并不是单独起作用的表达式,据此即可解决这种情况下的间接指称问题。

其他指称不特定对象的情况,也可以按类似方式处理。比如含有"所有人"的句子,可以改写成含有全称量词和约束变元的句子;含有"一些人"或"有的人"的句子,可以用存在量词和约束变元来改写;而含有"没有人"的句子,则用含有否定的量词和约束变元改写。

间接指称的第二类情形也可以按照相似的方式处理。在这类情形中,符号被用来指称特定的对象,但它是否得到理解,却并不取决于它所指称的对象是否存在。摹状词理论处理这种情况的方法就是,在处理非限定摹状词的基础上,再添加表示对象唯一性的限制条件。比如"我遇到那个高个子"这个句子,对于其中出现的限定摹状词"那个高个子"就可以添加对应的限制条件,来表示唯一的那个高个子,由此得到句子:

---

① 罗素:《论指称》,载《逻辑与知识》,苑莉均译,商务印书馆1996年版,第50—52页。

2）存在 x，我遇到 x，并且 x 是高的，并且，（对于所有的 y，y = x，当且仅当 y 是高的。）

其中用括号括起来的部分，就是表示唯一性的部分。

按照与第一类情形相同的方式，可以解释限定摹状词为何也不单独充当表达式。我们还可以用另外一种方式来理解这一点。为此需要先熟悉一下"是"这个词的意义。在下面两个句子中，"是"的意义是不同的，

3）马克·吐温是讽刺作家；
4）马克·吐温是克莱门特。

这种差异表现于这样一个事实，对句子中用"是"连接起来的成分进行换位，从 3）得不到有意义的句子，但从 4）可以。之所以会有这样的差异，用罗素的术语来说，是因为在 3）中"是"表示的是一种非对称的关系，即前面的"马克·吐温"所指称的殊相例示了"讽刺作家"所指称的共相；而在 4）中，"是"表示一种对称关系，即等同，并且是殊相间的等同。从这个简单的测试我们可以看到，即使 4）中的"是"所表示的不是殊相间的等同，而是表示共相的等同，换位仍然可行。换位表明了由"是"所连接的表达式具有相似的指称能力。

现在，考虑一下"《百万英镑》的作者"这个限定摹状词。假定"马克·吐温"这个专名确实是单独具有指称作用的表达式，它指称一个殊相。如果"《百万英镑》的作者"也是这样的表达式，我们就可以得到与 4）相似的句子，

5）马克·吐温是《百万英镑》的作者。

而在这个句子中"是"也表示等同，因此，句子中的专名与限定摹状词就可以在换位以后构成有意义的句子。

但是，我们感觉到，5）可以用

6）马克·吐温写了《百万英镑》。

这个句子来改写，它们有同样的真值条件。显然，6）是不能换位的（在

英语中这个句子中仍然包含了系词"is")。如果6)表明的是句子的真实形式,那么5)中出现的"是",就不足以说明,在这两个句子共同表达的罗素式命题中,确实包含了对应于两个表达式的对象。

运用摹状词理论确实可以说明,6)表明了命题的真实形式。我们把5)按照摹状词理论改写就得到

7)存在 x,x 写了《百万英镑》,并且马克·吐温是 x。

在这个句子中,如果按照等同来解释"是",意思就是说,马克·吐温是变元 x 的值。而这又意味着,马克·吐温使得句子结构"x 写了《百万英镑》"为真。由此恰好得到句子6)。事实上,由句子6)也可以得到7)。

不过,考虑到5)所包含的限定摹状词要求《百万英镑》只有一个作者,而6)并不含有这个意思,我们也可以把6)改写成"马克·吐温一个人写了《百万英镑》"。这样的修改并不影响我们的结论,即"《百万英镑》的作者"这个摹状词并不是真正用来指称的表达式。

对于第二类间接指称的情况,我们在前面已经给出了一种测试,即一个指称特定对象的表达式 E 如果能够构成"E 不存在"这样的有意义的句子,那么 E 就属于这种情况。显然,专名属于这样的情况。专名并不含有可以拆解的谓词成分,但我们可以按照下面的方式,来用一个摹状词"那个 F"来解释专名,只要它满足这个条件:

8)对任何 x,F(x),当且仅当,x = E。

这时我们说,F 就是 E 的同一性条件。与专名对应的同一性条件,决定了专名所指称的对象是怎样的。

引入了同一性条件,对于"E 不存在"这样的句子,我们就可以改写成"对于所有 x,F(x)都是假的"。容易看到,在这种情况下,使用专名 E 时并不需要承诺 E 所指称的对象存在,因而解决了间接指称问题。

总起来看,间接指称问题的解决,是按照区分句子的语法形式与逻辑形式的思路进行的。在所有的情况下,引起间接指称问题的符号在经过改写以后都消失了,取而代之的是变元,而按照前面的解释,变元并不是单独的表达式。符号的实际形式被表明不是直接出现在句子中的那种形式,我们理解了句子,这并不意味着就可以按照句子所表现出来的那种形式,来为表达式指派语义。句子"透明性"的消失,使得原来以为属于间接

指称的表达式随之消失了。

第三节　不完全符号与命题函项

在"我遇到一个人"这个句子中,"一个人"这个词按照语法形式是一个独立的表达式,但它的逻辑形式却是一个由谓词"是人"加以限定的变元。这个变元不具有独立的意义,因此,从逻辑的角度上讲,它甚至不是一个表达式。类似于这样在语法上有独立意义、但在逻辑上没有独立的词语,就被称为"不完全符号"(incomplete symbol)。不完全符号没有指称,从而也没有意义。摹状词理论的实质是,把间接指称的表达式解释成不完全符号。我们也可以把摹状词理论当作不完全符号理论的推论。

罗素建立摹状词理论的目的是要解决间接指称问题,但摹状词理论的提出,却是基于对变元意义的一种解释。这种解释具有独立的理论价值,它包含了罗素对于命题的一种相当基本的看法。为了理解这种看法,需要先解释一下"命题函项"(propositional function)这个概念。

命题函项是在关于函项的一般性概念的基础上定义的。函项是从主目到函项值的映射,因此,只要确定了在主目取各个值时函项的对应取值,也就确定了函项。命题函项是以对象为主目,命题作为函项值的函项。比如"x是人"这个表达式,当x以对象,比如张三这个人,为值时,如果认为由此得到的是"张三是人"这个句子所表达的命题,"x是人"就表示一个命题函项。

在弗雷格那里我们看到过真值函项,即主目与函项值都是真值的函项。这种函项已经纳入了当代逻辑的标准配置中。弗雷格所理解的概念也是一种函项,这种函项以真值为函项值,而以对象为主目。这种函项不是命题函项,因为它的值是真值而不是命题。当"x是人"被理解为命题函项时,它所表示的就是命题结构,或者说,表示"张三是人""李四是人"这样的句子共同的特征。这样理解"x是人"这个表达式,我们就不会认为其中的"x"指称一个不特定的对象,因为张三、李四等这样特定的人彼此之间的共同之处不在于他们都是不特定的对象;而是会理解为把"张三是人""李四是人"这样的句子中的专名抽掉以后得到的结构。"x"表示这种结构中的空位。

在罗素看来,"单单一个命题函项可以看成是一个模式,一个空壳,一个可以容纳意义的空架子，而不是一个已经具有意义的东西"①。把诸如张三之类的对象（对于罗素来说，就是"张三"这个表达式的意义）填进这个模式，我们就得到了一个完整的命题。不过，这么说就有些误导，因为，命题的模式在某种意义上仍然是命题的构成部分，而这一部分如果不是作为句子中某个部分的意义，也就难以理解它是如何引入命题的了。罗素为什么这么认为，我们稍后再回头考虑。

从罗素前面的引文已经可以看到，他愿意把句子的一些部分当作是无意义的。这当然不是说，因为这些部分没有意义，所以整个句子都没有意义。这里所谓的"无意义"，是指单独不具有意义，在句子中，那些部分就构成不完全符号。不完全符号理论是说，句子中存在这样的不完全符号。从上面的叙述可以看出，罗素认为命题函项就是不完全符号。

不完全符号理论关系到如何理解命题的结构，因而对于罗素的逻辑概念来说是一个非常基本的学说。弄清这样一个学说的来龙去脉就显得很重要了。

一个很有趣的要点是，不完全符号理论不能在罗素式命题的背景中得到解释，因而不在罗素的实在论立场以及外在关系理论所构成的框架之内。按照这个框架，在"张三是人"这个句子中去掉"张三"这个表达式（我们暂且将其看作是完全符号）后剩下的部分，应当指称了命题的成分，因而是有意义的。这个命题是由张三这个殊相、"人"这个共相，以及例示关系构成的。去掉张三这个殊相以后，就得到由"人"这个共相与例示关系构成的复合物。虽然这个复合物不能算是完全的（它缺少一个关系项），但在同样的意义上，例示关系单独看来也不是完全的，它缺少两个关系项。既然例示关系是命题的构成成分，我们就没有理由不把例示关系与一个共相一起，也算作命题的构成成分。因此，在实在论以及外在关系理论框架下，得不到不完全符号理论。

要解释不完全符号理论，就要引入这样一个前提：把句子"张三是人"中的完全符号"张三"去掉，剩下的部分不能解释成例示关系与一个共相构成的复合物。这个前提就相当于说，作为剩下的部分，命题函项不能为例示关系与共相所穷尽。但是，这是一个带来麻烦的前提。因为，如果"x是人"不能为例示关系与"人"这个共相所穷尽，那么由于

---

① 罗素：《数理哲学导论》，晏成书译，商务印书馆1982年版，第148页。这段话的最后一部分应该是"而不是一个意义"。罗素原来的说法是把命题函项与命题函项表达式混淆起来的，这里的"不是一个已经具有意义的东西"应该针对命题函项表达式。

"张三是人"是由"张三"与"x是人"共同确定的,这个句子也就不能为张三这个殊相与例示关系以及"人"这个共相一起所确定,而这与罗素的命题理论相冲突。

不过,话说回来,从上一章我们已经看到,罗素关于命题结构的理论是有缺陷的。现在,我们有机会从另外一个角度来看命题是如何构成的。

这个新加的前提实际上要求按照弗雷格语境原则的那种方式来理解命题。承认语境原则,就相当于认为,句子意义不能完全分析成由表达式的意义组合而成,而只能把表达式意义理解为是由句子意义所决定的。而不完全符号理论所需要的前提恰好就是句子意义不能完全分析成是表达式意义组合而成的。我们可以把罗素意义上的命题函项符号,理解成弗雷格那里的函项或谓词。但是我们知道,在弗雷格那里,函项与主目连接构成句子的方式,显然不是罗素意义上的外在关系。

对这种冲突,可以采取一种妥协办法:对于像"张三是人"这样不含变元的句子,仍然采取罗素的命题理论,从而按照外在关系理论以及实在论构成的框架来处理,将这样的句子所表达的命题解释成由表达式意义组合而成的;而对于所有含有变元的句子,比如"存在x,x是人"这样的句子(含有变元的句子要使用量词对变元加以约束,才得到有真值的句子),就按照语境原则来处理,把命题函项"x是人"当作不完全符号。这样,就能按罗素的方式来确定前一类句子的真值条件,然后,再按照这类句子的真值条件,来解释含有变元的后一类句子的真值条件。①以此为线索,我们可以解释像"存在x,x是人"这样的句子的真值条件是什么。

罗素说,"存在x,x是人"这个句子可以理解为"'x是人'有时是真的"。② 但这种说法有误导性。按这种表述,要么把带引号的"x是人"理解为指称语句的一个片段,要么理解为命题函项的名称。不管是采取哪种方式,"存在x,x是人"这个句子都将被解释为表达了这样一个命题,这个命题的一个成分是语句片段或者命题函项,另外一个成分则是共相"有时是真的",它们通过例示关系连接在一起。这样一来,"x是人"就将是一个完全符号,它单独指称语句片段或者命题函项。显然不能这么解释。

---

① 参见 Michael Dummett, *Frege: Philosophy of Language*, Harvard University Press, 1981, chp. 2。达米特的这种解释针对的是弗雷格的命题理论,但我们现在知道,它更加适用于罗素。

② 依据"论指称"(见《逻辑与知识》)50页以下的说明加以简化。

罗素的表述应当这么解释:"'x 是人'有时是真的"的意思是,在把 x 换成常项所得到的句子中,有些句子是真的。我们不妨观察一下这个句子的真值条件。只要"张三是人""李四是人"等这样的句子中有一个是真的,"'x 是人'有时是真的"(="存在 x, x 是人")这个句子就是真的。因此,后面那个句子的真值条件,取决于前面那一组句子的真值条件。这样,"x 是人"所起的作用就是,通过表示常项如何代入句子结构中,来确定这一组句子是如何得到的;而"有时是真的"所起的作用,则是把这组句子的真值条件与"存在 x, x 是人"这个句子的真值条件对应起来。因此,"x 是人"这样的命题函项不是作为真值条件(即罗素式命题)的一部分起作用,而是用来确定,含有变元的句子的真值条件所依赖的是哪些不含变元的句子的真值条件;而在真值条件之间的这种依赖关系中,后面那类句子的真值条件作为整体起作用。这样一来也就解释了,为何当"x 是人"这样的成分出现在句子中时,并不表示命题的成分。

这里的要点可以这样说明:假设世界中只有三个对象,它们依次是张三、李四和王五,这样,

1)存在 x, x 是人。

这个句子的真值条件,就可以表述为:

2)张三是人,或者,李四是人,或者,王五是人。

可以看出,只要张三、李四和王五中有一个是人,2)就是真的,此时 1)也是真的;而当三个都不是人,2)就是假的,当然,1)也是假的。这里,重要的是,2)中没有对应于"x 是人"的成分。因为,如果把 2)中出现的三个"是人"解释成对应于"x 是人"的成分,那么 2)中的"张三"等名称是怎么来的,就得不到解释;而解释这些名称何以出现的,恰好就是变元 x——它们是变元的值。事实上,变元的出现,也解释了"是人"为何在这里会出现三次——它们出现的次数取决于变元取值的个数。

由此可见,我们要把所有句子区分成两类,一类句子含有变元(约束变元),另一类句子不含约束变元。命题函项记号作为不完全符号只出现于前一类句子中。它们的出现,使得前一类句子的真值条件依赖于后一

类句子。后一类句子所表达的，是更为基本的命题。罗素心目中的逻辑分析，是以不含变元的句子为基础的。

另一方面，命题的构成也有两种方式。第一种方式是，在句子不包含变元的情况下，相应的命题由殊相、共相以及例示关系构成。在这种构成方式中，外在关系起作用。第二种方式则是，在句子包含了变元的情况下，通过命题函项生成一组命题，然后在这组命题的基础上构成完整命题。在按照第二种方法构造命题时，如果按照命题函项生成的所有命题都是按照第一种方法构造的，那么这两种方法没有本质的区别。但实际上并非如此。

在前面所举例子中，表面上看起来句子1）和2）表达了同样的命题，但实际上不是这样的。只有在2）后面加上限制条件"并且世界上除了张三、李四和王五，没有其他东西了"，这仍然是带有量词的句子。①因此，利用命题函项生成的命题，绝对不是利用外在关系构成的命题。这两种构造命题的方式是完全不同的。

现在，让我们回头来用不完全符号理论解释罗素是如何处理摹状词的。罗素把摹状词解释为不完全符号，从而解决了间接指称问题。但是，摹状词为什么是不完全符号呢？

在"一个罗马人杀死了凯撒"这个句子中，把摹状词"一个罗马人"分析成其逻辑形式就得到"存在x，x是罗马人，并且x杀死了凯撒"。对应于"一个罗马人"的是"存在x，x是罗马人，并且x……"这是句子的片段，其中包含了存在量词。注意这样一个事实：这个句子片段是对一个量化句做出拆分得到的。正是这个事实决定了对应于摹状词的句子片段没有对应的意义。这是因为，只有当句子是通过外在关系构成命题的情况下，对句子的拆分才能够得到有意义的片段，这些片段指称罗素式命题的一个局部。

在罗素的命题理论中存在两种不同的命题构造方式，如果按照命题函项的方式构造命题的句子被加以拆分，就会得到不完全符号。命题函项本身显然就是这样一种被拆分出来的东西。但是，只有对于按照外在关系构造的句子进行拆分，才能得到完全符号。这是因为，无论符号所表示的是什么，只要是单独进行表示的，符号就将通过外在关系结合到句子中。

我们可以看到，不完全符号是两种动机相调和的产物。一方面，按照罗素式命题的概念，所有能够从句子中拆分出来的表达式，都对应于构成

---

① 参见"逻辑原子主义哲学"（载《逻辑与知识》），第283—284页。

命题的成分，在这种意义上就会有完全符号。另一方面，这类拆分并不适于按照命题函项构成的命题。但是，如果觉得无论以何种方式，只要对构成命题有贡献的符号就有意义，也就是说，如果承认语境原则（这意味着承认语境原则背后的非实在论），那么命题函项的存在并不会使从句子中拆分出来的符号（只要其贡献是作为整体做出的）变得无意义。因为，按照语境原则，也不会有其他的意义概念，也就是说，不会有"符号独立具有意义"这回事。之所以承认不完全符号，是因为罗素在对意义的理解上仍然是按照罗素式命题的要求做出的。这是贯彻语义学上的实在论立场的结果。在这种立场之下，我们才可以理解"单独具有意义"是怎么回事。也正是在意义本该是表达式单独具备的这一意义上，命题函项以及摹状词才是不完全符号。因此，不完全符号理论是罗素站在实在论立场上对来自非实在论方面的压力做出妥协的结果。

第四节 构造主义分析

摹状词理论直接导致了构造主义分析（constructivist analysis），这种分析的基本理念就是，用结构来取代实体。罗素对这种分析抱有极大的信心，以致于认为这是哲学最主要的工作。事实上，罗素式的哲学分析就是构造主义分析，它在罗素关于数学基础研究、逻辑哲学以及其他知识领域所做的分析工作中，都发挥了指导性的作用。

"用结构取代实体"，这个口号背后的想法，就是把指称某个实体或者某类实体的词项视为摹状词，将其分析成含有变元的命题函项形式。一方面，这就意味着我们原来认为指称实体的词项不再依据实体而具有意义，我们不必承诺这种实体存在；另一方面，分析得出的形式展示了一种逻辑结构，这种结构说明了指称这种实体的词项参与构成的句子真值条件究竟是怎样的，也就是说，谈论那种实体的句子表达了什么样的罗素式命题，它实际上谈论的是什么。这样的分析通常能够产生建设性的成果。为了说明这一点，不妨看一个例子。

一 关于无穷的摹状词分析

在关于数学的基础研究中，无穷究竟是否存在，这一直是个问题。人们直观上认为，无穷是一个数，但是，这种看法会产生一些难以接受的结果。我们知道，古希腊哲学家芝诺（Zeno）就提出了一系列的悖论，人们称这些悖论为"芝诺悖论"。芝诺悖论中有一个经过变化了的形式是这样的：

> 如果一条线段上有多个点，那么就会产生矛盾。这是因为，无论线段上有多少个点，这些点的数目总是确定的；但是，给定了这些确定的点，相邻的两个点只要不重合，它们之间必定有第三个点，因此线段上点的数目将总是比这个确定的数目要多；因此，线段上点的数目是不确定的。当然，相邻的点肯定是不重合的，因为重合的点实际上是一个点。

由于承认点的数目既确定又不确定，这里就产生了悖论。点数确定，是因为任何数目本身都是确定的；点数不确定，则是因为当其确定以后又多出一些点来。容易看到，之所以产生这个悖论，是因为线段上的点数是无穷多的，而无穷就其是数而言是确定的，因为任何数都是确定的；但我们在这个数上继续添加，它仍然是无穷，因此无穷是不确定的。①

我们也许会认为，问题出在"任何数都应当是确定的"这个想法上。因为如果坚持无穷是数，并且认为无穷是不确定的，那么并不是所有数都是确定的。但是，这样想似乎又是违背直观的。任何数都是确定的，这个想法与"任何存在的东西都是确定的"一样，是自然而然的想法。我们不会认为一个不确定的东西存在——存在的东西不管它是什么，都如其所是。前面陈述的芝诺悖论的那个版本，正是在关于存在与无穷这两个直观概念之间出现的矛盾。

对无穷这个概念做出数学上的解释，这是数学家康托的工作，而这个工作很容易按照罗素的方式来给出哲学的解释。

在数学中，无穷通常写成"ω"。我们不妨把"ω"这个单称词项看作摹状词。按照康托的集合论，这个摹状词就是"与自然数集合的元素数目相等的集合的元素数目"。我们利用计数的方法来解释两个集合之间数目相等的关系。说两个集合数目相等，意思就是可以在这两个集合的元素之间建立一一对应关系，从而不存在重复对应或者缺少对应的情况。计数就利用了这种数目相等的关系。我们把要计数的那个集合与自然数构成

---

① 按照芝诺的这个悖论来讨论的无穷通常是一种高阶无穷，而下面要解释的那种无穷则不是高阶的。我们暂时忽略这里的区别。高阶无穷可以以接下来要解释的那种无穷为基础来得到解释。

的集合对应起来，其中自然数集合按照从 1 开始的顺序排列构成数列，要计数的那个集合与这个数列从 1 开始的一段建立对应关系，最后一个元素对应的那个数，就是要计数的集合的元素数目。这样，自然数集合的元素数目就是无穷，因为，自然数集合本身当然就满足"与自然数集合的元素数目相等"这个谓词。

当把"ω"这个单称词项改写成上述摹状词以后，就很容易解释关于无穷的一些性质。比如，ω = ω+1。对有穷数，这一点当然不成立，但若按照前面的方式解释无穷，这一点成立。"ω+1"就是这样一个集合的元素数目，这个集合中除了包含所有自然数，还包括一个附加的元素，比如多加了一个 0（自然数是从 1 开始的）。不妨称这个集合为 Φ。可以把 Φ 与自然数集合 Ψ 一一对应起来。方法是把 Φ 中的 0 与 Ψ 中的 1 对应，Φ 中的 1 与 Ψ 中的 2 对应，Φ 中的 n 与 Ψ 中的 n+1 对应，如此等等以至无穷。在自然数集合中，只要有一个数，就会有一个比它大 1 的数，因此，Φ 与 Ψ 之间的一一对应关系可以建立起来。由于 Φ 的元素数目是 ω+1，而 Ψ 的元素数目是 ω，所以 ω = ω+1。

事实上，在康托的集合论中，无穷就被定义为满足 ω = ω+1 这个条件的数。无穷的这个特征很好地解释了芝诺悖论所体现的直觉，即无穷是不确定的。与此同时，把无穷解释成这样的摹状词，也使得我们可以否认芝诺所说的那种观点，即无穷是存在的。当芝诺说，无穷是存在的，因此它应当像所有的自然数那样是确定的，他的意思是，"ω"作为单称词项指称了一个自然数。但是，按照摹状词理论，"ω"在逻辑形式上是摹状词，因此我们不必在芝诺的那种意义上说它存在，即不必要求它指称一个自然数。其实，按照前面给出的那个摹状词，ω 是自然数集合的元素数目，由于自然数集合中所有的数都不具备与自身加 1 相等这种性质，无穷并不是这个集合中的元素。作为自然数集合的数目，无穷不与自然数处在同一个层次上。无穷并不是自然数。因此，在自然数存在的那种意义上，无穷并不存在。

芝诺的那个悖论之所以产生，是因为无穷的不确定性与它作为一个数的存在相冲突；而现在我们看到，按照摹状词理论来分析无穷这个概念，这种冲突消失了。

二 还原式分析与阐明式分析

当把一个单称词项视为摹状词，并改写成带有约束变元的形式时，我们就把按语法形式看起来起指称作用的词项（例如"the F"），转换成了按逻辑形式来说起描述作用的成分（例如"x 是 F"）。因此，摹状词理论的基本思路可以这么概括：把单称词项的逻辑形式中含有的描述成分分离出去，而让变元来承担指称功能。通过这种分离程序，原来以为由常项来指称的实体，就变成一种逻辑结构，而这种逻辑结构由分离出去的描述成分表现出来。然而，"用结构取代实体"，这究竟是什么意思，还是要取决于如何理解这种逻辑结构。

假定我们已经通过摹状词分析得到了含有约束变元的描述性的结构，现在的问题是，充当约束变元的值的东西又该是怎样的呢？这里可能有两种情况，一种情况是，我们用来指称约束变元之值的单称词项本身不含描述成分，也就是说，对它不能继续进行摹状词分析，由此我们得到一种终极的逻辑结构。第二种情况则是，用来指称约束变元之值的单称词项，本身仍然可以继续进行摹状词分析，这样，原来分析得到的逻辑结构并不是最终的结构。在第二种情况下，经过摹状词分析我们以为得到的句子逻辑形式，实际上并不是真正的逻辑形式，而应当在新的意义上算是语法形式，因为它允许进一步的摹状词分析。这样，我们就可以认为语法形式与逻辑形式的区分是相对的，一次分析得到的逻辑形式，可以是进一步分析所要处理的语法形式。

对于"用结构取代实体"的一种解释是，把所提到的实体还原成一种逻辑结构。在分析传统中，"还原"（reduction）是一个非常重要的话题，而"还原"这个术语也有多种意思。人们有时也把罗素的构造主义分析称为"还原论"（reductionism）。"还原"一词在这里的意思是，用更为基本的实体来取代所谈到的那种实体，从而把被还原的那种实体从本体论中排除出去。比如，如果用还原论来解释前面关于无穷的分析，我们就可以说，那里的构造主义分析最终达到的结论是，把我们以为存在的实体，即无穷，还原成自然数集合。这样，我们就不需要承认无穷是存在的，而只需要承认自然数集合存在。① 在这种分析中，用来替代无穷这个实体的，就是由自然数集合参与构成的逻辑结构，即"与自然数集合的元素数目相等"这个摹状词相对应的那种结构。

把构造主义分析解释成这种意义上的还原，就要求分析后得到的结构是终极结构，它不能继续分析。这是因为，按照这种结构结合起来的东西是真正存在的实体，而不是仅仅就语法形式而言为单称词项所指称的那些

---

① 若严格按照不完全符号理论来理解还原，我们就应该说，通过摹状词分析表明是一种结构的东西，实际上是不存在的。

看似存在的东西。这种不能继续分析的单称词项，在罗素那里就被称为"逻辑专名"（logically proper name）。这些单称词项就逻辑形式而言是专名，而不是摹状词。

前面我们已经知道，要判断一个单称词项是不是可以继续分析，我们只需看看关于其不存在的断定是否有意义即可。比如，"罗素不存在"这个句子是有意义的，这就说明"罗素"这个语法上的专名仍然可以当作摹状词来加以分析，因此它不是逻辑专名。按照这个标准，逻辑专名非常罕见。在罗素看来，"这"这个实指词（demonstrative）就是一个逻辑专名。"这"这个词就像某种手势一样，指向已经为人们所注意到的东西。说"这不存在"似乎是无法想象的。我们会认为这种说法无意义。因为只有当我们认为已经通过其他手段挑出所要指称的东西时，我们才会使用"这"这个词来指称它。

要按照还原论来理解构造主义分析，逻辑专名的指称是很重要的。取代被还原实体的，只能是已经存在的东西。因此逻辑专名必须指称存在的对象。在罗素看来，逻辑专名的指称就是感觉材料（sense data）。在一种经过仔细区分的意义上，感觉材料也可以说是知觉的对象。在出现错觉时，我们会说自己看到了与实际情况并不相同的东西。比如我们看到一半浸在水中的筷子时，我们看到筷子弯曲了，而实际上筷子是直的。此时我们会说，自己看到的东西并不是实际存在的东西。这种为我们所看到的东西，就是感觉材料。罗素认为感觉材料不仅是在出现错觉时才会出现，错觉的情况只是用来说明什么是感觉材料的一个例子；感觉材料在任何知觉的情况下都会出现。我们对外部世界的认识，就是从感觉材料开始的。

在罗素看来，感觉材料之所以是逻辑专名的指称，是因为感觉材料是通过亲知为我们所把握的。"亲知"这个概念在前面出现时，我们只提到它的逻辑特征，即亲知是针对对象的知识，而不必用句子来表达；现在，亲知则从心理学上得到解释。罗素似乎承认，由于知觉是我们的心灵所处的状态，而心灵总是会把这种状态表现到心灵的内容中，因此我们对自己的知觉状态总是有直接的把握。这种把握就被罗素称为"亲知"。如果这一点成立，那么只要感觉材料出现在心灵中，我们就会亲知它们。因此，我们不会把感觉材料是否存在这一点弄错。而这进一步说明，当我们用逻辑专名来指称感觉材料时，就不可能说所指称的东西不存在。这样，我们就以亲知的方式，保证逻辑专名具有指称。如果亲知这个环节就位，罗素的构造主义分析，就把就语法形式而言看起来存在的其他实体，还原成了像感觉材料这样的亲知对象。①

如果不按还原论来理解，就允许经构造主义分析后得到的那些指称词项，包括充当变元之值的那些单称词项，可以继续分析。此时我们就不必说这些词项所指称的对象存在。在这种情况下，我们可以说，这种构造主义分析是对于我们的知识的一种阐明。

比如，在前面关于无穷的分析中，如果我们没有充分的依据，来断定自然数集合存在，那么我们就不能说通过这种分析，就把无穷还原成了自然数集合。事实上，在很多哲学家看来，就像说星球与山脉存在那样说自然数存在，是件难以接受的事情，因为这就接受了关于数的柏拉图主义。即使对这样的哲学家来说，关于无穷的构造主义分析，仍然是富于价值的。因为这样的分析使我们能够证明关于无穷的许多结论，比如无穷加1仍然等于无穷。这种分析可以表明我们关于无穷的一些判断是否正确，因为，当用一种复合的逻辑结构来替代具有单一语法形式的单称词项时，就可以完成使用原来的单称词项不能得到的逻辑证明。复合的逻辑结构为这种证明提供了可以利用的句法形式。

在这种情况下，即便没有达到还原的效果，构造主义分析仍然说明了，具备关于被分析的对象的知识，这意味着什么。这样，构造主义分析的结果就是，为我们的知识提供了更多的辩护基础，从而使我们的知识得以扩展。这样理解的构造主义分析，就是一种阐明式分析。它是对我们知识的逻辑基础的一种阐明。

即使是被认为是还原的那些构造主义分析，也可以理解为阐明。这种理解与罗素的实在论立场有关。罗素的实在论立场首先要在知识论层次上理解，这就是说，知识是关于实在的知识。按照这种立场，只有对应到实在的对象上，才算是正确地对待了知识。比如，如果我们认为张三知道刘禅是刘备的儿子，那我们就不能说，当"刘禅是刘备的儿子"这个句子用来陈述张三的知识时，"刘禅"一词所指的是张三心目中的那个刘禅，而必须理解为实际上存在的那个刘禅。这里的关键是，即使刘禅实际上并不存在，对张三信念内容的表述和理解，也必须按照他"仿佛存在"的方式进行。因此，当按照构造主义的方式来分析某种知识时，我们提到某个对象，这可以不理解为对实际上存在的对象进行陈述，而是理解为关于知识内容的陈述。当然，如果所分析的实际上是知识，那么所提到的对象实际上就是存在的。但是，如果我们并不考察所分析的是不是真正的知识

---

① 读者不妨注意一下罗素与心理主义以及观念理论之间的关系。

(这往往要进行真正意义上的科学研究,而不是哲学分析),而只是把它当作知识来加以分析,就必须把这里的区别考虑在内。

还原式分析与阐明式分析不一定对应于两种不同的分析过程,它们可以是对同一种分析过程的不同理解。在理解方式上的这种区别关系到对构造主义分析的理论预期。还原式分析关系到实在的基本结构,而阐明式分析则关系到知识的辩护基础。

还原式分析有一个明确的终点,此时人们到达了不可分析的东西,这就是实在的终极结构。按照前面的叙述,罗素认为确实有这样的终极结构,他从感觉材料以及逻辑材料(logical data)① 出发,来构造各种各样我们认为存在的心理实体和物理实体。罗素达到的是不是真正的终极结构,这还是一个需要论辩才能回答的问题。在这个问题上,罗素的处境很不明朗。罗素引入感觉材料,所利用的是直觉;并没有逻辑的理由迫使我们一定要引入感觉材料。因此,感觉材料看起来只是一个假设。另一方面,罗素所分析的各类科学也不会提供帮助,因为科学只负责提出和检验科学假说,而不能证明任何假说的终极地位——但是,还原式分析所需要的恰恰是确立一种假说的终极地位。

阐明式分析则是过程性的。它不假定终点,而只是在现存知识的基础上,进行一定程度的拓展。这种拓展实际上包含了上升和下降,或者分析和综合两个过程。当把当初认为的实体视为摹状词,来通过构造主义分析确定其逻辑结构时,这是向更加基本的层次上升,是通过"拆解"实体,来获得更"小"的实体。这种分析是否正确,则是通过反向的过程来判断的。这种反向的过程就是下降,就是用那些"更小"的实体"复原"被分析的实体。这里的综合,就是从分析所得到的假说出发,看能否推论出我们就被分析的实体已经掌握的那些结论。这两个过程有些像科学研究活动中提出假说和验证假说的过程。就像科学家的工作一样,这项工作是试探性的和累积性的。它没有事先设定好的路线,而只是在前人工作的基础上一步一步地推进。与科学工作不同,这种分析不是以知识增长为目的,而是以概念的澄清为目的;当然,这种概念上的澄清,也会导致知识的推进。我们可以在罗素对数学基础的逻辑研究中、在爱因斯坦对同时性概念所做的研究中,找到这种分析的典型例证。

---

① 包括逻辑联结词在内的逻辑常项,其所指也是人们必须加以亲知的东西。这些东西被罗素称为"逻辑材料"。参见 *Theory of Knowledge*, chp. ix.

第五节　逻辑原子论

对由构造主义分析得到的最终局面进行逻辑上的刻画，就是逻辑原子论（logical atomism）。罗素实际上是从维特根斯坦那里获得这个理论的，①但罗素所表述的内容却不能说就是维特根斯坦本人的。应当说，这是一个被罗素（错误地）归于维特根斯坦的理论。但罗素试图消化和吸收这个理论，我们所能读到的罗素关于这个理论的阐述中，就表现了他为此而付出的努力。

按照摹状词理论对句子进行分析就揭示了原来句子的逻辑形式，这种形式就是罗素式命题的结构。假定在分析以后，所有词项都与实在建立了对应关系：常项指称存在的对象，变元则在存在的对象中取值。在这种情况下，我们就可以说得到了构造主义分析的终极状态。在这种状态中，句子"透明地"表现了实在的结构，下面看看这是一幅怎样的图景。

首先可以确定的是，实在中所有东西都是确定的，因此，实在的状况最终应当可以用只包含常项的句子来描述。含有约束变元的句子要在这些句子的基础之上才能表现实在。因此，仅含有常项的句子是最基本的句子。

此外，在只包含常项的句子中，如果还含有包括否定在内的逻辑联结词，那么其真值条件是由那些彼此连接在一起的子句的真值条件所决定的，通过这些子句就可以确定这类句子的真值。这样，就表现实在而言，不含联结词的句子就更加基本一些。这些既不含联结词，又不含变元的句子，就是原子句（atomic sentences），它们所表达的命题就是原子命题（atomic propositions）。

逻辑原子论的基本思想是：a）所有原子句间在真值上彼此独立，b）所有其他句子都是原子句的真值函项，也就是说，所有其他句子的真值都取决于原子句的真值。②

可以从外在关系理论来看为何会有 a）。由于所有原子句都在逻辑形式上不含有逻辑联结词，原子句之间就不会因为真值函项关系而形成真值

---

① 罗素本人承认这一点，参见"逻辑原子主义哲学"，《逻辑与知识》，第213页。
② 本段以及接下来的两个自然段所叙述的实际上是维特根斯坦所持有的观点，为这一观点提供的理由来自笔者本人。

上的依赖关系。这时,唯一剩下的可能性就是,不同命题通过其所含的对象建立这种关联。比如,在一个命题 aRb 中,由于 a 已经与对象 c 具有关系 S,在 aRb 与 aSc 之间就存在一种真值上的依赖关系。当然,这种情况只有在这种条件下才能发生:只要提到 a 和 c,它们之间的关系 S 就能够建立起来。在这种条件下,aRb 将蕴涵 aSc。但是,这种条件只有在 a 与 c 之间的关系 S 是一种内在关系时才成立;按照罗素的外在关系理论,这是不可能的。因此,在罗素这里 aSc 是否为真,这与 aRb 是否为真是没有关系的。最后得到的结论就是,所有的原子句之间在真值上彼此独立。

之所以有 b),是因为原子句构成了描述实在的基础。其他句子的真值条件都是由原子句的真值条件决定的,并且,原子句间在真值条件上彼此独立,这样,非原子句总是可以分析成原子句的组合,并且这种组合关系可以通过真值表来加以刻画。而这意味着,这种组合关系可以用逻辑联结词来表示。

关于这一点也有一些反例。比如,"张三以为刘禅是刘备的儿子"这个句子,在形式上看它包含了"刘禅是刘备的儿子"这个句子,因此看起来应当不是原子句。但我们很难说它是后面这个句子的真值函项,因为不管后面这个句子是真还是假,它都可以是真的或假的。但是,要把这个句子看作其他原子句的真值函项,似乎又是不大可能的。我们这里不讨论这个问题,读者可以参考《逻辑原子主义哲学》中的相应部分。①

罗素实际上并没有真正接受上述两个结论(它们倒是在《逻辑哲学论》中得到了明确的坚持),而是按照自己的想法对原子论做了修改。修改后的想法表现了罗素本人所接受的逻辑观点。这种修改中最为重要的,是为含有约束变元的句子给出的解释。含有约束变元的句子都可以改写成全称句子,因此其所表达的是普遍命题(general proposition);与此相对照,不含变元的句子所表达的,都是单称命题(singular proposition)。

如果按照 b),含有约束变元的句子应当可以分析成原子句的真值函项,但罗素发现这一点是做不到的。比如,形如

　　1)对于所有 x,x 是 F。

的句子,就不能分析成这种形式

---

① 即《逻辑与知识》,第 261—275 页。在这里,罗素提到了著名的中立一元论和多重关系理论。读者可以自行考察这些理论与构造主义分析之间的关系。

2) a 是 F，并且 b 是 F，并且 c 是 F。

即使 x 的取值范围中只含有三个对象，即 a、b、c，情况也是如此。这是因为我们必须在 2) 后面添加上这样一个子句"并且对于所有 x，x 都不是 a、b、c 以外的对象"，而这不是一个原子句。这说明我们无法把含有变元的句子从描述实在的句子中排除出去，而只留下原子句。

实在中肯定有使得原子句为真的事实，这样的事实就被称为"原子事实"（atomic fact）。如果描述实在的句子中除了原子句，还包含表达普遍命题的句子，那么实在中至少应当包含使得普遍命题为真的事实。这样的事实不是原子事实，而要被归于普遍事实。

在罗素那里，普遍性是通过命题函项来表现的。把命题中作为常项的单称词项（当命题得到足够充分的分析之后，单称词项总是指称对象）系统地代以变元，即以同一变元取代同一常项，就得到了命题函项。命题函项表现了一类命题所共有的结构，因此，如果把命题函项中的变元进行全称量化，所得到的句子就陈述了这类命题在结构上的特征。这样的特征就构成了一种普遍事实。比如，"对所有的 x，如果 x 是鲸鱼，那么 x 是哺乳动物"，这个全称句是命题函项"如果 x 是鲸鱼，那么 x 是哺乳动物"运用全称量化的结果。作为普遍事实，它表明这个命题函项总是真的，或者说，对于约束变元的所有取值来说都是真的。

命题函项的推广形式就是命题模式（matrix）。如果不仅把句子中的单称词项代以变元，而且也把其他所有非逻辑常项都系统地代以变元，我们就得到命题模式。逻辑命题就是由那些总是为真的命题模式构成的。例如"q→（p→q）"就是这样的命题模式，其中的"p"与"q"都是用来替换整个常项句子的变元，我们称其为"命题变元"（propositional variable）。把表达命题的任何句子代入这两个变元，总是得到真命题，在这个意义上，把这个命题模式进行全称量化，就得到了逻辑命题。

由此可以看出，逻辑命题就是那些具有最高普遍性的句子。按照罗素的实在论立场，非逻辑常项是因为指称实在中的成分而具有意义的，因此，普遍命题在真值上还取决于实在中的要素；而逻辑命题则由于完全不受实在中的要素制约，而只是表现纯粹属于命题的结构。逻辑命题就表现了关于命题结构的普遍事实。

至此，我们得到了一幅罗素心目中的逻辑原子论图景。这幅图景表明了，构造主义分析之后，最终留下来的句子有哪些。最终的句子包含原子句以及普遍句。罗素式的逻辑原子论是在彻底的原子论（我们在维特根斯坦的《逻辑哲学论》中能够看到这种彻底的原子论）的基础上折中的结果，这种折中就体现在，罗素认为，虽然普遍句的真值条件依赖于原子句，但它们不能分析成原子句的真值函项。

最终，可以从罗素这里得到关于逻辑与知识的一般看法。所有待分析的句子，其真值条件都是由来自两个方面的要素决定的：一方面是原子句所表现的来自实在的要素，实在中的要素通过非逻辑常项的指称引入，而原子句的真值仅仅取决于这些要素；另一方面则是来自命题结构的要素，这种要素的极限情形是由逻辑命题所表现的结构特性，这种特性不属于实在，而属于逻辑，并作为逻辑事实起作用。前一类要素是通过亲知的方式进入知识的。由于罗素用感觉材料来解释亲知知识，原子句所表达的知识，就是通过经验获得的。后一类要素可以说构成了知识的另外一种来源，这就是逻辑来源。我们可以说这里有一种逻辑知识，它并不来自经验，而是取决于我们理解句子的方式，或者说，取决于命题本身的结构。这是一类先天的知识。①

虽然逻辑的要素不属于实在，却是把来自实在的要素组合到一起的那种结构。通过这种结构，我们在原子句的基础上得到通常用来表达知识的那类句子。就这类句子描述了实在而言，我们可以说逻辑所表现的是实在的基本结构。这种结构本身不属于实在，但在某种意义上决定了我们所知道的实在是怎样的。因此，逻辑就起着把实在黏合到一起的胶水的那种作用，而针对各种知识所做出的哲学分析，就是研究这种胶水是如何起作用的。实在本身对于我们知识的贡献则是提供可供黏合的材料，这些材料就是原子句所陈述的那种离散的、原子式的内容。当然，这样也就留下了一个问题：一种不属于实在的东西，如何可能把属于实在的东西黏合在一起呢？

阅读材料

罗素在三个地方系统地陈述了自己的摹状词理论：

1. "论指称"，载《逻辑与知识》，苑莉均译，商务印书馆1996年版。

---

① 需要说明，这里罗素也承认一种逻辑知识，而不是像我们现在很多哲学家所默认的那样，否认逻辑命题具有内容，从而否认逻辑知识的存在。参见 Russell, *Theory of Knowledge*, p. 97。关于逻辑命题的一般性质，可参见《逻辑与知识》，第284—290页。

2. 《数理哲学导论》，晏成书译，商务印书馆1982年版，第15、16章。其中第15章讨论命题函项。

3. "逻辑原子主义哲学"第六讲，载《逻辑与知识》，第291—306页。

"逻辑原子主义哲学"是了解罗素哲学核心部分的很好的导论。"论命题"以及"逻辑原子主义"则包含其命题理论后来的发展。《逻辑与知识》中的选文非常好地代表了罗素成熟时期最为重要的思想，可以作为了解罗素的核心读物。《我们关于外间世界的知识》（陈启伟译，上海译文出版社1990、2006年版）则充分展示了运用构造主义分析所能够得到的哲学上的结果。

第七章 前期维特根斯坦:逻辑图像论

维特根斯坦在体制上是罗素的学生,在精神上却一直追随弗雷格。他的哲学思想在深度和彻底性上都超出了两位导师,但其思考素材以及所要解决的问题,都来自他们。维特根斯坦看出了弗雷格和罗素的分析理念中的问题,并以一种极其罕见的天才解决了这些问题。这一点尤其体现在《逻辑哲学论》中。说《逻辑哲学论》给出了一种综合两者的分析理念,是非常贴切的。我们可以说,分析哲学的基本理念到了维特根斯坦这里才获得了一种成熟的形式。不过,这种形式究竟是怎样的,这在很大程度上至今还是一个仍然需要探索的课题。

这里所说的"前期维特根斯坦"仅仅是就时间而言,而不是指一种与维特根斯坦晚年在《哲学研究》中表达的不同的哲学。如果可能的话,通过本书的论述,读者会看到存在于维特根斯坦前后期之间清晰的连续性。

《逻辑哲学论》从出版起至20世纪五六十年代得到了许多关注,但随着《哲学研究》的出版,尤其是因为维特根斯坦给人留下印象,让人以为他完全拒绝了《逻辑哲学论》中的观点,这部著作长时间处在被忽视的状态。由于维特根斯坦的写作风格,试图在这部著作中表述的哲学实际上很少得到理解。本章以及下一章所叙述的基本上是笔者自己给出的解释。

第一节 维特根斯坦的综合

维特根斯坦的逻辑图像论就是一种命题理论。命题理论是指关于命题如何构成的理论。对于逻辑系统来说,命题理论决定了逻辑的基础结构,从而决定了推理的有效性是如何得到解释的。不仅如此,它还决定了命题与真这个概念,以及与实在是如何联系起来的,进而决定了真如何与实在联系起来。这种联系最终决定我们该如何理解知识。因为只有在这种联系建立了的情况下，才会有知识。

让我们以弗雷格和罗素为例来说明这一点。他们按相反的方向建立命题理论。弗雷格从命题出发，来解释命题的构件是什么，这是一种自上而下的方式；罗素则从命题的构件来解释命题是什么，而这是一种自下而上的方式。无论采取哪种方式，我们都会看到，真与实在要通过命题结构才能联系起来。这是因为，只有句子才会有真值，真这个概念作为属性只能被归属给句子，而实在虽然可以通过句子为真而与语言联系，但这种联系仍然需要通过指称落实到单个表达式层次上，于是，真与实在的联系最终要通过句子与表达式的联系才能建立，而后一种联系正是由命题结构落实的。

弗雷格把真作为初始概念，这意味着，命题整体比命题的构件更为基础。在这种情况下，关于命题结构的理论就要解释，在给定了一些命题的情况下，如何构造出新的命题。这意味着要解释，这种从命题到命题的过程要接受什么样的约束。这样的约束包括句法和语义两个层次。句法以我们对何为完整句子的把握为基础建立，而语义概念则要定义为表达式对句子真值所做出的贡献。我们遵守这两种约束，这个事实本身就揭示了我们对真这个概念的初始的把握，而这种把握意味着我们具备一种规范的理性的能力。

从这一整套想法中，可以抽出对弗雷格主义来说是标志性的四个观点：

a) 有些思想本身就是真的，向无论实在是怎样的。
b) 语言是通过句子为真这一点与实在相联系的。
c) 逻辑的辩护结构是我们据以运用理性能力的形式。
d) 句子的认知内容是当我们作为理性存在物使用句子时所把握到的东西。

这四个观点中的前两个与真这个概念的初始地位相联系，但不能从中推出来。这种联系的具体性质，要等到对维特根斯坦的逻辑图像论有足够充分的把握以后，才会变得清晰起来。这两个观点使得弗雷格主义具备观念论色彩；后两个观点，则表明了弗雷格哲学的理性主义特征。

这套想法的主要问题，我们已经在第五章看到了。这就是无法表明语言与实在的联系，尤其是，无法表明表达式层面上的这种联系。这样的话,语言是否真的表征（represent）了语言之外的东西,也就无法确定了。弗雷格主义的问题,也就是表征问题。

与之相反,罗素则是从表征、从表达式的指称能力出发,来解释句子具有真值这回事。这样,指称就是初始概念。在罗素那里,指称是一种不可定义的关系,它存在于词项与对象之间。当词项与对象以相互独立的方式给出时,我们就可以在两者间建立这种关系。这样,罗素就可以按照一种相互平行的方式建立句法和语义。表达式在句子中是如何结合的,最终就应该表明对象在实在中如何结合。它们都是关于如何从简单物组合得到复合物的问题。最终得到的复合物,分别是句子和罗素式命题。

从这套想法也可以抽出四个标志性的观点：

a) 句子是通过句子成分的指称而与实在联系的。
b) 句子以实在的状况为自己的内容。
c) 句子只有在其所表征的是事实时才是真的。
d) 逻辑的辩护结构是实在最为普遍的结构。

这四个观点都与实在论联系在一起,其中第一个在表达式层次贯彻实在论,后面三个则把实在论推广到整句以及逻辑系统的层次上。不过,正是在这种推广的过程中,罗素遇到了困难。在本书第五章我们已经看到,他无法解释表达如何结合成句子,从而具有通过真值可以刻画的一些特征。这个问题我们不妨称为"整体性问题"（the problem of unity）。

对于弗雷格主义来说,整体性问题并不存在。这是因为,充当整体的命题被置于优先地位,什么算是完整的命题,这一点被当作已经得到把握的东西;在这种情况下,命题的构件怎样才能构成完整的命题,也就无须解释了。需要做的只是用一种数学结构,来刻画这些构件,然后说,诸如此类的结构就可以构成整体。这样的数学结构就是函项结构。在概念文字中,只要遵守函项结构的规则,就不会构造出依据概念文字的语义学标准来说无意义的句子。

很容易看出弗雷格与罗素之间的某种互补性。弗雷格面临的表征性问题正好可以利用罗素的实在论来弥补,而罗素面临的整体性问题则可以在弗雷格的理性主义那里找到帮助。这种互补性为维特根斯坦所利用,进而成就了弗雷格与罗素的某种综合,这是一种维特根斯坦式的综合。

可以这么说,在前面列举的两组观点中,维特根斯坦的综合工作所产生的结果是：前一组来自弗雷格的观点中,a) 与 b) 这两个观点遭到拒绝，而其余两个观点得到保留；而后一组观点中，前两个观点得到保留，其余观点遭到拒绝。由此得到的立场既是理性主义的，又是实在论的。

这种综合不是折中，而是在一个独创性的框架内同时容纳双方的洞见。这个框架直接落实到整体与部分之间的关系上，并由此出发把与两条相反的路径相联系的逻辑理念编织到一起。不过，这种综合不是以双方平等的方式得到的，而是在弗雷格主义的理性主义基础上，吸收罗素主义的实在论要素的结果。我们在这两章里会看到这一点是如何发生的。

第二节　语境原则

在弗雷格那里，语境原则是作为一种工具，而不是关于意义的哲学解释出现的。如果某个原则是出于运用该原则所产生的效果而被接受，那么这个原则就是一种工具；它不是因为它本身是真的，或者在逻辑上不得不接受，而获得原则性的地位。弗雷格持有语境原则，是因为它能够有效地屏蔽对逻辑做出的心理主义解释。

当然，如果心理主义观点是假的，那么语境原则本身就是真的——可以通过否定后件推理得到这个结论。但是，在弗雷格那里，心理主义观点也不是因为本身是假的而遭到拒斥；在前面我们已经可以看到，心理主义观点遭到拒斥，是因为它与关于知识的辩护要求相冲突，而另一方面，似乎没有什么阻止人们以放弃这种辩护要求为代价而接受心理主义观点。因此，对心理主义的拒斥，并非一种本身就不得不接受的哲学观点。

终究，语境原则以及拒斥心理主义，这些在弗雷格那里都是一种可以选择的理论设计。这些设计是为逻辑主义计划服务的，弗雷格似乎没有尝试赋予其独立的哲学观点的地位。是维特根斯坦在《逻辑哲学论》中的工作才使语境原则成为哲学观点。

本书第二章讨论函项逻辑时，我们已经看到函项逻辑与语境原则之间的联系。语境原则的要求可以理解为句子在概念上先于词语，而函项逻辑则利用我们对完整句子的理解，来定义出两类表达式，由它们来说明完整的句子是怎样得到的。至于为什么这样就能够得到完整的句子，则取决于说一个表达式是饱和的或不饱和的是什么意思，进而又取决于我们是否具备完整句子的概念。因此，函项结构只是用来标出完整句子的数学结构，而不负责为句子的完整性提供解释。

事实上，这种解释的义务因为句子与词语在概念上的先后顺序而被免除了——只有当词语在概念上先于句子,才有可能用词语来解释什么是一个完整的句子;我们不能用在后的概念来解释在先的概念。

但在罗素那里却没有这样的便利。由于还是在词项逻辑的框架内考虑命题结构,罗素就有义务解释什么是一个完整的句子。然而,正是在这个问题上,罗素遇到了不可逾越的障碍。这表明只能承认句子在概念上优先于词语。

在罗素那里,句子与罗素式命题是按照平行的方式理解的,它们都是利用外在关系连接在一起的复合物。不同之处是,在句子中,起连接作用的外在关系是一种语法性的成分,例如系动词,而被连接的则是名词性的或指称性的成分,即名称①;而在命题中,起连接作用的是例示关系,而被连接的则是殊相和共相。但是,这些想法与实在论一起,会导致不可接受的结果。

实在论在这里的体现为,句子中的系动词应该指称实在中的相应关系,而不是仅仅连接句子中的名词性成分。这是因为,系动词确实造成了一种语义上的区别,这种区别存在于一个完整的句子与一组名词的列举之间。按照实在论,语义上的区别只能是实在中的区别。因此,系动词应该是有指称的。一种自然而然的看法是,系动词的所指就是罗素式命题中起连接作用的那种关系,而外在关系理论则确保那种关系存在。

但是,如果这样理解,句子就又变成了名词性成分的列举。因为,当系动词按照实在论的精神被理解成指称实在之物的表达式,它就重新变成名词性的了。于是我们又需要新的系动词来把原来的那个系动词与其他的名词性成分连接起来。但是,既然同样的思路又适用于新加的系动词,情况就进入了一种无穷后退。②

问题出在,罗素同时认为:

α)句子的整体性要求有连接性的成分;
β)依据实在话,连接性的成分实际上是名词性的;
γ)名词性的成分不能起连接作用。

---

① 在"张三离开了"这个句子中,动词"离开了"可以看作指称动作或状态,即一个共相,因而仍然算是名词性的。我们可以认为句子中有一个省略了的系动词,它使得这个句子区别于"张三"与"离开了"这两个名词性成分的列举。通过这种列举不能得到句子。

② Cf. Russell, *Principles of Mathematics*, Routledge, 1903/2010, §54.

当我们从 α）开始依次运用这几个前提，就会进入无穷后退。

其中 γ）是自然而然的，因为名词性的成分要通过列举的方式给出，而连接性的成分一旦给出就造成了连接，此时所给出的就不是一组分离的东西，而是一个完整的复合物。如果认为名词性的成分可以起连接作用，那么我们就无法区别一个复合物和一堆属于这个复合物的构件了。

罗素曾考虑通过放弃 β）来解决这个问题。他承认，起连接作用的成分不是名词性的，因而在实在中没有对应物。[①] 然而，这就让他至少部分地接受了关于像例示这样的逻辑关系的非实在论。我们很容易会认为，殊相与共相在命题中是通过例示关系结合到一起的，而例示关系在句子中由系动词来表示。

不难注意到，罗素遇到的问题在函项逻辑中是不会出现的。在函项逻辑中无须系动词，不饱和表达式本身就起连接作用。把两个饱和的表达式填入二元谓词的两个空位，我们就得到一个完整的句子。二元谓词就是连接两个主目的连接性成分。另一方面，二元谓词也是名词性的，它是关系的名称。因此，在函项逻辑中 γ）不成立。

之所以如此，是因为在函项逻辑中，谓词，或者说不饱和表达式，是通过句子来定义的。因此，我们只能通过给出一个句子，来确定一个不饱和表达式。比如，我们只能用"我的左手就是在我的右手上方"这样的句子，来解释"……在……上方"是什么意思。这样一来，只要在列举石头和剪子时给出这种关系，我们就可以按这种方式确定所得到的整体：用"石头"替换"我的左手"，用"剪子"替换"我的右手"，在"我的左手就是在我的右手上方"是一个完整句子的意义上，"石头在剪子上方"也是一个完整的句子。

按这样理解，只要给出连接性的成分，也就给出了一个复合物，而不会错以为只是在列举一个共相。这样，也不会出现如何区别一个完整句子与一组名词的问题。如果只是列举一组名词，其中就不会包括连接性的成分。用弗雷格的术语来说，概念，作为起连接作用的东西，是无法像对象那样列举出来的。[②]

前面所说的无穷后退说明，我们不能同时坚持 α）、β）、γ）这三个观点。罗素放弃了 β），而弗雷格则放弃 γ）。到此并没有证明一定要采取

[①] 从写作《数学的原则》（*Principle of Mathematics*）的 1903 年开始，罗素实际上就开始沿着这个方向尝试了。

[②] 参见弗雷格在"论概念和对象"（载《弗雷格哲学论著选辑》，王路编译，商务印书馆 2006 年版）一文中的讨论。

弗雷格的那种方式。但是，我们可以构造一组在结构上相似但更具普遍性的观点，它们也同样导致无穷后退，但我们只能通过放弃最后一个观点来解决问题。这三个观点列举如下：

α′) 复合物的整体性要求有连接性的成分；
β′) 连接性的成分是可以分离的；
γ′) 可分离的东西不能起连接作用。

这里用撇号来表明对应关系。这组观点是更具普遍性的形式。它不限于句子，而是适用于任何作为整体的复合物。① 另外，在实在论看来，句子中名词性的成分都是可以分离的成分，它们从句子中分离出来后仍然具备原有的语义。因此，对后一组观点应该如何加以处理，对前一组观点也就至少应该按同样的方式来处理。这样一来，我们就可以通过考察后一组观点，在罗素与弗雷格之间做出选择。

在后一组观点中 β′) 应当加以保留。这是因为连接性的成分总是可以用来连接不同的东西。而 γ′) 则是可以放弃的，可以用与弗雷格的不饱和表达式相似的方式，用复合物来定义连接性的成分。

从这个论证还可以得到一个更进一步的结果，这就是取消饱和与不饱和的区别。在前面我们可以看到，弗雷格把表达式分成了起连接作用的不饱和表达式和被连接的饱和表达式。之所以做出这个区别，是因为把连接理解为动作，于是就有连接与被连接的区别，似乎不饱和表达式是做出连接这个动作的东西。对句子的语法形式的理解助长了这种理解——系动词被当作起连接作用的东西，而被连接的则是其他的名词性成分。然而，当我们把连接理解为状态，这种区别也就消失了。当系动词把名词性的东西连接起来，最终达成的，就是名词与名词之间的连接。在最终的连接状态中，系动词并不出现。在这种情况下，需要考虑的就是可分离性与连接状态之间的关系。

前面我们已经看到，之所以认为可分离的东西不起连接作用，是因为当我们给出起连接作用的东西时，如果这个东西是可分离的，那就没有什么东西能够表明连接已经达成。在这种情况下，同一些东西既可能连接，

---

① 集合不能算这种意义上的复合物。只要集合的元素确定下来，集合也就得到确定，而无须任何连接性的成分。事实上，一个集合与对集合元素的列举没有什么区别，因此，它也就不同于由这些元素构成的整体。

又可能没有连接，而没有东西表明它们已经连接。同样的问题也会在单考虑连接状态时发生。按照这种理解方式，如果被连接的东西是可以分离的，那么也无法保证这些东西连接着。可以看出，给出起连接作用的东西，在此并不起作用。

于是，问题的关键就在于怎样理解，可分离的东西如何能被连接起来。

这个问题有种让人迷惑的色彩，使人难以看出这是个问题。事实上，哲学所涉及的许多问题，特别是那些非常基本的问题，都会产生这一效果。对上述问题会有这样一种回答：既然关系本质上就起连接作用，一旦有关系存在于事物之间，它就会将其连接成一个整体，而不需要别的东西来使关系达成这种连接。这是一种形而上学的处理方式，我们把连接功能归于实体，只要实体存在，连接就"自动"达成了。但这样一来我们又无法把这种关系当作未连接的东西加以列举了。面对这个问题，如果我们仅仅是列举关系项与起连接作用的关系实体就算是确定了一种连接，那么，从确定这种连接的方式，看不出连接与不连接的区别。

在解决这个问题时仍然可以采纳弗雷格的思路，即认定可分离的东西只能以与其他东西相联系的方式给出。这样，由于与可分离的东西伴随给出的是具有整体性的复合物，可分离的东西实际上也就是可以保证整体性的东西。我们可以这么理解，在"我的左手在我的右手的上方"构成了一个整体的意义上，"石头在剪子的上方"也就构成了一个整体，而这一过渡之所以保证了后者的整体性，是因为其中的关系表达式"……在……上方"是伴随着前者的那种整体性给出的。

这里的关键是认识到，即便是可分离的东西，也可能须以与其他东西相联系的方式给出。不妨把这种意义上的可分离性称为"弱可分离性"。如果在给出时与之相联系的可以是不特定的东西，那么可分离性就只不过意味着可以与不同的东西相连接（参见 TLP2.0122）。[1] 比如说，我们不可能独立地给出一个空间对象，而不同时确定这个对象的空间位置，因为一个不占据任何空间位置的空间对象是不可能存在的；但一个空间对象在这样一种意义上是可分离的——在一种情况下它与一个对象建立空间关

---

[1] 在本章以及下一章中凡提到《逻辑哲学论》的地方，都只在括号中注以"TLP"，并加注段落编号。其中的《逻辑哲学论》文本依据 D. F. Pears 和 B. F. McGuinness 的译本（*Tractatus Logico - Philosophicus*，London and New York：Routledge & Kegan Paul，1961/1974）。也可参见《维特根斯坦的〈逻辑哲学论〉——文本疏义》（黄敏著，华东师范大学出版社 2010 年版）中所附的译文。

系，在另外一个时刻则可以与另外一个空间对象建立空间关系（TLP2.0121）。

而如果把可分离性理解为不是必须以与其他东西相联系的方式给出，就称其为"强可分离性"。比如，如果可以抛开任何参照物来给出一个空间对象，那么这个对象就具有强可分离性。弗雷格的思路恰好就是否认复合物的成分在这种意义上是可以分离的。事实上，如果我们只是希望得到具有整体性的复合物，所需要的也仅仅是弱可分离性。

第三节 逻辑工程学

按这种新的方式理解命题结构，函项逻辑中的饱和表达式与不饱和表达式的区分消失，起连接作用的成分消失，命题的所有成分都是被连接的东西，而且被连接的东西本身连接构成命题，而不需要用于连接的中介。这种理解与我们对句子的理解相当不同。在句子中，系动词连接名词性的成分，这种模式显然更为自然。那么，这样的命题结构究竟怎么起作用呢？在这一节中，笔者用"逻辑工程学"这样一个术语，来解释按这种方式是如何确定命题整体（或者更进一步，确定任意一种复合物整体）的。这种方式在《逻辑哲学论》中虽然没有得到明确表述，但仍然构成了对逻辑图像论做出最为自然的解释的基础。

复合物的成分虽然是可以分离的，但总是要以与其他东西结合的方式给出。这一点不妨称其为"把该成分作为这种结合的可能性给出"。这里，与其他东西的结合是这种成分的一种可能性。（TLP2.0121）"可能性"这个概念，构成了逻辑工程学的核心。

在《逻辑哲学论》中，"可能性"不仅是指一种情形可能实现与不实现的状况，它还与"逻辑空间"（logical space）（TLP2.013）这个概念联系在一起。伴随着一个成分一起给出的那种可能性，就构成了一个逻辑空间。与该成分相关的情况，就是在这个逻辑空间中确定的。而确定这一点的方式，则是通过排除其他情况，而只剩下所关心的那种情况。

为了形象地说明可能性的这种理论内涵，不妨用工程学中的"自由度"（degree of freedom）这个概念。这个概念通常被用来对刚体机构[①]进

[①] 在动力学中，刚体是指不能变形的物体；机构则由数个构件以不同的方式连接而成，用以获得可以控制的运动。

行动力学分析,从而描述机构中刚体被允许的运动方式。这些运动方式一般参照直角坐标系来描述。比如,一个三维刚体在不与其他任何东西接触的情况下,就会有六个自由度,它们分别是沿着三个相互垂直的坐标轴平移和绕这三个坐标轴旋转;所有其他的运动都是这六种运动的合成。如果在这个刚体中钻一直孔,并将其套在同一直径的圆柱形杆上,这个刚体原来的六个自由度就消除了四个,最终剩下的两个就是沿直孔轴线的平移,以及绕该直线的旋转。由于消除了刚体的自由度,圆柱形杆就被称为"约束"。从工程学角度讲,机构本质上就是对拥有自由度的刚体进行约束,从而获得确定的运动。

不妨以自由度—约束这对概念为模型,来描述如何基于可能性的概念来确定一个复合物整体。这个过程实际上是从一个不特定的复合物整体出发,通过给出复合物的成分,来排除其他复合物整体,从而确定某个复合物整体。前一个复合物作为可能性出现,并为由此给出的成分确定了自由度。这些成分是以特定方式给出的,比如它们同时给出,或者在空间上或时间上有前后次序,等等。这种给出的方式为给出的成分提供了约束,从而最终把要确定的复合物整体确定下来。

举个例子。我们是如何确定"桌子在椅子左边"这个事态(state of affairs)①的呢?一个事态就是一个复合物。我们给出它的两个成分,即桌子和椅子。它们是作为空间对象给出的。它们各自都有与其他空间对象建立空间关系的可能性。比如,当我向你展示一张桌子时,我总是向你展示了关于桌子的空间关系的事态,比如桌子在我面前这个事实。桌子和椅子由于具有这种空间关系的可能性,而处在空间关系这个逻辑空间中,并在其中拥有初始的自由度。

要注意的是,在维特根斯坦所利用的可能性概念中,关于同一事物的不同复合物可以分享同一个可能性。比如,桌子在椅子左边,作为一个复合物,与桌子在椅子右边分享同一个可能性。因为,按照我们对空间关系的理解,如果桌子可以被置于椅子左边,那么它也就可以被置于椅子右边,两种情况是同样可能的。当然,如果你说,如果桌子右边是墙,那么椅子就不能放到桌子的右边,而只能够放到它左边。但这不是我们所考虑的可能性概念。椅子不能放到桌子右边,这关系到的是有条件的可能性,我们可以将其称为事实的可能性。但是,这里所考虑的可能性概念是无条

---

① "事态"就是指情况或者状态。当我们称一种情况或状态是事态时,并不考虑它是否存在或者发生。

件的，是逻辑的可能性。在这种可能性的意义上，如果椅子不能被放到桌子右边，我们会怀疑椅子本身是不是有问题，或者桌子是不是幻觉，是不是真的是一个空间对象，等等。这些都涉及我们是不是要继续把自己看到的东西称为"桌子"或"椅子"，涉及事物的概念。正是在这种意义上，这里的可能性是事物的逻辑形式（logical form）（TLP 2.0141）。

同一种逻辑形式既可以归于事物，也可以归于事态。比如，空间性的事物，与事物之间的空间关系事态，对受制于空间关系这种逻辑的可能性来说是一致的。不过，事态也会具备事物所不具备的逻辑形式。比如，一个物体 A 可以在另外一个物体 B 上面，也可以在 B 下面，因此，"A 在 B 上面"这个事态是可以颠倒的。但这种颠倒的可能性不能归于事物本身，比如不能归于 A 或 B。

这种可能性概念在当代模态逻辑中阙如。按照这种可能性概念，命题"可能 p 蕴含可能非 p"（"p"是任意命题）是真的。但这个命题在各模态逻辑系统中都不被承认。这里的区别是，当代逻辑中的模态概念被理解为事态的属性，是当事态得到确定以后附加于事态的状态；而这里的模态概念，则被用来确定事态是什么，因而在概念上允许相排斥的事态分享同一种可能性。

就同一个事物来说，共享同一种可能性的不同事态是不可能同时实现的。桌子不能同时在椅子右边和左边，这两种情况是相互排斥的。共享同一种可能性，一种可能性一次只能有一个事态实现，这两点决定了，可以用一个事态来排除另外一个事态，从而确定一个事态是什么。这种机制类似于利用约束来排除刚体的自由度，从而得到确定的运动。

比如，我把一把椅子放在桌子右边，以此向你说明，椅子就在桌子右边，这是什么情况。为此，我向你展示椅子和桌子。作为空间对象，它们具有相应的建立空间关系的可能性。我展示椅子和桌子的方式就是，把椅子放在桌子右边。这样我就展示了一个事态，即椅子在桌子右边。然后我对你说，"椅子在桌子右边就是这么回事"。这个事态是在空间关系这样一种可能性中（或者形象地说，逻辑空间中）展示出来的。椅子在桌子左边、前面、后面等，这些事态都分享这同一种可能性。如果我所展示的是椅子在桌子右边，其他这些事态就都被排除了。这样，我所展示的就是一个确定的事态。

得到这种确定性的关键是，桌子和椅子都是连带着空间可能性展示的，它们所具有的都是弱可分离性。而如果它们所具有的都是强可分离性，那么即使在以椅子在桌子右边这种方式得到展示时，我们也仍然可以把所展示的复合物当成比如椅子在桌子左边,甚至当作没有结合成复合物。这是因为,强可分离性意味着,对任意给出的复合物来说,对象不在这个复合物中都是可能的;这样,我们就需要新的复合物来排除这种情况。比如,假如我说,"我所展示的是椅子在桌子右边",以此来表明确定性。既然我要展示的椅子可能不在我实际展示的复合物中,我就要追加说明,"我要说的那把椅子就在我所展示的事态中"。但是,这种追加说明是不起作用的,因为我要展示的椅子也可能不在这种追加的说明所谈到的情况中。这里,事物所在的逻辑空间是开放的,永远都有无穷多的可能情况需要排除,因而最终无法得到确定的情况。①

如果复合物就是按照这种逻辑工程学机制确定的,我们就可以划分出逻辑的范围。在《逻辑哲学论》2.0121中维特根斯坦说,"逻辑处理所有可能性,所有可能性都是其事实"。由此我们可以把本节讨论的可能性当作是逻辑研究的范围。我们可以说,对复合物的确定要在可能性的范围内进行,而这就等于接受逻辑的约束。逻辑学所研究的,则是这种约束要以何种方式起作用,这种约束究竟是怎么回事。

这种机制允许逻辑的约束与其他领域的事物协同工作。在确定一个复合物时,给出复合物的成分,这是一个心理的或物理的过程;但这种过程是在可能性的约束之下进行的,这种约束是逻辑的。这两方面的要素一起,才确定了一个复合物。这种逻辑—心理或物理协同的机制,使维特根斯坦有可能同时容纳弗雷格的理性主义和罗素的实在论。他可以承认,对象在某种意义上是独立的,因而可以通过心理—物理的过程得到确定,进而保证实在论;但另一方面他可以认为,只有在句子语境中,确定对象的这种过程才能够进行。通过把对象理解为构成复合物的可能性,这两方面的要求同时得到了满足。

第四节 连接式分析

复合物是个相当具有普适性的概念,这使我们可以利用逻辑工程学来处理许多主题。事实上,任何复合物都必须经过逻辑工程学机制才能得到

---

① 在TLP2.0122括号中维特根斯坦说,"词语以两种不同的方式出现,即单独出现和在句子中出现,这是不可能的"。这句话可以从我们的论证中找到呼应之处。这两种方式之所以不能相容,是因为不能保证单独出现的是与句子中出现的同一个词语。这个论证是我们这里所展示论证的另外一种形式。

确定，这使得这种机制能够用来揭示概念之间本质性的关系。利用这种机制所进行的分析，我们可以称之为"连接式分析"。

利用可能性的概念以及相应的逻辑工程学机制，我们可以确定复合物，也可以利用这种方法，来说明充当复合物成分的东西是什么。因此，连接式分析可以从两个相反的方向进行，一个方向是从复合物出发，得到关于成分的结论；另外一个方向则是从成分出发，得到关于复合物的结论。

按前一种方式，要分析某个对象，就要看它可以与什么东西连接起来构成一个整体。这个对象也就可以被认为具备构成这个整体的可能性。比如，当我们给出椅子在桌子右边这个事态时，我们也就把椅子和桌子当作空间对象给出了。这里，具备组成这个事态的可能性，也就决定了椅子和桌子是什么。椅子和桌子本质上是空间对象。

当然，这就意味着椅子和桌子具有同样的本质。回顾前一节就可以看到，椅子和桌子应当具有同样的可能性，也就是说，在逻辑上它们是没有区别的。椅子和桌子的区别不在逻辑上，而在物理或心理上。物理或心理的要素与逻辑的要素叠加在一起，决定了椅子和桌子实际上是什么。

按后一种方式，要分析的东西是一个复合物。在这种情况下，就需要考虑构成复合物的成分是怎样的，进而考虑这些成分是如何通过一些复合物给出的，这些复合物表明了何种可能性，等等。简单说来，这样进行的连接式分析，就是要弄清构成一种复合物所需要的条件。通常，这将表明概念之间的联系是怎样的。接下来的第五节，就是这种方式的连接式分析的一个实例，它将表明真与实在之间的联系何在。而第六节所勾勒的逻辑图像论，则是这种分析的另外一个实例。

第五节 真与实在

在前几章中我们看到弗雷格和罗素分别提供了处理真与实在这两个概念的不同模式，这里描述的是维特根斯坦提供的模式。

首先要注意，真这个概念总是由"是真的"与"是假的"这样的谓词所表达的，这样的谓词也可以以真值的形式赋给句子或命题。如果只考虑二值逻辑，真值就只包括真和假。正如红色与黑色是颜色这个概念的实例，真值真和假是真这个概念的实例。如果一方面没有把握真这个概念，也就不可能理解真值是什么意思；另一方面，关于真这个概念的把握，首先体现在对真值的理解上。

考虑一个句子和一个事实通过表征关系（representation）构成的复合物，不妨称其为"表征复合物"。当句子正确地表征了事实，我们就说句子是真的，反之则说句子是假的。在一种意义上，句子无论是真还是假，它都表征了事实；而在另外一种意义上，只有真句子才算表征了事实。如果把表征理解为在句子与事实之间建立了语义关系，而真与假是基于这种语义关系对句子做出的评价，那么我们会在前一种意义上理解何为表征了事实。但是，如果我们把句子当作据以知道实在的手段，那么只有真句子才能达到目的，此时我们会在后一种意义上理解何为表征了事实。只有当句子表征了事实，才能说表征复合物构成了整体。因此，为了确定我们考虑的究竟是怎样的复合物，我们需要决定在哪种意义上理解何为表征了事实。

一个直截了当的回答是，应该在后一种意义上理解。要在前一种意义上理解，就要预先假定，句子的语义已经确定下来，而句子的真假是由句子语义与实在共同决定的。但是，我们不能预先假定句子语义已经确定了，因为，借助"表征"这个概念，我们想要理解的恰恰是句子具有语义这是怎么回事。我们会通过问句子表征了什么，来确定句子的语义。我们在一个非常基本的层次上考虑真与实在，这使我们不能预先假定语义已经赋给了句子。

按照后一种意义来理解，句子就是我们在判断中使用的手段。我们使用句子来确定实在是怎样的。从这个目的出发，我们可以理解何为句子为真和为假。如果句子达到这个目的，那么它就是真的。句子具有意义，这一点也是为这个目的服务的。如果句子能够用于这个目的，我们就说它是有意义的。

当我们按后一种意义来理解由句子和事实构成的表征复合物，依据连接式分析的思路，我们将得到如下结论。

a）只有在这样的复合物已经建立起来的前提下，我们才能获得新的这类复合物。或者也可以说，只有当有些句子已经表征了事实，我们才能让考虑之下的特定句子表征事实。或者说，只有当我们已经把握了一些句子为真是怎么回事，才能理解给定的句子为真是怎么回事。

这个结论直接维护了真这个概念的初始地位。真作为表征关系成功建立的标志，已经与作为前提的表征复合物一起得到把握了。这里，真这个概念是作为使用句子的目的得到把握的，它仍然属于判断能力的一部分。要能够做出判断，就必须知道成功的判断是怎么回事，而这就等于说把握了真这个概念。

b）句子的意义可以定义为句子的真值可能性。两个理由一起导出这个结论。其一，就做出关于实在的判断这个目的而言，句子的意义是什么，也就取决于使用句子对之做出正确判断的事实是什么（TLP2.221）。其二，当我们利用由句子与事实构成的复合物来给出句子所表征的事实，事实就作为构成这种复合物的可能性给出了。而这种复合物的可能性也就是句子为真的可能性，因为这种复合物得以构成之时，也就是句子为真之时。

第一个理由相当于说，知道句子的意义，也就相当于知道句子正确的表征的事实是什么（TLP2.024）。维特根斯坦在某种意义上同意，句子的意义与句子的真值条件是一回事。这让我们想起，罗素把句子意义解释为罗素式命题，而罗素式命题就是句子的真值条件。罗素的命题学说使真与实在得以通过意义联系起来，这种联系可以表述成，句子的意义就是当句子为真时实在是怎样的。这样就容易看出，句子与事实构成的表征复合物是如何为句子赋予意义的了。

我们可以从这一观点中得到这样一个结论：当句子意义与实在相符合，句子就是真的。① 但是要注意，如果在对真这个概念给出定义或解释的意义上理解真理符合论，那么持有这种观点，并不意味着接受真理符合论。这种观点可以是在说，真这个概念与实在这个概念就是这样联系起来的，而无所谓谁定义谁，谁解释谁的问题。在维特根斯坦这里，像《逻辑哲学论》2.222这样看起来像符合论的表述，就最好这么理解。

在第二个理由中，"事实是构成这种复合物的可能性"，这种说法有些别扭。但这无非是说，事实就是可以用句子来描述的东西。对同一个事实，用有的句子来描述，句子是真的，用另外一些句子描述时句子则是假的。当问及所考虑的事实是什么时，只需使用为真的句子就可以回答。之所以能够这么回答，是因为这个句子为真与句子为假，是属于同一种可能性且互相排斥的情形，因而当给出的情形是句子为真，则句子为假的情形也就直接排除了。

c）实在论观点可以落实到句子层面，此时实在论就意味着，事实对于句子来说是独立的。进一步说就是，句子的真值不能从句子本身来确定，而只能由句子与事实共同确定。

句子与事实之间的相互独立性体现为它们的弱可分离性。它们都只有

---

① 我们暂且不考虑同一论。

借助已经给出的复合物才能给出，但与此同时，它们也都可以与别的东西构成复合物。比如，一个事实可以为不同的句子所描述，有些句子是真的，有些句子则是假的。句子也可以描述不同的事实，对一些事实来说句子是真的，对另一些事实来说句子则是假的。这种分离的情形是以它们在特定情况下已经通过复合物给出为前提的。在这样给出时，句子被赋予了意义，而事实则被当作能够被特定句子所描述的东西。

至此，我们也就得到了一个容纳真与实在的框架，从这个框架中我们可以看出，维特根斯坦是怎样避免弗雷格与罗素各自的问题的。对于真与实在这两个概念来说，他们都是只重视其中的一个概念，而不能公正地处理另外那个概念；而维特根斯坦在起点上就同时容纳了这两个概念。

一方面，维特根斯坦仍然坚持真这个概念的初始地位。这意味着他的语义学框架仍然以语句优先为原则，按照自上而下的方式确定语义。而这进而又使他像弗雷格那样，有能力拒斥心理主义，从而落实弗雷格的理性主义的逻辑理念。

另一方面，维特根斯坦能够在语句层次上落实实在论，从而能够避开罗素无法避开的陷阱。当罗素贯彻实在论时，发现自己无法处理真，而这要归咎于他把实在论仅仅理解为通过词语、从而通过指称来实现。罗素最终又回到心理主义，也是因为这个原因。维特根斯坦显然没有这样的困难。

维特根斯坦利用的大框架仍然是弗雷格的，这体现为他仍然从语境原则来理解命题结构。维特根斯坦从精神上追随弗雷格，其起点就在这里。不同于弗雷格的地方是，连接式分析在方法论上允许维特根斯坦把真与实在都当作初始概念，从而在它们的关联中处理实在。这使他在理论布局上与弗雷格相区别——在弗雷格那里只有从真过渡到实在，而维特根斯坦则通过真值可能性过渡到实在。真值可能性既包括真，也包括假，因而真值不会因为真值可能性得到确定而确定下来。这样，维特根斯坦就为实在之于语言的独立性留下了余地。在弗雷格那里则没有这样的余地，他的框架只允许实在为真句子所决定。

第六节　句子作为逻辑图像

前一节的讨论所关心的是句子与事实构成的复合物。我们使用的句子如果不是复合物，也就不成其为句子；与此同时，事实也是复合的。因此，表征复合物是一种具有二级复合性的结构。逻辑图像论就是通过对这种复合结构进行连接式分析得到的。

这一分析过程是这样的：我们先取一个正确地描述了事实的句子（这等于给出了由真句子和相应事实构成的表征复合物），通过分析确定句子所拥有的真值可能性；接下来对作为复合物的句子进行分解，这样分解所确定的是句子所拥有的逻辑形式；在分解时句子被当作真句子，并且这一点决定了什么是一个句子，因此，这样分解获得的逻辑形式，实际上就是句子作为真句子的可能性，即句子的真值可能性。之所以说句子本质上就要被当作真的，这是由句子的使用目的决定的。这不是说句子本质上就是真的，而是说，当我们用一个句子做出判断时，就要把句子当作真的说出来。

通过对第二次复合结构的连接方式分析，我们确定句子的真值可能性；而在第一级复合结构中，这种真值可能性则体现为句子与事实共享的逻辑形式。

句子是一种人造物，我们可以自由地选择看待句子和构造句子的方式。因此，关于句子的逻辑研究，也就相当于讨论这样一个问题：怎样看待句子和构造句子，才使其能够表征事实。与此同时也要注意，句子本身是一种具有物理特性的东西，这种特性使得句子最终能够落实其表征功能。因此，在研究句子的表征能力时，也必须考虑到这一点。

利用句子来表征事实，实际上就是利用逻辑工程学机制，来确定事实是怎样的情况。不过，在这样做时，句子必须与事实拥有相同的逻辑形式（TLP2.2），即相同的逻辑可能性。这样，通过给出句子，也就能够确定事实。

考虑"椅子在桌子右边"这个句子。以前在讨论如何确定这个句子所表征的相应事态时，我们要求直接给出这个事态本身，或者说，给出相应实物本身的情况；当这个事态本身是在逻辑空间中给出，给出这个事态本身，也就可以排除其他共有同样可能性的情况，从而确定情况就是被给出的事态。现在要做的则是使用句子来确定这一点。

我们先假定，"椅子"和"桌子"这样的名称的指称已经确定，它们分别指椅子和桌子。句子与事实共有逻辑可能性的意思就是，椅子和桌子之间能够有什么样的空间关系，两个名称之间也就可以建立相应的能够区分的语法关系，并且，当那些空间关系彼此排斥，相应的语法关系也就相互排斥。

这里，"……在……右边"并不像罗素所想的那样指称共相；它只是一种语法性的成分,就像系动词那样把其他成分连接成一个完整的句子。① "……在……右边"与"……在……左边"以及"……在……上面"等之间的区别不在于它们指称不同的关系,不在于说明椅子和桌子这样的实物以不同方式连接成事态,而是表明"椅子"和"桌子"这样的名称以不同的方式连接成整体。在这种情况下,如果句子"椅子在桌子右边"对应于椅子在桌子右边这个事态,那么这个句子是以这样的语法形式构造出来的,这个事实本身就排除了句子所要表征的是其他由同样名称构成的那些句子所表征的事态。这时,我们也就能够说,这个句子表征了确定的事态。我们可以通过重复这个句子,来说明所表征的是哪个事态,也可以通过用手势或别的方式,来说明这一点(参见 TLP3.1432)。

这里要注意,当我们把罗素意义上的关系理解成维特根斯坦意义上的系动词,我们看待句子的方式也就发生了细微但非常重要的变化。在罗素的意义上,句子的意义完全受制于词语所指称的东西,词语本身则消失在命题背后,不起实质性的作用;但在维特根斯坦这里,句子本身的构成方式参与了意义的构成,并对其做出了不可消除的贡献。句子不再是"透明的",关于句子本身的事实决定了句子所表征的是什么。就像在弗雷格那里一样,句法在逻辑中再次占据了核心位置。

句子的句法特征,连同句子的逻辑形式,都被列入了所谓的"显示"(showing)的范围。对"言说"(saying)与"显示"的区分在《逻辑哲学论》中起框架性的作用。下一章我们将回到这一点上,现在仅仅是简单地说明一下这个区分的基础何在。应当说,这个区分就是语言的两个侧面,即句法侧面和语义侧面之间的区分。维特根斯坦赋予这个区分以这样一种意义:句子的句法特征不是简单地表现其语义特征,而是决定其语义。因而,强调显示的东西不能言说,也就是在强调,句法特征在概念上先于语义。这是在以一种非常鲜明的方式贯彻弗雷格那里的句法优先性原则。②

至于为什么说"言说/显示"之分就是句法侧面与语义侧面的区分,可以按照一种行为模式来理解:这两个侧面构成了使用句子的行为的两个方面,这两个方面分别对应于言说和显示。使用句子是以言说为目的的,所言说的就是要表征的事态或事实,这是诉诸句子的语义。这可以说构成了使用的行为的"正面"。语言的句法特征则体现了句子是怎样使用的,

---

① Cf. Wittgenstein, *Notebooks*, 1914–1916, Blackwell, 1979, pp. 121–2.
② 关于这一原则,可以参见第五章第二节。

但它们并不构成使用行为的目的，而是可以说属于使用行为的"背面"。理解所使用的句子，就相当于看到使用行为的"正面"；而要能够用句子表达确定的东西，要能够看到使用行为的"正面"就必须让听者看到"背面"。这就是一种表现，一种显示。

至于为何显示的东西不能言说，我们留到下一章再做讨论。在这里重要的是，"言说/显示"之分揭示了什么是表征关系。表征关系并不就像罗素所想的那样，是直接把被表征的东西给出来，而是通过给出某个中间物，来给出被表征的东西。这个中间物就是显示的东西，而被表征物则是言说的东西。比如，在《逻辑哲学论》3.1432 维特根斯坦说，"我们一定不能说，'复合记号"aRb"说的是 a 和 b 处在关系 R 中'，而必须说，'"a"和"b"处于某种关系中这一事实说的是 aRb 这一事实'"。这里，"a"和"b"处于某种关系中这一事实就是显示的东西，是我们在懂得如何使用记号后，在复合记号"aRb"本身中看出的句法特征。这是一个句法事实。维特根斯坦之所以只说"某种关系"，是因为对于不同语言（比如英语、汉语，或一种符号语言）来说，这里的关系是不同的，但只要懂得 R 这种关系是什么的人，就能够知道不同的关系表现的是同一种事实。比如，在"aRb"这种符号语言中，这里的"某种关系"就是指分别处于记号"R"的左右。

在这个背景下，说显示的东西不能言说，意思就是，这里的中介物并不是被表征的东西。我们不能说，在符号语言中"aRb"表征了"a"与"b"这两个记号分处记号"R"的左右。如果这个符号串确实表征了这样一个句法事实，并通过这样的句法事实来表征 a 和 b 这两个对象具有关系 R，那么我们就无法解释，是什么东西来保障这个句法事实对应于关于两个对象的事实。[①]

而如果把显示的东西与言说的东西区分开，按照前面的解释，那就等于说，上述句法事实是我们安排记号位置的结果。之所以这么安排，是因为我们要以这种方式使用这些记号，来表征关于对象 a 和 b 的事实。句法事实作为显示的东西，与所要表征的内容一起属于表征行为，我们可以用它们之间的对应关系，来解释正确的使用行为是怎样的。在正确的使用行

[①] 哈克认为，在《逻辑哲学论》中需要一种存在于语言与实在之间的"前定和谐"，才能达到让语言与实在分享逻辑形式，从而使语言能够表征实在的程度。参见 P. M. S. Hacker, "Ludwig Wittgenstein", in A. P. Martinich & D. Sosa ed. *A Companion to Analytic Philosophy*, Blackwell, 2001, pp. 68–93。哈克认为，语言所显示的东西就是某种形而上学。这是对"显示"的误解。

为中,是不会出现"这两个方面如何对应起来"这样的问题的。比如,当我用"椅子在桌子右边"这个句子来陈述椅子在桌子右边这个事态,而你问道,如何保证这个句子与这个事态对应,我就会说,这是因为我懂得这个汉语句子是如何使用的。

这个解释是这样起作用的。要懂得这个汉语句子,我们必须已经知道有些句子正确地表征了相应的事态,比如,知道"椅子在我前面"这个句子在我指着面前的一把椅子说出这句话的时候是真的。在这个句子中,"椅子"这个词作为指称一个空间对象的名称给出。我们还应懂得比如像"桌子在我身后""张三在李四右边"等这样的句子在什么时候正确地表征了事实。此外,在逻辑上更为重要的是,我们知道"椅子""桌子"这样的表达式能够从这些句子中分离出来,并且是作为构成这些句子的可能性分离出来的,而这些可能性为"椅子在桌子右边"这个句子所共享。这使我们得以把这个句子当作具备这种可能性的表征物给出。在逻辑上,我们还知道系动词"……在……右边"如何能够把这两个名称连接起来,构成一个完整的句子。这意味着,利用这个系动词得到的连接,排除了其他可能的连接。最终,"椅子在桌子右边"就作为一个确定的表征物给出了。与此同时,"椅子"和"桌子"这些表达式的指称也是作为具备这种可能性的对象给出的,当这两个表达式通过系动词"……在……右边"连接起来时,椅子和桌子也就构成了一种足以排除其他情况的事态。我们只要知道"张三在李四右边"这个句子表征什么事态,也就知道"椅子在桌子右边"表征什么事态。

在这种表征模式中,语言与实在之间构成了一种镜像关系。名称与对象分享同样的可能性,因此,当名称与对象之间的对应关系确定下来以后,名称构成了句子整体,这一事实就能够用来表现对象构成了事态。句子与事态之间的这种关系使得我们在单单给出句子的时候,就能够知道实在。句子就像实在的图像一样起作用。

在这个模式中需要做些区分,以便弄清逻辑的范围。在前面的例子中,"椅子"以及"桌子"这样的名称指称什么,这在逻辑上是任意的,它们不属于逻辑的约束范围。比如,我对着面前的一张桌子说"椅子在我面前",以此来解释这个句子或者"椅子"这个词的意思,这在逻辑上不是没有可能的。但是,一旦名称的指称得到确定,由这些名称能够得到什么样的有意义的句子,这在逻辑上是确定的。这一点受制于这些名称在何种可能性之下起作用,而这种可能性决定了名称能够出现在何种句子中。比如,如果"椅子"一词是按照上述方式解释的,而"2"这个词则按照"房间里还有2把椅子"这个句子来解释,那么句子"椅子在2右边"就是没有意义的。

在语言的意义中区分逻辑的和非逻辑的东西,就把意义的一部分留给了心理学。比如,在确定"椅子"的指称时,我们就可以诉诸视觉,把眼前看到的东西叫作椅子。但按照维特根斯坦的考虑,这不应当使"椅子"一词的意义由心理的东西来确定,因为它仍然需要遵守逻辑,比如逻辑可以决定"椅子在2右边"这个句子没有意义。至于逻辑的东西和心理的东西之间是怎样连接起来,共同构成语言的意义的,《逻辑哲学论》并没有提供明确的说明。这为《哲学研究》中关于心灵的大量讨论埋下了伏笔。

维特根斯坦把逻辑的东西与心理的东西都纳入意义中,这使他的表征概念拥有了优于弗雷格和罗素的一些特点。弗雷格把意义完全归于逻辑,结果是切断了意义与实在的联系;罗素为了保住这种联系,而走向心理主义,把意义完全交给心灵,结果是无法达到知识所必需的辩护。维特根斯坦同时避免了这两个极端带来的困难。他仍然可以像罗素那样承认,语言是通过经验的中介与实在接触的;但他不必因为要保证这种接触,而放弃辩护要求。当然,为了满足辩护要求,维特根斯坦仍然需要论证,逻辑具有自足性。

第八章　前期维特根斯坦：理性的自主性

在第四章我们已经看到，弗雷格怎样解释理性这个概念。他把理性当作对逻辑知识的把握。但是，由于没有一种恰当的表征理论，究竟什么是逻辑知识，这在弗雷格那里还得不到恰当的解释。不过，弗雷格还是可以说，逻辑所描述的是理性心灵的工作方式，具备基本理性能力的心灵（即感性心灵）可以看出这种工作方式足以保证知识与推理的有效性。这种说法指出了一个颇有希望的思考方向，但仍然受到来自表征概念的影响。描述仍然是一种表征。由于弗雷格不能解释什么是表征，也就不能解释，逻辑在什么意义上是对理性心灵的描述。这项工作是由维特根斯坦完成的。他把弗雷格的理性概念推进到根基处，由此，对什么是逻辑以及什么是理性，做出了有史以来最为深刻的阐释。

第一节　言说与显示

借助"显示"这个概念，维特根斯坦把自己对于句子的理解与罗素的理解区别开了。句子不再是"透明的"，而是具备一些不属于被表征物的特征，这些特征被认为是显示出来的。比如，句子"椅子在桌子右边"就具有这样一种特征："椅子"这个词在"桌子"这个词的右边。但这个特征是通过我们写下这个句子得到的，而不是这个句子所说的东西。这个句子谈论的是椅子和桌子，而不是词语。

"显示"这个概念在维特根斯坦那里起着重要得多的作用。被归于显示之物的东西包括：句子的涵义（TLP4.022）；逻辑形式（TLP4.121）；某个东西是否属于某个形式概念（TLP4.126）；句子是否有所言说，以及所言说的是什么（TLP4.461）；句子间的形式推演关系（TLP5.131）；句子是否重言式（TLP6.127）；世界的逻辑（TLP6.22）。对逻辑来说，决定句子意义的所有要素都被归于显示之列，相比之下，留给言说的对于句子来说就只有一个，即"情况确实如此"。几乎整个《逻辑哲学论》的要旨，都建立在"显示"这个概念的基础之上。而这样做的动机，则是由显示与言说的区分所规定的。

对于这个区分，维特根斯坦的表述相当简单。他说，"能够显示的，不能言说"（TLP4.1212）。这可能是在说，有些东西能够显示，而这些东西是不能言说的。在6.522他也肯定，有这样一些不可言说的东西，而这是些神秘的东西。这些说法让事情变得高深莫测起来，它们都无助于我们理解，为什么这些东西不能言说。再者，为了做出这样的解释，就必须在某种程度上言说它们，但这样就自相矛盾了。事实上，无论是说它们是神秘的，还是说它们不可言说，这本身就是在言说它们。罗素在《逻辑哲学论》序言中抱怨说，"归根结底，维特根斯坦先生还是在设法说出一大堆不能说的东西"。

对于某种东西不能言说这样一种说法可以有不同的理解。一种理解针对这种东西本身，人们认为，它们之所以不能言说，是因为其自身具有某种特征的结果。这种理解我们不妨称为"对象式解释"。另外一种理解则针对我们看待事物的方式，说事物不能言说，是因为我们已经或者准备决定用一种与之不相容的方式来看待它们。这种理解我们可以称为"态度式解释"。

在做出这个区别以后，上述矛盾就可以解释掉了。只有在对于言说—显示之别做出对象式解释时，维特根斯坦的做法才是矛盾的；而在做出态度式解释时则不是矛盾的。按照对象式解释，维特根斯坦所谈到的东西之所以不能言说，是因为它们具备某种特征；但是，维特根斯坦的谈论本身又表明了它们是可以言说的，因此它们就又不具备那种特征了。某种确定的事物既有又没有一种特征，这样就导致了矛盾。而如果按照态度式解释，当维特根斯坦决定用显示的方式对待一些事物时，这种决定本身还是可以用言说的方式加以表述。言说与显示作为态度是不相容的，但这并不妨碍维特根斯坦从一种态度转向另外一种态度。一旦他决定诉诸显示，言说就被简单地放弃了。

这就说明，言说与显示的区别首先不是关于事物自身的区别，而是对待事物的方式上的区别。前一种区别直接导向一种形而上学，后者则导向方法论。

按照态度式解释的方式来看待，区分言说与显示的东西，只不过是在区分看待事物的不同方式。这并不是说，这些东西是可言说的还是可显示的，这取决于我们自己选择何种方式去对待它们；而是说，像"言说"与"显示"这样的术语表面上看起来是在谈论事物，实际上是在谈论看待事物的方式。对于"句子显示其涵义"（TLP4.022）这样的说法，就可以理解为是在谈论看待涵义的方式。涵义是句子显示出来的。从句子的物理形态，我们还看不出涵义是什么。只有当把句子与它能够是真的和是假的这一点联系起来（这种联系显然不是句子的物理形态决定的），我们才能"看到"句子的涵义。于是，维特根斯坦接下来就解释说，"句子显示当它为真时事情是怎样的，并且宣称事情就是这样的"（TLP4.022）。

在逻辑工程学背景下很容易说明言说与显示究竟是怎样的看待事物的方式。按照逻辑工程学，要确定某个事物是怎样的，就必须在该事物与其他事物连接的可能性这个背景下，通过排除共享同一种可能性的其他事态，而只剩下特定的事态，来确定该事物是怎样的。这样，我们就可以区分出1）要确定的事态，与2）与之相应的可能性，以及排除其他事态的方式。其中，关于该事物的可能性和排除其他事态的方式一起属于给出事物的方式，它属于被显示的东西；而由此确定的事态，即事物是怎样的，则属于被言说的东西。当我们用句子来进行言说时，句子的句法特征，就自然属于被显示的东西，而句子的语义内容，则是被言说的东西。

被显示的东西只有按照特定的方式看待，才具备相应的确定性。比如句法特征就是如此。我们总是可以通过观察句法特征来理解句子，但如果仅仅是描述句法特征，还不足以解释句子为何会表征确定的事态。比如，我们看不出为什么这样两个句子所描述的句法特征在语义上是不相容的，一个句子是"'椅子'位于'在桌子右边'左边"，而另外一个句子则是"'桌子'位于'在椅子右边'左边"。我们也看不出，为什么"'椅子'位于'在桌子右边'左边"这个句子描述的句子，在语义上与"'桌子'位于'在椅子左边'左边"所描述的句子相同。要看出这一点，我们就要把"椅子在桌子右边"与"桌子在椅子右边"这两个句子看作是共享可能性的句子，在这种意义上它们才相互排斥，从而才会具备确定的表征内容。事实上，也只有在以这种方式看待时，句法特征才成其为句法特征。这是因为，这种方式决定了写下或者说出的句子中什么样的特征属于句法。比如，我们甚至愿意承认，"椅子在桌子右边"与"The chair is on the right of the table"具有同样的句法特征，因而可以用同样的符号"R (a, b)"来表示这两个句子。此时，我们仅仅关心句子之间通过共享可能性而建立的相容和排斥关系，因而忽略了汉语句子与英语句子在自然语法上的区别。①

按照本书第七章第六节建议的方式来理解，要看出句子所显示的东西，就不能直接看句子及其成分表征了什么，而要看句子是如何表征的；不是看通过句子给出了什么，而是看如何通过句子来给出这些东西。用那里的比喻来说，就是看使用句子的行为的"背面"，而不是看"正面"。

如果按照态度式解释来对待言说与显示，那么可以显示的东西之所以不能言说，是因为被显示的东西只有按照显示的方式来看待，才成其为被显示的东西。

这个解释可以从逻辑工程学中得到支持。从逻辑工程学角度看，之所以说被显示的东西只有按照显示的方式看待才成其为被显示的，是因为这些东西作为确定事物的方式，只有在通过确定事物的行为与所确定的事物相联系时，才能确定这些事物。把"按照某种方式成功地确定了某个事物"当作一个复合物，而所确定的事物与确定它的方式，这两者则是该复合物的成分，然后以此为基础来对这两种成分进行连接式分析，即可得到这一结论。

比如，空间（即具备与其他事物建立空间关系的可能性，或者说空间物体所具备的逻辑形式）作为给出物体的方式，只有借助于物体才能确定。虽然我们可以设想一个空间是空的，但是，要描述空间的特性，却必须借助物体。在几何学中我们使用点、线、面这样的假想物体来确定空间是怎样的。

有趣的是，维特根斯坦虽然在《逻辑哲学论》中并没有明确表述过上述论证，但在《哲学研究》中（第一部分198节以下）却给出过类似的论证。在那里他争辩说，规则决定应当如何行为，这并不以应用规则的方法为前提条件。这是因为，应用规则的方式也会以规则的形式起作用，而这会导致无穷后退——关于如何应用规则的规则，也需要以特定的方式得到应用。类似地，确定事物的方式要起作用，也不以关于这种方式如何起作用的规定为前提，否则会产生类似的无穷后退。同样，正是为了避免这种无穷后退，确定事物的方式不能具备强可分离性，换言之，这种方式最终必须结合被确定的事物才能得到说明。

最终，维特根斯坦区分言说与显示的动机也就清楚了。显示的是确定事物的方式，是事物的逻辑形式，是限定事物的可能性；在显示的基础

---

① 这两个句子间的这种关系并不是通过单词的意义一一对应建立，而是通过它们在各自语言中推理关系的对等性建立的。这种推理关系可以通过句法特征充分地确定下来。

上，才能确定事物，才能言说事物。但是，说显示的东西不可言说，并不是在对分别属于言说和显示的两类事物进行划分，而是在说明显示的东西起作用所需要的条件。以显示的方式来对待显示的东西，这实际上就是说，把显示的东西当作确定事物的方式来加以理解。前面的论证表明，只有这样做，才能够确定事物是怎样的。所显示的东西实际上是表征行为的有效性条件，它代表着有效的表征行为的有序性。

这种有序性在这样一种意义上是规范性的结果：在句子或所确定的事物中看到显示的东西，就意味着在以正确的方式理解和看待句子或事物。比如，能够看出"椅子在桌子右边"与"桌子在椅子右边"是相互排斥的，就表明我们正确地理解了这两个句子。起码，这表明我们对这两个句子的句法特征的把握不是错误的。显示的东西并不是作为存在的东西而得到确定，而是某种视角的标志，通过参照这种标志，人们得以把自己"代入"这种视角。这种"代入"在效果上类似于弗雷格那里的感性心灵向理性心灵的转换。

逻辑在显示的层次上起作用，因此，关于显示与言说的区分，为维特根斯坦的逻辑理论定下了基调。本章接下来的篇幅就用来解释这一理论。

第二节　二值性

持有语境原则的结果是，否认单个词语（即名称）单独拥有表征性的内容——承担内容的至少也要是句子，如果不说是整个理论的话。维特根斯坦对句子的内容也持实在论观点，并允许心理的东西对确定句子内容（确切地说，是名称的指称）做出贡献，但他仍然需要一种逻辑机制，来保证对句子内容能做出实在论解释，即保证句子确实表征了独立于句子的东西。维特根斯坦吸取了弗雷格的理性主义立场，按照这一立场，心理的东西不足以保证知识内容的客观性，这种客观性必须有逻辑的保障。在维特根斯坦那里，这种逻辑的保障就是句子的二值性（bivalency）。

简单说来，句子的二值性是指，句子既可能是真的，也可能是假的。这并不是在说，有些句子为真，有些句子为假，因此所有的句子都将是真的或假的。句子的二值性是指，句子无论是被理解为真的还是假的，都具有同样的意义；换言之，具有二值性的句子不能依据其意义来确定其真值。一个句子如果只有在意义改变的情况下才能被否定，那么它就不具备二值性。这样的句子在逻辑上是必然真或必然假的。①

维特根斯坦承认，只有具备二值性的句子才真正具有表征内容（TLP2.222—5）。二值性与实在论间的关系是非常直接的。实在论意味着句子表征的是独立于句子意义的东西，而在这种情况下，从句子的意义是无法确定句子真值的。一方面，我们通过理解句子的意义来确定句子所表征的是什么；另一方面，句子的真值取决于句子所表征的东西是否在实在中存在。实在论所要求的无非就是，所表征的东西是否存在，这一点并不取决于它被表征这一事实。这直接导致二值性。因此，二值性是保证实在论的必要条件。

在第七章第五节我们看到，句子的意义被定义为句子的真值可能性。这个定义还不是说句子具有二值性；它允许句子必然为真或为假。二值性是一个更加狭窄的要求，它要求句子不仅出现于正确的表征关系中，也可以出现于错误的表征关系中。句子与句子表征的实在之间的相互独立性，就是由这一点所保证的。可以用桌子和椅子来类比说明。桌子和椅子之间是相互独立的，这种独立性要求椅子不仅可能在桌子右边，而且也有可能在桌子左边。如果椅子不可能在桌子左边，那么我们就会认为它们就空间关系而言是连在一起的。与此类似，句子与实在相互独立，也就体现在两者可以形成不同的表征关系。而在句子与实在保持不变的情况下，这种不同的表征关系无非就是正确的表征和错误的表征。而这意味着句子既可能是真的，也可能是假的。

二值性不仅是实在论的必要条件，在对句子内容持有实在论观点的情况下，二值性也将是句子具有表征内容的必要条件。在《逻辑哲学论》中，维特根斯坦按照这一要求，否认逻辑命题具备表征内容，进而否认存在逻辑知识。逻辑命题是必然为真的命题，从这一点就足以得到维特根斯坦的结论。事实上，不仅必然真的命题，而且必然假的命题，按照二值性标准，都没有表征内容。这两类命题维特根斯坦分别称为"重言式"（tautology）和"矛盾式"（contradiction）。但是，维特根斯坦并没有否认重言式和矛盾式是有意义的。关于这一点我们留到本章第五节再讨论。

---

① 读者不妨自己试试否定一下同一律。

第三节　真值函项理论

　　否定和逻辑连接词都是真值函项。弗雷格和罗素都把真值函项当作思想或者命题的结构，在这个结构的空位中填上思想或命题，就得到新的思想或命题，此时真值函项表明了这些思想或命题在真值上的映射关系。真值函项表达式的语义是由真值定义的，我们在逻辑学课程中见到的真值表就是这样的定义。像罗素这样主张外在关系理论的哲学家就会把真值函项解释为逻辑对象，这种逻辑对象实际上就是构成命题逻辑结构的那种关系。他认为，相应的逻辑关系是真实存在的，事实就由这类关系结合而成；作为逻辑对象，它们也是为人们所亲知的东西，而一些逻辑命题就是依据这种亲知而被人们发现是真的。

　　维特根斯坦反对这种观点。他认为并不存在逻辑对象（TLP4.441；5.4），而真值函项实际上是一种逻辑操作（TLP5.2341）。这一观点对整个逻辑理念来说，具有根本的重要性。

　　从句子的二值性立即可以看到，不仅句子的真假，而且对句子的否定以及所有其他表现为真值函项的真值关系，都不属于为句子所表征的内容。比如，一个句子"P"与它的否定"非P"，它们在内容上是没有区别的（TLP4.0621）。"P"与"非P"之间的区别仅仅在于，后者要求前者所表征的内容是假的，但真与假的区别，却不是被表征的内容。

　　但是，说真与假的区别不是被表征的内容，这似乎不容易接受。这样说并不是要否认真与假不同。这里需要区分一下：其一，句子为真与为假，这在事实上是不同的；其二，无论句子为真还是为假，其所表征的内容是不变的。这里关涉的是第二种情形。在这种情况下，用于表现句子真假的真值函项，也就没有表征内容。与此同时，句子为真与为假，这在事实上截然不同，而这体现在，真与假在表征内容上只是一种相对的区别，从表征内容上不能确定什么是真之为真，什么是假之为假。我们可以用维特根斯坦本人所说的"方向"（TLP3.144；4.0621）来解释这一点。句子的真与假就好像是箭头一样，从真到假或从假到真，都可以看作是方向上的颠倒，但箭头指向什么方向算是真，这在句子内容上则未予规定。

　　这种看法与实在论颇为合拍。说真假之别不是被句子表征的内容，其

第八章 前期维特根斯坦:理性的自主性

实也就是说,单从句子内容并不决定何为真以及何为假。① 当然,句子内容本身就决定了句子的真值条件是什么,进而也就确定了句子何时真何时假。但是,由此确定的真值条件是,当句子所说的事态存在,句子就是真的,否则句子就是假的。这个条件怎样才算得到满足,这却不是被表征的内容。因为只有当事态存在,真值条件才被满足,而这与真值条件已经确定下来,并不是一回事。实在论始终要区分存在的东西与被表征的东西,在维特根斯坦这里,这种区分就体现为认定真假之别不是表征内容。

如果真假之别不是句子表征的内容,那么所有建立在真假之别之上的逻辑常项,比如否定和逻辑连接词,也就不会对应于实在中的存在物。由此也就得到"不存在逻辑对象"这样的结论。

在维特根斯坦的理论框架中可以以其他方式来容纳真假之别,并解释否定和逻辑连接词的意义。

事实上,在第七章第三节讨论逻辑工程学时,已经触及逻辑与非逻辑的领域如何连接的问题,而对真假之别的解释,也就以此为基础。从实在论角度看,事态的存在或不存在本身是不对应于表征内容的,否则就不足以确认实在之于语言的独立性。因此,事态的存在或不存在必须通过非语言途径进入表征复合物。

这可以通过与像椅子和桌子这样的东西进行类比来说明。椅子和桌子在经验上是有区别的,但它们在逻辑上没有区别,因为凡是由椅子构成的事态,在逻辑上也可以由桌子构成。经验上有区别与逻辑上无区别,这两者是这样相容的:当我们可以在经验上把事物区分开,就对它们使用不同的名称,经验与名称之间的对应关系是由我们的语言能力保证的;但这些名称并不表征这些区别,它们各自看来表征的内容都是相同的,而仅仅是相对地区别开,也就是说,通过相互间的关系区分开。这里,逻辑上无区别,这就等于说,具有同样逻辑形式的名称单独看来表征内容相同(TLP2.0233)。但是,它们相互之间的区别,则体现为名称在句法特征上的区别。比如,我们分别使用"椅子"和"桌子"这样的词,这两个词是不同的。

这样也就可以解释,为什么使用什么词来指称椅子和桌子不要紧,而要紧的是要用不同的词来指椅子和桌子。这样,不同的名称对句子的表征内容所做出的贡献,就是只能相对地彼此区别、而在逻辑上则彼此等价的

---

① 这不等于说,单从句子内容不足以判断句子真假。读者可自行辨析区别在哪里。

东西。正是在这种意义上，维特根斯坦把名称所表征（指称）的东西称为"客体"（object）。从逻辑上看，客体没有自身的特征，"客体是无色的"（TLP2.0232）。

同样，真之为真与假之为假，这也不是靠句子表征的内容来确定的，而是通过非语言的方式确定。维特根斯坦坚持认为，当人们做出判断时，无论使用的句子内容是什么，只要实在确实如句子所说的那样，句子就是真的（TLP4.062）。这是在把句子放回到判断行为中去考虑，此时句子被用于判断，而对于句子所判断的情况，我们会以一种非语言的方式获知。维特根斯坦关心的不是这种非语言的方式是怎样的，而是利用真这个概念来固定由此所获知的东西，这样，这个概念才成其为语言（即逻辑）领域与非语言领域之间建立连接的接口。这有点类似于名称。名称也是这样一种接口。这种接口必须就单个的名称或概念单独建立，而不能以相对的方式建立。

但是，这种以非语言的方式获知的东西，并不是"真"与"假"这样的词所表征的内容。就像名称一样，这些东西决定了我们何时使用这些名称或词语。维特根斯坦没有解释这种非语言的东西是什么，但我们可以说，它们就是经验。经验是进行判断的因果条件，当这种条件得到满足，就会有判断行为发生，但这种条件并非判断的内容。我们在第三章第二节已经看到，弗雷格已经认为"真"这样的词对句子的表征内容没有贡献，其作用发生在判断行为或者语力的层次。看来，维特根斯坦接受了这个看法。这样，他就可以自然地把"真"与"假"以及真值函项表达式，都看作是表现了使用句子的行为的特征，尤其是，把真值函项当作是关于真值可能性的操作。

可以借助"逻辑空间"这样的概念来理解这种操作是什么意思。我们假设，一个逻辑空间是由一些彼此在真值上独立的句子所确定的。比如，如果句子 P 和 Q 在真值上相互独立，那么它们就确定了一个二维的逻辑空间。它们各自的真值可能性构成了这个空间的一个维，而相应句子为真和为假的情况，则分别构成了相应维度上两个相反的方向。最终，P 和 Q 均为真，就是这个空间的第一象限；P 假而 Q 真，是空间的第二象限；P 假 Q 假，构成第三象限；P 真 Q 假是第四象限。这样，以 P 和 Q 为主目构成的真值函项，也就是在这个二维空间上的变换操作。它要求在不同的象限取特定真值。比如，如果要求在一、四象限上取假，而在二、三象限上取真，这就是对 P 进行否定；而若要求在第一象限取真，而在其他三个象限均取假，就是对 P 和 Q 求合取。

这里，要求用于构造逻辑空间的那些句子在真值上彼此独立，则确保了逻辑空间在数学上的平整性。维特根斯坦认为，如果这些句子在真值上有依赖关系，也就是说，这些句子之间也可以构成真值函项，而对这种真值函项也要按照逻辑空间来解释为逻辑操作，那么最终似乎就应当达到所有用来构成逻辑空间的句子在真值上都彼此独立的结果。这个结果就是为罗素所接受的原子论（atomism）。

第四节 原子论

"原子论"这个词在哲学上会有不同意义，有时是指一种宽泛的理解方式，有时则指特定的观点。作为宽泛的理解方式，原子论是指把事物理解为彼此独立的单元机械结合的产物。在这种意义上，有像德谟克利特和伊壁鸠鲁这样的古代原子论者，以及像休谟这样的概念原子论者。我们在这里则用这个词指一种专门的观点，即一种关于句子逻辑特征的观点，它有两个要点：1) 所有句子都是基本句子的真值函项，2) 基本句子之间在真值上彼此独立。对"原子论"这个词做出这样的区分，意图就在于突出维特根斯坦与罗素在基本观点上的差异。按照这个词狭窄的涵义，他们都是原子论者；但按照宽泛的涵义，罗素是原子论者，而维特根斯坦不是。我们这里只讨论狭窄涵义上的原子论。

维特根斯坦后来实际上放弃了原子论。但是，探讨他为何会持有原子论，仍然是有价值的。持有原子论的结果是持有一种特定的分析理念，即对句子的表征内容进行逻辑分析，就等于确定被分析的句子是哪些基本句子的真值函项。我们不妨把这种分析称为真值函项分析。

正是真值函项分析，使得早期维特根斯坦仍然对构建逻辑系统的工作怀有兴趣，因为真值函项必须成套定义，并作为一个系统投入使用。只有作为一个系统，才能利用真值函项表示所有可能的真值操作。此时这些真值函项被称为逻辑连接词的完全集①。在这种意义上，我们可以把他归于理想语言学派。

可以利用真值函项来揭示句子的表征内容。比如，如果可以把句子 R

---

① 完全可以说，单单一个真值函项（比如谢弗竖）也可以构成一个完全集。但这类真值函项用起来通常不方便，从而难以达到分析的目的。关于谢弗竖，我们后面还会专门讨论。

分析成 P 与 Q 的真值函项 P∧Q，即 P 与 Q 的合取，那么 R 中就包含了可以用 P 和 Q 来表示的真值可能性，而这样就可以说明 R 包含了什么样的真值可能性，具有什么样的表征内容。当一个句子可以按照这种方式分析成一组句子的真值函项，这组句子就是这个句子的真值基础。在这个例子中，句子 P 和 Q 是 R 的真值基础。

在对所有句子都进行真值函项分析以后，最终应该存在这样一组句子，它们是所有其他句子的真值基础，但不以任何其他句子为真值基础。要得到这个结果，我们需要一个前提，即任何句子都具有确定的真值基础。假设我们有能力对无穷多的句子进行列举和分析。现在列举所有句子，并对这些句子依次进行真值函项分析，用分析得到的真值基础来替换被分析的句子。在进行这种分析时，只有当一个句子不以其他句子为真值基础时，才允许保留。当对列举的所有句子都分析一遍以后，我们可以回过头来重新开始。由于任何句子的真值基础都是确定的，这种分析会达到继续重新分析时最终不会得到不同句子的程度。此时，剩下的句子就是所有其他句子的真值基础，而且这些句子不以其他句子为真值基础。真值函项分析最终得到的这样的结果，我们可以称为基础主义（foundationalism）后果。

如果认为所有句子都具有确定的表征内容，并且这一点就体现为句子具有确定的真值基础，这种基础主义后果似乎就是不可避免的。这里，有些句子直接具有表征内容，有些句子则通过其他句子间接具备表征内容，基础主义就体现为，这两类句子是确切地区分开了的。这种区分是通过真值函项分析完成的，前一类句子就是通过上述真值函项分析程序最终剩下的句子，其他句子则属于后一类。

按照关于表征内容的理解，当句子为真时，其所表征的就是事实。考虑到这一点，真值函项分析也就起了分离出世界中包含了哪些事实的作用。前一类句子直接描述事实，后一类句子则通过与前一类句子建立联系而与事实建立联系。后一类句子由于是通过前一类句子通过真值函项得到的，而按照维特根斯坦，真值函项并不是真实存在的关系，因此，后一类句子并不描述事实的真实状况。这样，只有前一类句子才描述事实。比如，像"P∧Q"这样的句子，就并不表明事实 P 与 Q 之间有种可以用合取表示的关系，比如，并不表明像人们通常倾向于说的那样，P 与 Q 这两个事实之间有共存关系。是人通过逻辑操作把两个事实联系起来的，由于有这样的操作，人们才能说，两个事实共存。

基础主义后果并不意味着原子论成立，因为它允许经过真值函项分析剩下的句子之间有真值依赖关系。如果这种依赖关系在不同句子之间形成闭合，那么某个句子就会在经过分析消除以后，又在其他地方被填补回来，最终使得句子列表在分析后不发生变化。

原子论后果是基础主义后果中的一种。当原子论后果发生时，剩下的句子不仅不以被消去的句子为真值基础，而且不以其他剩下的句子为真值基础。这时，剩下的这些句子在《逻辑哲学论》中就被称为"基本句子"（elementary sentences）。由基本句子不以其他基本句子为真值基础，我们可以得到"基本句子之间在真值上相互独立"这样一个结论。这个结论的意思是说，任取一个基本句子，当这个句子的真值发生变化时，其他所有基本句子的真值都不会受到影响。

在《逻辑哲学论》中，维特根斯坦坚持认为真值函项分析会得到原子论后果（TLP4.211）。这看来是因为他还持有两个观点，即1）基本句子直接表征事实（TLP4.21），以及2）事实之间彼此独立（TLP1.21）。他不仅持有关于句子表征内容的原子论观点，而且持有关于事实的原子论观点。有趣的正是这一点。

在维特根斯坦那里我们还无法找到明确的表述，来说明他为何会持有这种关于事实的原子论。不过，从前面一章所描述的逻辑工程学我们还是可以找到理解这件事的背景。这里给出笔者自己的解释。要确定一个事实，我们就要从关于这个事实的可能性中排除与该事实相冲突的那些情况。这里，被排除的情况与由此得到确定的情况（即要确定的那个事实）共享同一个可能性，因此它们不能都是事实。而这意味着，如果有两种情况都是事实，那么它们不会共享同一个可能性，也就是说，其中一种情况是或不是事实，对另外一种情况是或不是事实，并不构成影响。这恰好就是关于事实的原子论观点。

可以看出，持有这种原子论观点的必要条件是，把所有可能性都理解为由两种相互排斥的情况构成。如果一种可能性是由三种彼此排斥的情况构成的，那么就会出现两个事实共享同一种可能性的情况。

比如，假设在逻辑上只有红、黄、蓝这三种颜色，它们彼此排斥，也就是说，同一个像素不能同时是红的和黄的，不能同时是黄的和蓝的，也不能同时是蓝的和红的。在这种情况下，某像素A可以既不是红的，也不是黄的，而是蓝的。这样，A不是红的与A不是黄的，这两个事实就共享同一个可能性，它们彼此不独立。因为当"A不是红的"不是事实（即A是红的），"A不是黄的"就不能不是事实。

作为对照，我们假设逻辑上只有红和黄这两种颜色。如果事实上A

是红的，那么 A 就不是黄的，因此不会出现 A 是红的与 A 是黄的这样一对相互排斥的事实。当 A 是红的时，另外一个事实是，A 不是黄的。但它们不是两个共存的事实，而是同一个事实，因此这也不能算作共享同一个可能性的两个事实共存的情况。①

关于颜色的例子实际上维特根斯坦已经注意到了。在 6.3751 中他暗示说，用来谈论颜色的句子不是基本句子。如果这是真的，那么也就不会有关于颜色的事实，我们所知道的颜色，不过是另外一种东西。这里，维特根斯坦可以使用罗素的摹状词理论，来把颜色的逻辑形式分析出来，从而得到真正的事实。维特根斯坦在重返剑桥后的 1929 年发表了"关于逻辑形式的几点看法"一文②，文中他试图解决这个问题，但没有成功。维特根斯坦从来没有成功地给出过任何关于基本句子的例子，这使他的真值函项分析颇为可疑。在那篇文章发表以后，这种分析实际上就从维特根斯坦的思考视野中消失了。

使用真值函项，适于刻画一种简单的可能性概念，按照这种概念，一种可能性将为两个互斥的情形所穷尽。一种为三个或以上互斥的情形所穷尽的可能性，能否划归为这种简单的概念呢？如果答案是否定的，那么原子论也就难以为继了。

第五节 重言式

《逻辑哲学论》对逻辑经验主义产生了巨大的影响，这些影响中最实质性的，就是重言式理论。重言式理论构成了一个中间环节，通过它，维特根斯坦得以从一种逻辑理念过渡到更为一般的哲学的或元哲学的观点，

---

① 容易看到在前面讨论真值函项分析时出现的一个问题是如何解决的。那个问题就是，由于 P = ~ ~P，P 与 ~P 互为否定，从而互为对方的真值函项，因此我们无法把这两个句子中的任何一个算作另一个的真值基础。问题的解决方法是，只要结合了事实是什么，我们就总是可以从 P 与 ~P 选择一个充当真值基础。它们中只有一个能够是事实，既然只有真值基础才有可能描述事实，我们就选择描述了事实的那个句子充当真值基础即可。

② 载于 *Proceedings of the Aristotelian Society*，Supplementary Volume IX，1929，pp. 162–171。参见《逻辑经验主义》上卷，洪谦编，商务印书馆 1989 年版，第 131—137 页。

第八章 前期维特根斯坦：理性的自主性

比如过渡到唯我论（solipsism）[①]、寂静主义（quietism）[②] 等。在《逻辑哲学论》之后的维特根斯坦著述中，重言式理论越来越边缘化。尽管如此，它对于理解《逻辑哲学论》的理论框架，还是至关重要的。

简单说来，所谓重言式理论是指，1）所有逻辑定理都是重言式（TLP6.1）；2）重言式没有表征内容（TLP4.461）[③]；3）重言式表现了语言和实在的逻辑特性（TLP6.12）。

在《逻辑哲学论》的框架中，"重言式"和"矛盾式"是利用真值可能性这个概念来定义的（TLP4.46）。假设一个句子 R 是两个句子 P 与 Q 的真值函项，而这两个句子的真值可能性都由真和假这两种情况穷尽，那么 R 的真值可能性就由 4 种情况所穷尽，它们分别是 P 真 Q 真、P 真 Q 假、P 假 Q 真、P 假 Q 假。[④] 如果 R 无论在这 4 种情况中的哪一种情况下都是真的，那么，它就是重言式；而如果无论在哪种情况下 R 都是假的，它就是矛盾式。维特根斯坦承认，矛盾式和重言式能够按同样方式加以利用（TLP6.1202）。后面我们只讨论重言式。

按照二值性标准，重言式是没有表征内容的。但这并不是事情的终点。重言式按照定义就已经没有表征内容了，但从确认这一点，我们还看不出能够拿重言式这个概念来干什么。维特根斯坦希望用这个概念来引入一种关于逻辑系统的理解，从而揭示逻辑系统是如何起作用的。

逻辑定理是在特定逻辑系统中进行句法设计的结果。逻辑定理就是能够在逻辑系统中得到证明的句子。这里所谓的"证明"，就是从公理出发按照推理规则进行的机械的公式变换。逻辑系统的设计，就是要在确保公理是重言式的同时，确保从重言式推出的都是重言式。这个目标在弗雷格的概念文字系统中很容易达成，因为，按照概念文字系统的方式定义的真值函项，可以直接利用真值可能性这个概念来解释，这样，概念文字系统就直接满足这里的要求。最终，所有逻辑定理都是重言式，这一点就通过

[①] 参见 TLP5.6-5.641。通常，唯我论是指承认只有自我是实体的这样一种观点。维特根斯坦式的唯我论与通常的唯我论有所不同，在逻辑的范围内，他是通过承认实在与自我的同一性来达到唯我论的。这实际上是先验哲学的一种形式。

[②] 寂静主义是指否认哲学理论的积极作用，不承认人们能够通过哲学获得新的知识，或者获得对事物的解释，哲学的价值只是消极的，例如澄清或者阐明概念。《逻辑哲学论》中的寂静主义在 4.003，4.112，5.5563，6.53 与 6.54 中得到了明确的表述。

[③] 在《逻辑哲学论》中的说法是，重言式是没有涵义的，即 sinnlos/senseless。这不同于说其无意义，即 unsinn/nonsense。无涵义是指没有表征内容，但无涵义的句子仍然可以是有意义的。

[④] 如果 R 由 n 个真值基础构成，那么它的真值可能性就由 2 的 n 次方种情况所穷尽。

构建逻辑系统而得到了满足。

但是,说逻辑定理没有表征内容,似乎不能让人信服。弗雷格认为逻辑定理刻画的是有效的思想结构,这当然是一种表征内容。维特根斯坦必须为逻辑定理给出一种正面解释,说明作为必然为真的句子,它们为何没有表征内容。

重言式这个概念虽然是从语义上得到定义的,但在逻辑系统中,它却起着连接语义与句法的作用。重言式是真的,这一点可以从其函项结构看出,这种结构直接由重言式的句法结构表现出来。当我们观察一个重言式的句法结构时,就会发现这种结构与语义(它体现为真值可能性)之间的制约关系,这种制约关系决定了重言式不能是假的。

比如,看"P→P"这种句子形式。"P"既充当条件式的前件,又充当条件式的后件,这个结构性的特征与条件式的语义(即只排除前件真后件假的情况)一起,决定了整个句子形式不能是假的。因为这种结构本身就排除了条件句前件真后件假的情况。

再结合维特根斯坦关于真值函项的解释,重言式的这种特征意味着什么,也就可以清楚了。如果真值函项是一种逻辑操作,那么出现在重言式以及其他真值函项句法结构中的真值函项符号,也就是操作符。一种真值函项对应一种操作。一个复合句就是对一些充当其真值基础的句子进行一系列操作的结果,这些操作步骤按照一定次序彼此衔接,由此构成的操作程序最终就体现在句子的真值函项结构上。在通常情况下,真值函项的操作程序为真值基础留下了余地,使充当真值基础的句子能够影响最终得到的复合句的真值;重言式则是没有留下这种余地的情况。在重言式中,单个真值函项的操作方式,与各个操作之间的衔接关系,这两者嵌合在一起,直接就确定了复合句的真值,而没有留下任何余地。

这有些像象棋的棋局,不同棋子的走法与棋子之间的布局关系,这两者或松或紧地配合在一起。有时,这种配合允许棋子的多种走法,有时允许的走法更少些,有时则已成定局,一方将无法避免被将死的结局。

我们总是可以从某个句子是重言式这个事实出发,来人为地定义真值函项,并设计出重言式的句法结构。这个事实本身就说明,重言式不可能是因为其表征内容而为真,因而其为真,这并不使其表征什么。

不同的逻辑连接词,只要它们构成了完全集,就都可以用来表达真值可能性,进而作为构造重言式的手段。比如,只使用否定与实质蕴涵,就可以表达所有的真值依赖关系,并能够构造重言式。此时我们说,否定与实质蕴涵构成了连接词的完全集。我们也可以不用它们,而是用否定与析取，这两个连接词也可以构成一个完全集。甚至可以只用一个连接词，比如谢弗竖（Sheffer Stroke）。① 当逻辑连接词（即真值函项）确定下来，我们就可以用来构造重言式。这种构造需要的是一定程度的技巧，而不是什么知识。

因此，重言式这个概念是这么起作用的：我们不是依据真值函项以及句法结构来确定什么是重言式，而是依据我们对重言式这个概念的把握，来确定真值函项与句法结构（TLP6.1201）。我们能够判断由真值函项构成的句子是否重言式，这就说明我们已经把握了这个概念。把握了重言式的概念，就意味着我们具备了逻辑这个概念。而在这一条件下确定真值函项与句法结构，就是构造出逻辑系统。逻辑系统的构造表明了我们所具备的逻辑概念是怎样的。

按照重言式这个概念起作用的方式，我们可以理解逻辑系统是怎样体现我们的逻辑概念的。一个句子是否重言式，可以从句子中真值函项符号的语义与句子的句法结构这两者之间的嵌合状态看出。而这意味着，在给定了真值函项符号的语义时，句子的句法结构应当是怎样的，也就有所限制了。依据这种限制，人们可以设计出公理系统来，公理系统从句法结构方面表明了有效的推理活动应该是怎样的。因此，从重言式这个概念出发，就可以得到语义与句法之间的一种制约关系，使得语义上的特征能够通过句法特征表现出来。这一点正是逻辑系统的本质所在。构建逻辑系统的目的，也就在于使我们能够通过遵守一些句法上的规定，来确保语义上的正确，或者说，确保思考活动的有效。一旦这个目的达到，重言式也就表现了逻辑系统所定义语言的逻辑特性。

第六节 逻辑主义

但是，重言式是否表现了实在的逻辑特性，这却不是一个可以直接回答的问题。

按照逻辑图像论，语言只有在分享实在的逻辑形式时，才能够表征实在。因此，就一种语言已经表征了实在而言，只要语言的逻辑特性在重言式中得到表现，实在的逻辑特性也就随之得到了表现。

---

① 谢弗竖又被称为"合舍"。如果我们用"｜"来表示，那么"P｜Q"就相当于对"P"和"Q"的否定求合取。在5.502中，维特根斯坦引入了谢弗竖的一种推广形式。

但是，重言式总是要利用真值函项来表达，而真值函项则要另外定义出来，这样，由此构造的重言式是否适合表现实在的逻辑特性，也就不是很清楚了。

当然，这并不是说，实在有种客观存在的逻辑特性，如果不去考究这种逻辑特性，也就无法事先保证，我们构造出来的重言式是否能表现实在的逻辑特性。而是说，重言式这个概念的优先性，与通过逻辑系统、或者说通过定义来引入真值函项，这两者可能是相冲突的。

让我们还是以本章第四节讨论过的颜色的例子来说明这一点。我们假设，在那个三色世界中，句子"像素 A 是红的，或者是黄的，或者是蓝的"是重言式。承认这一点，需要我们以一种不同于经典二值逻辑的方式来解释真值函项。因为这意味着相应的可能性是由三种情形穷尽的，而经典二值逻辑要求由两种情形穷尽。如果这种由三种情形穷尽的可能性概念不能划归为由两种情形穷尽的可能性概念，那么冲突就出现了。

这种冲突表现在，如果可能性概念是怎样的，取决于有哪些重言式，那么在表达这些重言式的语言中，也就不能预先对可能性概念有所限制。比如，如果一种语言既能表达像"天或者下雨，或者不下雨"这样的重言式，又能表达像"像素 A 是红的，或者是黄的，或者是蓝的"这样的重言式，那么制约这种语言的逻辑是二值的还是三值的，也就不能预先确定。但是，这就与要通过定义的方式来规定真值函项相冲突了，因为这要求单独规定出一种可能性概念。当采用不同的可能性概念时，就需要不同的逻辑系统，或者说，不同的语言。

如果对逻辑系统采取一种多元论态度，也就是说，允许在涉及不同主题时适用不同的逻辑系统，那么上述冲突确实在表面上得到了缓解。但是，要决定在何时适用何种逻辑系统，在做出这样的决定时需要参照何种逻辑系统，却又成了问题。这时需要的无疑是对不同主题保持中立的逻辑系统。

如果上述冲突不出现，也就是说，所有的可能性概念都可以用一种形式的真值函项来进行刻画，那么，所有重言式也就都可以在同一个逻辑系统中得到刻画。并且，这里的关键是，由于所有必然为真的句子都是重言式[①]，所有的必然句子都可以在逻辑系统中得到处理

[①] 这一点还是比较容易看出。一个句子必然为真，就是说它在一切可能的情况下都是真的。"一切可能的情况"是指哪些情况，这是由这个句子的真值基础决定的。因此，这个句子必然为真，就等于说，这个句子是一个在所有真值可能性中都为真的真值函项。

(TLP6.3；6.37)。由此得到的就是一种普泛的逻辑主义立场，按照这种立场，不仅算术本质上是逻辑（TLP6.2；6.22），而且像物理学、力学这样的自然科学，也都可以按照与逻辑系统相似的方式加以理解。它们都是描述这个世界的系统，而且科学推理的有效性，也是由系统保证的。这种普泛的逻辑主义强有力地影响了逻辑经验主义，尤其是影响了卡尔纳普。

如果上述冲突出现，那么通过构造逻辑系统来确保思考活动的有效性，也就是一种难以为继的想法了。我们可以认为，后期维特根斯坦就是因为意识到这个问题，即意识到可能性概念的多样性（这体现为语言在使用目的上的多样性），才使他转向所谓的"日常语言哲学"。这种哲学要求抛弃另外构造语言的做法，而以已经使用的语言为基础展开哲学讨论。

在这种情况下，我们仍然可以说，维特根斯坦持有一种普泛的逻辑主义立场。这是因为他在《逻辑哲学论》的一开始就宣布，逻辑所处理的是一切可能性（TLP2.0121）。但是，此时"逻辑"已经是一个被大大削弱了的词语，它不再表现为逻辑系统，也失去了符号化的特征。在这种很弱的意义上，《哲学研究》中的维特根斯坦仍然是一个逻辑主义者，也仍然在从事一种逻辑探究工作。

第七节 理性的自主性

按照《逻辑哲学论》的设想，一旦逻辑系统能够建立起来，就完成了使思想符号化的过程。当然，这不是说，人们应当对照逻辑规则来进行思考——人们在思考时就已经遵守逻辑规则，因而无须额外对照逻辑规则来思考（TLP5.4731）。逻辑系统只不过是以一种更加精确的方式保证思考过程是正确的，因为它摒弃了直觉，或者说，用一种更不容易出错的直觉来替换容易出错的直觉。[1] 逻辑系统的哲学价值在于，合乎要求的逻辑系统能够构造出来，这一事实本身就揭示了思考的理性本质。维特根斯坦对这一点的兴趣显然超出了构造逻辑系统这件工作本身。

逻辑系统所构建的，是思考活动或者说是使用语言的活动的显示的侧面。这个侧面表明思考活动受到什么样的约束，服从什么样的逻辑。当人

---

[1] 参见本书第一章第三节。

们按照逻辑系统的要求对思考活动进行考察或者说反思时，人们实际上所做的，就是表明思考在什么意义上是一种自我约束的过程。因为，这种考察或反思只不过是利用思考活动中显示的那个侧面，来对思考的内容进行调整而已；这是思考活动的内部事务。这里，问题的关键不是这种反思带来了什么样的具体调整，而是1）这样的反思是可能的，并且2）这种反思是额外的和附加的，它对思考活动本身没有实质性的增益。当这种可能的反思展现出来，我们就可以确认这种反思在显示的层次上进行。而当我们意识到这种反思是额外的和附加的，我们也就知道，这种显示的层次其实一直在起作用，逻辑系统只不过向我们提示了这一点。我们可以说，逻辑系统使以前零星的反思系统化；也可以说，逻辑系统使我们意识到了以前没有意识到的反思。总之，逻辑定理不是思考过程之外的命令，也不是制约思考的心理活动的心理学或生理学定律，而是思考活动在进行自我约束时所使用的一种标杆。

逻辑系统不是从无到有地建立起来的。按照维特根斯坦的逻辑理念，逻辑系统不是从外面输入，而是从思考活动的内部抽出的。前一节我们提到，真值函项和句法结构一同构成了重言式，但按照概念的先后顺序，是先有重言式再有真值函项和句法结构。同样，真值可能性的概念与逻辑系统共同决定了有什么样的重言式，但重言式在概念上仍然先于真值可能性概念和逻辑系统。这都是逻辑工程学所决定的。按照这种先后顺序，只有已经知道某些句子是重言式，我们才能够建立逻辑系统，并利用逻辑系统来揭示真值可能性概念。这意味着我们已经在按照特定的逻辑来思考，逻辑系统的建立，只不过是表明我们发现了这一点。

能够建立逻辑系统并让其投入运行，这在表明思考是一种自我约束的活动的同时，也为逻辑系统本身的有效性进行辩护，提供了一种模式。这种辩护针对的是特定的逻辑系统。当特定的逻辑系统建立起来，人们总是会问，这是不是真的就是表现了那种正在起作用的逻辑，正确的逻辑系统为什么不是另外一种。

按照当前流行的逻辑观念，要为一种逻辑系统的有效性做出辩护，就等于要证明关于这个系统的一些元逻辑定理（meta-logical theorem），比如可靠性（soundness）定理和完全性（completeness）定理。维特根斯坦并没有这样的元逻辑概念；相反，他反对与元逻辑概念相关联的那一套看待逻辑的方式。这种方式与他关于言说与显示的区分相悖。元逻辑定理所陈述（言说）的，就是在一个逻辑系统的使用中显示的东西，因此元逻辑定理实际上是在言说显示的东西。①

维特根斯坦所采取的辩护方式要直接得多,他诉诸逻辑系统的有用性。② 既然设计逻辑系统的目的是"捕捉"思考过程本身所显示的东西,那就可以假定,在先前的思考活动中,已经有些东西显示了,我们比照这些东西来设计逻辑系统。如果逻辑系统正确地"捕捉"到了这些显示的东西,那么这些东西也就作为先前的思考活动中显示的东西起作用——我们当然不能把它们与我们的思考活动中实际显示的东西对照,这就意味着要使其成为言说的东西。这些东西作为显示的东西起作用,也就等于说,我们可以使用逻辑系统中所规定的符号来描述那些先前的思考活动。这之所以可能,是因为显示的东西已经体现为这种描述的句法特性了。但是,显示的东西作为显示被"捕捉"到,这并不在于相应的思考活动是按照这种句法特征来表述的,而在于它作为一种活动,是按照自身的言说目的进行的。只有在这种言说中,显示的东西才显示出来。因此我们就可以说,如果逻辑系统适合于这个目的,那么它也就"捕捉"到了先前思考中显示的成分。而说逻辑系统适合于思考活动的目的,则无非是说,当从事那种思考时,可以用逻辑系统所规定的方式来表达这种思考。

我们可以说,问特定的逻辑系统是否表现了正在起作用的那种逻辑,这也就等于问,借助逻辑系统进行思考,这是否会保持我们思考活动的一致性或有序性。这种一致性和有序性是由言说与显示这两个侧面的匹配关系保证的。如果按照不相容的逻辑系统来思考,我们的思考活动就会陷入紊乱;但是,如果不同的逻辑系统是相容的,我们就总是可以用同一个逻辑系统来表现它们。因此,当按照特定逻辑系统进行的思考是一致和有序的,它就正确地刻画了正在起作用的那种逻辑。

逻辑系统的这种辩护模式,有效地揭示了理性的自我辩护特性。在第四章第五节我们看到,在弗雷格那里,一方面,理性是按照是否合乎逻辑来解释的,另一方面,逻辑则以预先假定一个理性的心灵来解释。这样,我们就需要把前面的那个理性理解为由普通人(即感性心灵)所把握的理性,而与那个理想的理性区分开,以此来避免循环解释。这种解释模式在维特根斯坦这里消失了,在这里,理性与逻辑之间的这种循环关系被纳入理性的自我辩护结构中。

---

① 关于这种元逻辑观点,参见后面关于塔斯基的第九章第八节。
② 在TLP 3.326-8中,维特根斯坦把符号的使用与其意义联系起来,并把使用符号的目的作为其是否具有意义的标准。5.473-5.47321则不仅再次强调了这一点,而且把符号的合用性与逻辑自明性联系起来。

这里，这种自我辩护就体现为在逻辑系统内部做出辩护。逻辑系统是从已经是合乎逻辑的思考过程中抽引出来的。我们甚至可以说，逻辑系统是理性主体制造出来的一面镜子，用来向自己表明自己是合乎理性的。

这种自我辩护不是循环论证。在循环论证中，结论本身就充当了前提。但在这种理性的自我辩护结构中，没有任何结论采取了"某某是合乎理性的"这样的形式，也没有任何前提是这种形式。理性的自我辩护特性体现在理性主体按照逻辑系统来调整自己的思考中，或者说，体现在逻辑系能够这样起作用这样一个事实中。

在第二章第五节我们讨论过逻辑的自足性。只有当逻辑是自足的，它才足以支撑起辩护结构，因为受制于心理学或生理学的结构不具备辩护所要求的规范性。在维特根斯坦这里，逻辑的自足性获得了更为深刻的涵义——逻辑的自足性是以理性的自主性为基础的。这种自主性是理性对于思考活动所拥有的自主性，它不是说，理性可以任意地产生思想，而是说，理性是一种自我授予的主体资格。只有当主体已经是理性的，它才能判断思考活动的理性特征，进而才能判断行为和主体（其他主体或自己）是否合乎理性的。

在上述讨论中，逻辑系统的作用在于构成了理性借以显示自己的手段，构成了自我辩护结构中的另外一个支点。只有借助这个支点，理性主体才能够以一种稳定的方式自我约束，才能够具备真正的自主性。作为一个支点，逻辑系统通过建立句法结构，使显示之物得以固定。这为理性的思考活动提供了参照系。

阅读材料

维特根斯坦：《逻辑哲学论》。该书有多个版本，英文版建议使用 D. F. Pears & B. F. McGuinness 的译本（*Tractatus Logico-philosophicus*, Routledge & Kegan Paul Ltd., 1961）；汉译本可以采用张申府（北京大学出版社1988年版）、贺绍甲（商务印书馆1996年版）的译本。

第九章 塔斯基:形式主义语义学

塔斯基（Tarski）是一名数学家，而不是哲学家，但他的数学工作却改变了哲学。这项工作就是对"真的"这个谓词做出语义学定义。

要解决关于数学基础的知识论问题，需要两个方面的工作，即数学上的工作和哲学上的工作。数学方面的工作，是找到用于分析句子的基础结构，并把数学句子化归成这种结构。这是一种数学演算，可以完全借助符号进行。这部分工作构成了逻辑的证明论的部分。哲学方面的工作则是说明这种化归足以为数学知识确立基础，它要求对句子的意义做出解释，并确保我们能够把握这种意义。可以这么说，弗雷格与罗素关于数学知识（以及罗素关于一般意义上的知识）的分析，是让数学工作为哲学工作服务。数学工作对他们来说，就是揭示数学句子的意义，或者说，是把数学句子分析成意义已知的句子，而这些句子的意义之所以已知，是受相应的哲学解释保证的。在逻辑主义者看来，这种保证就来自我们关于真与实在的理解，这些理解在某种意义上体现为直觉，但绝非要用逻辑来加以排除的直觉；相反，逻辑分析最终是在揭示这些直觉。

塔斯基的工作则把这个顺序颠倒过来，他使数学结构成为解释真与实在的基础。

概括地说，在弗雷格与罗素那里，真与实在这些概念是先于逻辑的；而塔斯基的工作所产生的效果，则是把这些概念吸收进逻辑，从而使得逻辑成为先于这些概念并能够定义这些概念的东西。当逻辑先于这些概念得到刻画时，它就是形式系统；而当这个系统被用来定义这些概念时，意义就以形式的方式得到处理，从而得到一种形式语义学。到了塔斯基，分析传统中才出现了真正意义上的形式系统。在此之前，弗雷格与罗素的逻辑系统虽然是句法系统，但不是形式系统。

塔斯基工作的起点虽然不是直接来自于形式主义数学哲学，但借助形式主义数学哲学，却能够很好地与逻辑主义数学哲学、从而与弗雷格和罗素的哲学建立对照关系。接下来先简单地讨论一下形式主义的数学哲学。

第一节 数学哲学中的形式主义

形式主义数学哲学是由希尔伯特（David Hilbert）表述的。希尔伯特是与弗雷格同时代的数学家。如果说弗雷格使算术摆脱了康德的直观，那么希尔伯特的工作使几何也摆脱了直观。他们虽然是从不同的哲学立场来做这件事，但从客观上讲，他们一起使数学哲学告别了康德的统治。希尔伯特在几何基础方面的工作，使形式主义成为一种非常有说服力的学说。

我们知道，几何学中的"点""线""面"这些词表示几何对象，我们从直观上就可以理解这些对象，并且，几何学定律都可以从直观上得到理解。但是，人们对欧几里德几何学的公理体系进行的长期研究，却表明这种直观的理解是有局限的，甚至是误导的。在对一些非欧几何体系形成直观理解之前，我们就已经能够在这些体系之内证明许多结论。这就使得数学家产生这样一个想法，能不能不用直观来建立欧几里德体系。如果能够成功，那就表明几何学可以摆脱直观。此时我们就不能说，由于我们的直观符合欧氏几何，因此欧氏几何从直观中获得了支持。希尔伯特给出了第一个可以不诉诸直观的欧氏几何体系。

希尔伯特的想法大体上是这样的：建立这样一个公理系统，在这个体系中"点""线""面"这些词并不表示直观上的那种点、线、面，而仅仅作为无意义的符号起作用，但是，从这个系统恰好可以推出从欧氏几何中可以推出的所有命题，而不会推出多余的结论，这样就得到一个无须直观支持的公理系统。希尔伯特这样描述这个系统：即使把"点""线""面"这些词换成酒吧里的桌、椅和啤酒杯，也不会影响这个系统推出几何定理的能力。由于欧氏几何系统是一个半直观半形式的系统，希尔伯特要做的就是滤掉那些直观的要素，重新考虑如何定义像"之间""部分"这样一些字眼，而让它们能够在符号串的某种搭配方式中起作用。

数学一直是严格性的典范，而这种严格性是通过牺牲直观性得来的。直观不仅引入了因人而异的因素，而且允许推理链条中的跳跃，因而损害了严格性。可以设想，完全严格的数学推理将完全排除直观，因而可以交给计算机来完成。这个想法在弗雷格那里也可以看到，概念文字与其他逻辑系统一样，要求遵守句法优先原则。在这一点上，逻辑主义与形式主义是一致的。逻辑主义的公理系统在这样一种意义上是一种形式系统：符号所具备的所有对推理构成影响的意义要素，都要体现在推理过程的符号形式中。

差别在于，逻辑主义认为，用来构造公理系统的符号已经是有意义的；而形式主义则认为，可以用任意的、无意义的符号来构造公理系统。当然，形式主义并不认为可以随意地构造公理系统，而是认为，构成公理系统的符号意义只受制于公理系统本身。即使符号原来具有意义，这种意义也不会在系统中起作用。决定符号意义的是公理系统。即使在建立公理系统时，符号原来的意义起了启发式的作用，一旦公理系统建立起来，符号先前所具有的意义就不再起作用，公理系统将接管符号。公理将起双重作用，首先，公理本身就是真命题，其次，公理是对符号做出的定义。这种定义就是后来所说的"隐定义"（implicit definition）。在讨论卡尔纳普时我们会详细讨论这种定义。

形式主义与逻辑主义的差别似乎相当微妙。当句法优先原则得到充分贯彻时，对推理产生影响的意义要素就将完全展示在符号形式中。这时，无论是认为符号具有在先意义的逻辑主义，还是认为符号从系统中获得意义的形式主义，都将以同样的方式看待系统与符号。逻辑主义者此时也可以不考虑符号的意义，而专注于句法。

但这种差别仍然体现在数学知识的运用上，或者确切地说，体现在对这种运用的解释上。要运用数学知识，就要先在数学词项与系统之外的事物之间建立联系，从而使数与非数学的事实对应起来，然后才能利用数学系统中的形式联系，来得到非数学的结论。弗雷格对这一点极为重视，他建议从像"两匹马""三棵树"这类含有数词的表达式入手，来获取关于自然数的定义，从而将数词纳入公理系统。而在形式主义理解的数学中，由于像"2""3"这样的数词从"系统外"的角度来看是没有意义的，我们很难看到这种运用是何以可能的。

不过，形式主义者对这个问题似乎也有回应的办法。他会说，如果形式系统已经建立起来，那么关于数学的运用是否正确的问题，就变成了系统本身是否具有一致性的问题。比如，像"两匹马""三棵树"这类含有数词的表达式，其中的数词仍然不是单独具有意义的，这是因为，对于我们以为是两匹马的东西，如果再添加一匹马没有构成三匹马，那么我们就不能认为那确实是两匹马。这取决于我们是否按照"$2+1=3$"这类在系统中得到确认的规则，来断定那里有两匹马。这样理解，系统就已经把数词在"系统外"的使用包含在内，而我们以为是与"系统外"的事实相对应的那种关系，也就表明实际上是数词的使用在系统内是否一致的问题。

这种辩护在另外一种意义上不会令反对者满意，因为它假定系统已经建立，但关于运用的问题却不能这么假定。关于运用的问题关系到如何证明整个系统得到的运用是正确的，但在论证这一点时，我们不能运用那个系统。即使所有词项的意义实际上都可以用形式系统来加以表现，形式主义者仍然不能独断地宣称可以这么做，而是要论证这一点。要解决这个问题，即使证明了系统本身是一致的，这也无济于事。因此，从逻辑主义角度来看，迫使人们承认词项本身已经有意义的，不是形式系统是否（碰巧）"抓住了"意义，而是因为，只有承认词项已经有意义，并且这种意义也进入了系统，一种特定的形式系统才是可辩护的。

因此，形式主义与逻辑主义之间的微妙差异在于，形式主义会假定形式系统已经穷尽词项的意义，而逻辑主义则否认这一点。逻辑主义者也可以给出一种与形式主义没有差别的系统，但他会认为这个系统只是展示了词项已有的意义，而不会从无到有地赋予词项以意义。他会认为，如果词项原来没有意义，那么用以展示其意义的系统也就不复存在，因为使其具有确定结构的，是已经起作用的意义。而在形式主义看来，这恰恰为直观留下了余地，因为当词项不是在系统中，而是单独得到理解的，起作用的就是直观。因此，如果知识的严格性毕竟是可能的，那么一种严格的知识就只能从形式化中找到基础。

尽管有这样的反对意见，尽管哥德尔不完全性定理断定形式主义数学是不可能的，形式主义的基本构想，还是经过塔斯基的工作获得了当代数理逻辑的正统地位，成为关于逻辑的标准观点。它取代了弗雷格和罗素的逻辑观点，并如此深刻地塑造了逻辑，以至于弗雷格和罗素的逻辑观点成为一种对当代大部分哲学家来说非常陌生的东西。如果不了解这种标准观点的来源和性质，我们也就很难进入分析哲学当前的正统讨论。

第二节 塔斯基式定义的基本构想

在数学哲学中，形式主义的基本构想就是用形式系统来完整地刻画数学知识。这种构想的基础部分，是对数学词项给予形式主义的定义。定义的目的不是说明词项意义是什么，而是以系统的方式确定词项能够参与构成的所有真命题以及有效推理。形式主义的基本观点是，只要系统地给出这些命题和有效推理，词项的意义也就确定了。当然，这些命题与推理有哪些，这在系统建立之前至少要以某种方式得到表述，这种表述将成为形式系统必须满足的条件。这种条件被塔斯基称为"实质充分性"（material adequacy）。这种表述从形式主义角度来看，仍然属于直观的范围。因此，一旦满足这些条件的系统建立起来，这些表述就作为某种辅助性的东西而被排除到形式系统之外。在系统中，被定义的词项将以纯形式的方式使用。

这种构想被塔斯基用来定义真这个概念。这种定义与弗雷格利用公理系统来生成真命题的方案不同。弗雷格是要展示关于这个概念我们已经把握到的东西，而不以穷尽这个概念的内容为目的。事实上，弗雷格论证真这个概念是不可定义的，就相当于说这样的目的对真这个概念来说是不可能的。但是，形式主义者要做的，恰恰就是用形式系统来穷尽词项的意义。当按这一思路处理"真"这个词项时，得到的就应当是对真这个概念真正意义上的定义。

塔斯基定义真这个概念的方式也不同于弗雷格的真理理论。我们可以说，虽然所处理的是同一个概念，但弗雷格（以及罗素）把真首先当作知识论概念，而塔斯基则把它当作语义学概念。

如果在知识论意义上理解真这个概念，在句法上就会把"是真的"当作谓词，并用来给予一个句子以知识论上的评价。一个真句子与一个假句子相比，在知识论上具有不同的地位。当使用真句子来进行断定时，我们就表达了知识，而使用假句子则没有。弗雷格在建立概念文字系统时就是这样使用这个词的。当他说逻辑命题是真的，逻辑命题也就表达了某种被确认为真的内容，这些内容就是逻辑知识，就是关于真这个概念所把握到的内容。弗雷格的逻辑系统中给出的，就是这样的知识。

如果在语义学意义上理解真这个概念，通常就把"真"这个词放到关系表达式中，比如这样的形式"……是真的，当且仅当……"中。这种形式常常被认为描述了语言与实在之间的关系。如果我们把这种对应关系当作语言具有意义的结果，那么一般意义上的语义学就要讨论这种对应关系是如何建立的。真这个概念就在这种意义上被纳入语义学。在塔斯基之后，逻辑学家一般就只在语义学的意义上理解真这个概念了。

语言与实在间为语义学所需要的那种对应关系，通常是在句子与其真值条件间建立的。相应地，关于真的语义学概念也就以"在特定真值条件下为真"的形式出现。与之相比，关于真的知识论概念则不会联系到这样的条件，而被直接用于句子。但是，我们还是可以把关于真的知识论概念划归到语义学概念中，或者说，用语义学概念来定义知识论概念。在给定的语义学中，如果真值条件得到满足，被赋予语义的那个句子也就在知识论的意义上是真的。进而,由于句子的真值条件是由模型来确定的,一种看来非常自然的做法就是,把知识论意义上的真理解为相对于模型的真,当模型就是现实世界时,相对于这个模型的真句子也就在知识论意义上是真的。弗雷格意义上的逻辑命题,则可以定义为对任何模型都为真的命题。在模型论(即塔斯基式的形式主义语义学)中,逻辑真命题在语义上就被定义为相对于所有模型为真的命题。①

塔斯基所要做的,就是系统地建立句子与其真值条件之间通过"……是真的,当且仅当……"这类形式表述的关系。这个定义的效果是巨大的,它为知识分析提供了系统的语义学。

从知识分析的角度讲,词语的意义就仅限于对句子的真值做出贡献的那些要素。因此,如果系统地解释了句子为真是怎么回事,这种解释就应当包含对于词语意义的系统性的解释。这种关系可以在下面这个简单的表述中看出,

  句子"F(a)"是真的,当且仅当,"a"的指称例示了"F"的指称。

这里,我们用一个词所指称的东西,来解释这个词的意义。由此可以看到,对词语意义的解释是如何与关于真的语义学概念联系起来的。这种联系在要对这个概念给出的是系统解释时更加突出。这种系统性常常这样获得:当一个词出现在不同句子中时,这个词的指称对这些句子的真值条件都会做出确定且同样的贡献,并且这种贡献可以通过一种模式来得到描述。塔斯基的定义会利用这一点,在对真做出的定义的基础上,建立一种一般意义上的语义学。

按照形式主义观点,在表述这种语义学时,也要找到一种方法,使我们不必使用像"指称""例示"以及"满足"这样的语义学词项。这些词项本身也必须得到形式主义的定义,也就是说,要通过形式系统来确定所有用这类词项构成的句子。显然,这样的句子必定包含为所有词语赋予语义时所使用的句子。为语义学词项给出形式主义定义,这本身就要逐个为所有词语确定相应语义学概念的实例。比如,对于"指称"这个词语来说,使用这个词语构成的句子中肯定包含了像"x 的指称 = y"这类形式的句子。当把所有词语一一代入 x,由此构成的句子也就为所有词语逐

---

① 关于模型,可参见本章第七节。

个确定了指称,即 y 所取的值。当代数理逻辑中通常用被称为"模型"的这样一种数学结构来完成这件事。

由于对语义学概念的要求仅限于刻画对句子真值做出贡献的那些要素,对语义学词项的形式主义定义,本身就是由对真这个概念做出的形式主义定义完成的。事实上,塔斯基关于真的定义,构成了当代的形式主义语义学,这就是数理逻辑中的模型论(model theory)。

第三节 形式语言

一种形式主义的定义,就是系统地构造被定义概念的所有实例。对于真这个语义学概念来说,被定义概念的实例就是这样一类陈述,它们所陈述的是,一个特定陈述句是真的,这意味着什么。为了获得这种方法,技术上最直接的做法,就是按照生成句子的系统方法来构造这样的实例。这样,对于任意按照这种方法生成的句子来说,真这个语义学概念的相应实例就确定下来;如果这种方法能够生成所有能适用真这个概念的句子,那么所有的实例也就都确定了。因此,塔斯基关于真的形式主义定义是从给出构造句子的系统方法开始的。

在一个形式系统中,待定义概念的实例要在不借助这个概念的情况下得到确定。眼下所考虑的定义要确定一种语言的意义,因此,这种语言要以独立于其意义的方式给出。构造句子的系统方法将体现这一点。这种方法的要点是,要把表达式看作没有意义的符号,它们作为物理实体出现,并只是依据特定的物理特征来加以识别。我们在弗雷格那里也曾见过类似要求,这就是针对系统的句法观点。在定义真这个语义学概念时,这个概念所适用的语言,也是按照句法观点来确定的。下面是按照这个观点来建立的一个简单的语言:

A) 初始符号:
变元:x_1,x_2,x_3,……
谓词:F,G;
逻辑联结词:~,∧;
量词:∃;
括号:(,)。

B）合式公式：

（ⅰ）所有形如 F（a）或者 G（a, b）的符号串都是合式公式，其中 a 与 b 分别是任意变元；

（ⅱ）若 P 是合式公式，则 ~P 也是合式公式；

（ⅲ）若 P、Q 是合式公式，则 P∧Q 也是合式公式；

（ⅳ）若 P 是合式公式，则 ∃x_iP 也是合式公式，其中 x_i 为 P 中的自由变元；

（ⅴ）没有其他合式公式。

这是形式语言的一个例子。初始符号就是那些不加定义的符号，语言中的所有表达式和语句都是由初始符号构成的。初始符号通过列举给出。这是一个不包含常项的语言。在一个形式语言中，合式公式（well-formed formula）就是在句法上正确的句子。① 合式公式是通过递归（recursion）来定义的。

所谓递归，就是利用一些可迭代的步骤逐层构造越来越复杂的结构。例如，利用步骤（ⅱ）得到的公式 ~F(x_2)，可以利用步骤（ⅲ）与 G(x_3, x_4) 构成 ~F(x_2)∧G(x_3, x_4)，之后又可以利用（ⅱ）得到 ~(~F(x_2)∧G(x_3, x_4))，如此等等。定义了合式公式，也就确定了在这个语言中出现的所有句子。这一点为（ⅴ）所确认。

注意，虽然形式语言也是按照句法观点确定的，但这种句法观点与弗雷格设计概念文字所使用的那种观点并不完全相同。在这里，语言的建立是从列举初始符号开始的，当这些符号再次出现时，人们可以通过其物理外形识别出来，因此，这些符号以及公式都是无意义的东西。相应的句法概念所针对的就是符号串的物理外形。

而在概念文字中，初始符号是作为名称与概念词出现的，它们虽然对应于上述初始符号中的变元与谓词，但建立这种区分的方式却参照了意义，尤其是，参照了句子具有整体性的意义这一点。在这样做时，句子的意义具体是什么，这没有起作用，但句子具有一种整体性的意义，这个事实本身还是被用来界定什么是名称和概念词，界定什么是函项结构。因此，概念文字中的初始符号不是作为完全无意义的符号出现的，关于句子意义的直观理解在确定那些初始符号时起作用了。与这里给出的形式语言

---

① 容易看到，这种语言中把含有自由变元的符号串也看作是句子。在当代逻辑中，这类句子被称为"开语句"。关于开语句，后文会进一步讨论。

相比较，概念文字所贯彻的还只是半句法性的观点。

第四节　实质充分性

前面提到，形式主义的构想就是用形式系统来"捕捉"真这个概念的意义。这里所说的实质充分性，就是衡量这种"捕捉"是否成功的标准。具体而言，这种标准所衡量的是，形式系统所建立的公理和推理规则是否真的表明了相应概念的意义。

在塔斯基看来，这样的实质充分性条件就是，所给出的形式系统应当能够推出所有具有下述形式的句子：

"P"是真的，当且仅当，P。

这种形式通常就被称为"T-模式"（schema T）。

这个模式有个引人注意的特点，那就是双条件句的左手边使用了引号来谈论一个句子，而右手边则使用了这个句子。塔斯基允许用其他手段来谈论句子①，只要保证所谈论的那个句子出现在右手边就可以了。显然，这个模式表达了这样一个直觉：断定一个句子是真的，这就等于用这个句子断定。

"T-模式"的形式很容易让人想起第三章第二节谈到的那个等式，即"P是真的"与"P"表达了同样的思想。然而这两种说法不是一回事。"T-模式"所谈到的是句子，而弗雷格则谈到了思想。在弗雷格那里，"P是真的"中的"P"是作为名称出现的，它指称句子"P"所表达的思想，而不是"P"这个句子。事实上，塔斯基对"T-模式"的使用，有意避开了像"思想""命题"这样的语义学词项。他的形式主义动机驱使他这么做。

按照塔斯基自己的说法，之所以说这样的形式可以充当实质充分性条件，是因为它表现了人们关于真这个概念的理解，即真就是与实在符合。② 在"T-模式"的形式中容易看到，加了引号的"P"所表示的是

---

① 比如用哥德尔配数法，用数字来表示句子。
② 参见塔斯基，"语义性真理概念和语义学的基础"（载《语言哲学》，马蒂尼奇编，牟博等译，商务印书馆1998年版，第81—126页），第84页。

任意陈述句，而把这个句子以不带引号的形式写出来，就是在用这个句子陈述一种情况。容易看出，这时这个句子所陈述的，就是真值条件得到满足时实在的情况。进而，"当且仅当"这个表达式，也就在句子与实在之间建立了对应关系。由此想见，"T-模式"所表达的，就是真理符合论。

前面我们已经知道弗雷格关于真这个概念不可定义的论证。如果真这个概念是不可定义的或者说是初始的，那么任何一种解释都不足以"捕捉"到这个概念，因为我们不能提供与之相对等的概念内容。不过，即使我们用这个论证来质疑塔斯基的"T-模式"，他也还是可以为自己辩护。他可以不主张"T-模式"给出了关于真这个概念的定义，而只是主张，对这个概念的理解要以满足"T-模式"为必要条件，也就是说，这种能够覆盖所有形如"T-模式"的句子。这样理解之下，"T-模式"就只是用来刻画真这个概念的外延的方式，它被用来说明，真这个语义学概念的实例都有哪些。这些实例不属于形式系统本身，而只是在设计形式系统时所要参照的目标。"T-模式"不是形式主义定义的一部分，因而无须考虑非循环性。

但是，弗雷格的论证中的一些东西还是会以另外一种形式出现，这次威胁到的不是"T-模式"的充分性，而是其是否真的表现了符合论直觉。我们知道，弗雷格的论证包含这样一种看法：当我们做出判断时，我们说出的是我们认为是真的句子。① 这种看法如果是真的，那么"T-模式"就将与任何关于真的理论相容，因而也就不能用它来表达某种理论。

为了看出为何是这样的，我们只需注意，当塔斯基说"T-模式"建立了句子与实在的符合关系时，实际上起作用的，只是句子与句子间的符合关系，因为位于双条件句右手边的，只是句子"P"。这里，弗雷格论证中的直觉就会这样起作用：只有当我们已经把真解释为与实在符合时，把句子"P"放到双条件句的右手边，并当作真句子说出来，它才陈述了实在的情况。另一方面，一个非实在论者可以把"实在"这个词当作某句子"为真"的另外一种说法，而无须承认实在可以以独立于语言的方式确定下来。对这样的人来说，把真解释成与实在相符合，也就失去了意义。但是，即使这样的非实在论者，也可以承认"T-模式"是必须接受的。关于真理的融贯论者通常就是这样一种非实在论者，因为他会认为句子或者信念为真，不过就是这个句子或信念与其他的足够多的句子或信念相融贯，而真这个概念不具备独立于语言或信念的地位。一个融贯论者会

---

① 参见本书第三章第二节。

声称，自己之所以使用"P"这个句子来说明双条件句左手边的子句什么时候是真的，是因为这个句子具备一种融贯性。

现在，大多数哲学家相信，"T-模式"在真理理论上是中立的，也就是说，无论持有何种真理理论，都会认为关于"是真的"这个谓词的这种使用，是一种必须与之符合的形式。

第五节　形式正确性

塔斯基要求自己给出的系统能够给出具有"T-模式"这种形式的所有句子，但却没有说，要能够证明：

对所有 P 来说，"P"是真的，当且仅当，P。

这里我们把"P"理解成变元，其值为句子。看起来，证明这个句子为真，这是一个非常合理的要求，因为"是真的"这个词无疑适用于所有可以用于断定的句子，这样的句子都可以在双条件句右手边出现。

之所以不这么要求，是因为这里使用了引号。当表达式或者句子出现在引号中时，这个带了引号的符号串就变成名称，它指称引号中的表达式或句子。这样，如果我们把"P"当作变元，那么当它出现在引号中时，所谈到的也就只是这个变元符号本身，而不是充当变元之值的那个句子。但按照使用这个全称句的本意来说，要讨论的恰恰是充当变元之值的句子。

因此，塔斯基必须把"P"的所有实例都构造出来，然后逐一证明它们满足"T-模式"。

这个任务在形式语言的框架内不难完成。在形式语言中，所有句子都是合式公式。只要使用递归方法，就可以构造出由初始符号构成的所有合式公式。因此，只要沿着递归程序，就可以系统地证明所有句子都具备某种特性，比如说，都满足"T-模式"。这种运用递归程序建立的证明通常就是归纳证明。如果还想处理自然语言，那么一种系统的方法就是用形式语言来分析自然语言，从而最终建立关于自然语言的真理概念。

但是，这个设想会遇到困难。我们知道，形式语言的构造方式最好与逻辑系统衔接，这样我们就可以利用逻辑系统所规定好的证明程序。这对形式主义来说是必须的，因为逻辑系统恰好给我们提供了一种以不涉及语义的方式进行证明的手段。困难也就这么产生了："T-模式"能够产生悖论，而这使我们不能利用形式化来达到定义真这个概念的目的。

这个悖论实际上就是著名的说谎者悖论（the Liar Paradox）。为了理解这个悖论，不妨注意引号的作用。既然引号的作用是用来构成一个名称，而这个名称所指称的是符号本身，而不涉及符号的语义，那么我们就可以单独规定符号的语义，甚至让符号来指称自身。这样，我们就可以针对"T-模式"来构造悖论。不妨让

  1) P ="P"假的。

也就是说，这个句子所说的就是自己（这个句子）为假。把这个等式代入"T-模式"的右手边就得到

  2)"P"是真的，当且仅当，"P"是假的。

而这是一个悖论。

左手边引号内的"P"可以不用代入。因为这样做只是得到指称同一个句子的不同方式而已，而这不影响最终得到的悖论。

塔斯基把产生这种悖论的原因归结为语义封闭（semantic closure）。所谓语义封闭，就是指表达式或句子通过语义关系构成了封闭的环状结构。除了上述说谎者悖论的例子，下面三个句子也构成了语义封闭：

  a) 句子 b 是真的；
  b) 句子 c 是真的；
  c) 句子 a 是真的。

如果把其中任意一个句子中的"真"换成"假"，我们就可以通过代入得到悖论。①

容易看到，语义封闭会导致递归程序失效，也就是说，我们不能从初始符号出发，通过递归来构造产生上述语义封闭的句子。表达悖论的句子 2) 左手边的"P"不必代入，这是因为造成悖论的是句子的语义，而在规定了 1) 的情况下"P"与"'P'是假的"之间的区别只是句法上的；但是，如果要通过递归来构造这个句子，那就要从句法上确定"P"是什

---

① 读者可以尝试一下，看类似的语义封闭需要什么条件才产生悖论。

么。此时，句子中使用了什么样的手段来指称自己，也就是重要的了。但是，我们很快就会发现，要达到这个目的，需要的代入是循环的或者说无穷的。这样的句子不可能通过递归来获得。

经过这样的观察，我们已经可以看出，要解决塔斯基所给出的悖论，可以有两种选择。一种选择是排除语义封闭性，另外一种选择则是保证句子构造程序上的递归性。递归程序肯定会排除语义封闭；但要排除语义封闭，却不见得要采取递归手段。塔斯基选择的是排除语义封闭，而这在客观上也就排除了对语言进行形式化的一个障碍。也许是出于这个理由，塔斯基把排除语义封闭现象的要求，称为形式正确性条件。

塔斯基用来排除语义封闭的方式已经成为当代数理逻辑中的一种常规性的做法，那就是区分对象语言（object language）与元语言（meta-language）。所谓对象语言，就是在"T-模式"中适用谓词"是真的"的那种语言，即构成"P"所指称的那个句子的语言；而元语言则是用来谈论这种语言的语言，也就是我们用来表述"T-模式"的那种语言。按照这种划分方式，"是真的"这个谓词就是元语言中的表达式，它被用来谈论对象语言；整个关于真这个概念的定义，也就是在元语言中做出的。

塔斯基的这种区分利用了一个直觉，即对象语言与元语言是通过引号区别开的。要谈到一种语言，我们必须使用引号。因此，带引号的表达式与其所指的符号属于不同语言，换句话说，带引号的表达式与引号中的表达式属于不同的语言。这个直觉与另外一个直觉一同起作用，即当我们构造一个句子时，所使用的符号都属于同一种语言。①

这两个直觉一起截断了语义封闭。如果句子"P"是在说自己是假的，那么按关于引号的直觉，"P"这个符号就同时属于元语言与对象语言。而这与我们的第二个直觉相冲突，因为我们用了不同语言的符号来构成句子。

第二个直觉倒不是说，不同的语言在各自看来不能包含同样的符号——事实上，对象语言中的词汇完全可以与元语言中的一模一样。但即便如此，它们也会因为属于不同语言而只是"同形词""同音词"以及"同义词"，而绝不能算是同一个词。当我们把这样的共有词汇同时放到一个句子中时，一定要用引号来加以区别。这样，当像"P"这样的对象语言符号出现在元语言中时，在语义上仍然发生了改变。由于这种改变，我们也就会说，被谈到的句子"P"拥有什么真值，绝不可能取决于用来

---

① 戴维森在讨论引号时也利用了这一直觉。参见"On Saying That", *Inquiries into Truth and Interpretation*, Clarendon Press, Oxford, 1984, p. 99。

谈论它的句子有何种真值。这样就避免了语义封闭。

事实上，究竟什么是一种语言，这在塔斯基那里没有得到明确的解释。在形式语言中我们会把一些符号当作同一个语言中的初始符号，并用它们通过递归程序来构成一些句子；这样我们就可以说，任何符号串只要是通过同一套递归程序从同一组初始符号构造出来的，就属于同一种语言。这是一种句法标准。但是，这个标准只能用来处理形式语言，却不适用于自然语言。这完全是因为，在自然语言中，我们根本就不是从初始符号开始来定义语言的——在某种意义上，在自然语言中我们始终是从"中间"开始，因为对任意给定的词语来说，我们总是可以用其他词语来解释或定义。这样，我们就无法使用这个标准。

为了在自然语言中定义真理概念，就要用另外一种方式来区分出不同的语言。我们知道，元语言与对象语言之间的区别是利用谈论与被谈论、指称与被指称的关系建立的，而这是一种语义学上的标准。但是，对于形式主义者来说，这种语义学标准不能充当定义语义学概念的起点，因为这样就进入了循环——要使用这种语义学标准，就要假定相应的语义学概念已经得到了把握。但是，如果不借助这个标准，在塔斯基看来，也就不能达到形式上的正确性。最后，塔斯基以语义封闭性为由，放弃以自然语言为框架定义真这个概念。他选择了可以"从头开始"的形式语言。

弗雷格主义者会这样指责塔斯基的这种理论设计：这样定义的仅仅是适用于一种语言的真谓词"是真的"，而不是适用于任何语言的真概念。弗雷格主义者会坚持认为，适用于不同语言的真谓词由于表达了真这个概念而被认为具有同样的意义。形式主义者的做法正好反过来，他要分别为不同层次的语言定义真谓词，然后说明，这样就可以穷尽真这个概念。这当然是难以保证的。一个原则性的困难是，由于形式主义者在不同语言中定义语义学词汇，他就缺乏一种语义学词汇，用于论证这样定义的词汇具有相同的指称。形式主义者很可能陷入一种无穷后退的局面，以期用不断上溯的元语言，来说明对象语言的语义。因为，只有当元语言已经具有语义，对象语言的语义学概念才能有效地定义出来。

第六节　真理定义

塔斯基采取语言分层技术来满足形式正确性要求，这样，得到定义的实际上是真谓词，而不是预期的真概念。真谓词与特定的对象语言联系在一起，并属于相应的元语言。在"T-模式"：

"P"是真的，当且仅当，P。

中，整个句子就属于元语言，而使用加了引号的"P"所谈论的那种语言，则是对象语言。"是真的"这个谓词，就属于元语言。"P"则指称对象语言的句子。

由于有了语言分层，实质充分性条件也就需要重新理解。在没有引入分层时，"T-模式"的两边出现的"P"是同样的句子，因此这个模式就体现了一个直觉，即说一个句子为真，就相当于使用这个句子做出断定。而当引入了语言分层时，两个"P"就不再是同一个句子——它们属于不同语言。这时可以采取的策略就是，把它们当作意义相同的句子，或者说，把元语言中的"P"当作对象语言中的"P"的翻译。这种策略的问题是，究竟什么是"翻译"和"意义相同"，仍然需要一种解释，并且这种解释不能诉诸语义学概念。关于这个问题，我们下一节再回来讨论。

塔斯基定义真谓词的基本思路是这样的：先利用形式语言的递归性质来定义"满足"（satisfaction），然后利用"满足"定义真谓词。

"满足"这个概念实际上是谓词与对象间的一种关系。比如，如果一片枫叶是红色的，那么这片枫叶这个对象，也就满足"是红色的"这个谓词。在当代数理逻辑中，人们常常使用"开语句"（open sentence）这个概念来替代弗雷格意义上的"谓词"这个概念。像"x是红色的"这样的符号串就被称为"开语句"。一个开语句就是带有自由变元的句子。满足关系也可以存在于开语句与对象之间，比如这片枫叶满足"x是红色的"这个开语句。

显然，"满足"是一个语义学概念，因为它在语言与实在之间建立了对应关系。在塔斯基的定义系统中，这种语义学概念必须加以定义，以达到最终消除所有语义学概念的目的。定义的方法就是按照形式语言的递归程序，对形式语言中的每个合式公式逐一说明使其得到满足的条件。这样，"满足"这个概念的外延也就得到了充分的确定，让我们即使在不知道这个概念的意义的情况下，仍然能够正确地使用这个概念。对于形式主义计划来说，这就意味着对这个概念做出了形式主义的定义。

比如，在前面已经给出的那种形式语言（不妨称这种语言为L）中，"满足"这个概念可以这么定义：

令 X 与 Y 的取值范围为对象序列，x_i 与 y_i 分别是任意对象序列 X 和 Y 中的第 i 个对象，A 和 B 是语言 L 中的句子。

1）对一元谓词 F 来说，对所有 i 和 X，X 满足 "Fx_i"，当且仅当 x_i 是 F；

对二元谓词 G 来说，对所有 i 和 X，X 满足 "Gx_ix_j"，当且仅当，x_i 和 x_j 之间存在关系 G；

2）对所有 X 和 A，X 满足 "∼A"，当且仅当，X 不满足 "A"；

3）对所有 X、A 和 B，X 满足 "A∧B"，当且仅当，X 满足 "A" 并且 X 满足 "B"；

4）对所有 X、A 和 i，X 满足 "$\exists x_iA$"，当且仅当，存在一个序列 Y，使得对于所有 j≠i，都有 $x_j = y_j$，并且 Y 满足 "A"。[1]

为了体会递归技巧是如何起作用的，只需注意这个定义与前面关于合式公式的定义之间的平行关系。由于这种平行关系，一旦我们确定递归程序，按照这种程序构造出的所有合式公式在何种情况下得到了满足，也就逐一确定了。

在这个定义中，我们不难注意到，塔斯基所使用的"满足"概念所涉及的是对象序列而不是单个对象。这样做的好处是，我们不必分别就主目数目不同的开语句做出说明，从而使定义更加简洁。对任意对象序列 X，决定它是否满足某个开语句 Fx_i 的，仅仅是这个序列中的第 i 个对象，如果这个对象满足 Fx_i，这个序列也就满足它，其他对象则是不相关的。

定义中的 4）有些不易理解。不难注意到，定义所针对的对象语言中不含个体常项，也就是说，不含有充当主目的常项，因此所有的闭语句都是存在量化句。这四个定义项中，唯有 4）针对的是闭语句，它引入了针对闭语句的"满足"概念。不妨以"x_1 是植物"这个开语句来说明这个定义项是什么意思。假定我们有这样一个对象序列，〈月亮，北京，一只狗，……〉。[2] 这个对象序列满足"$\exists x_1$（x_1 是植物）"，这就意味着，存在另外一个对象序列，这个序列是把前一个序列中的第一个项换成某个对象，其他项保持不变，而这个新的对象序列满足"x_1 是植物"这个开语句。现在，我们有这样一个对象序列，它是把原来的那个序列中的第一个

---

[1] 这里表述的例子来自苏珊·哈克的《逻辑哲学》，罗毅译，商务印书馆 2003 年版，第 134—135 页。

[2] 这里，我们用有序组来表示对象序列。对有序组来说，对象的顺序是重要的。

第九章　塔斯基:形式主义语义学　179

项换成一株夹竹桃得到的,即〈一株夹竹桃,北京,一只狗,……〉。依据1),这个新的对象序列满足"x_1是植物"。

从上面的解释可以看出,即使一个对象序列中没有任何对象能够满足一个开语句,当把这个开语句施以量化从而转化成闭语句以后,得到的闭语句也可以为那个对象序列所满足。这样,我们就可以得到为所有对象序列所满足的闭语句。

把"满足"这个概念用于闭语句,这对塔斯基的定义来说是关键的一步。只有闭语句才具备真值,因此,把"满足"用于闭语句,就能用这个概念来很方便地定义真谓词。

事实上,只要4)中双条件句右手边的条件得到了满足,一个闭语句将为任何对象序列所满足,而这时,那个闭语句将是真的。因此,塔斯基利用满足概念为真谓词给出的定义是这样的①:

　　L的一个闭语句是真的,当且仅当,它为所有的对象序列所满足。

这样定义的好处是,为了说明一个句子是否为真,我们不必提到任何特定的对象序列。这样,我们就不会说,真谓词表达了一个"相对的"概念。但是,这并不意味着,塔斯基会像弗雷格那样认为,真这个概念是否适用于某个句子,这甚至也不取决于现实世界是怎样的。从根本上,正是关于真谓词的定义,使得真这个概念得到了一种相对的解释。下一节我们还会回到这个主题。

使用了递归程序,我们就很容易看清楚,这样的定义何以能够满足实质充分性条件,即,对于对象语言中的所有句子"P",我们都可以证明:

　　"P"是真的,当且仅当,P。

这里以L这种语言为例来说明这是怎么做到的。对于L中的任意句子,只要这个句子是合式公式,我们就可以按照L中构成句子的递归程序,最终将其回溯到不含逻辑连接词和量词的开语句,从而分析成由这些开语句通过逻辑连接词和量词结合而成的形式。然后,我们对这种形式依次运用关于真谓词和满足的定义,由此可以确定,在何种条件下能说"P"是

---

① 参见苏珊·哈克《逻辑哲学》,第135页。

真的。这就是"T-模式"右手边的句子所表达的条件。我们在元语言中表达这个条件。如果表达这个条件的元语言句子可以按某种递归程序构造出来，而这一程序与 L 中构造对象语言的句子"P"的程序相同，那么，只要最初适用于开语句的"满足"概念得到了恰当的定义，L 中的句子"P"满足"T-模式"，这一点也就可以得到保证。因此，这里需要两个条件：

  a) 能够在对象语言 L 中用于构造合式公式的递归程序，也可以在元语言中构造句子；
  b) 得到恰当定义的"满足"概念。

这里，前一个条件实际上要求，元语言至少要像对象语言那样丰富。后一个条件则通过模型这个概念得到满足。

  在形式主义的定义中，所使用的形式系统是用来描述对象语言的。对象语言中所有能够适用真谓词的句子都在这个系统内生成，对象语言借此就被对应到一种形式语言中。在满足上述条件 a) 的元语言中，会有一个对应的局部也遵守这个形式系统。这样，虽然被定义的是属于元语言的语义学词项，但为了证明这个定义具有实质恰当性所需要进行的形式推演，仍然要在元语言中进行。这就要求元语言中也可以进行形式推演。这样的定义一旦完成，对象语言的语义也就确定下来了，因为对象语言的语义就是元语言中的语义学词项的适用实例。

  值得注意的是，在定义中对象语言的语义是不能起作用的，因为这正属于需要定义的东西；但元语言却作为拥有语义的表达式起作用。只不过我们不能在元语言中谈论元语言的语义，这时必须使用元元语言中的语义学词项。

第七节 相对于模型的真

  通过这种方式定义的是真谓词。它与特定的对象语言联系在一起，而不像在逻辑主义那里那样，要把真理解为超出特定语言的概念。但即使如此，这样定义的仍然可以说是一种关于真的概念，即相对于模型的真。不同的对象语言如果是相对于同样的模型和递归程序构造的（也就是说，差别只在于初始符号不同），那么它们将分享同样的真谓词定义。

通常，一个模型（model）是由一个集合和一个解释（interpretation）构成的。变元的定义域以及常项的值（即语义值）由这个集合确定。集合中可以包含各种各样的东西，比如具体的或抽象的殊相，以及像性质、关系、函数这样的共相。特定语言的模型中具体包含什么，这取决于使用这种语言时承诺什么样的本体论。

一个解释就是用来为符号指定语义的一套映射关系，它把模型中的对象或对象的子集指派给符号。在没有给出解释之前，符号是没有意义的。

比如，我们可以把自然数的集合当作一个模型，并利用这个集合来解释前面定义的形式语言 L。我们把这个集合当作变元的定义域，把 "F" 解释为自然语言中 "是偶数" 这种性质，而 "G" 则解释为大于关系。在给定了这一模型的情况下，符号串 "$\sim\exists x_1 \sim\exists x_2 G(x_2, x_1)$" 就获得了这样一种意义，它说，不存在这样一个自然数，没有一个自然数比它更大。容易看出，如果用作模型的集合把所有自然数都包含在内，那么这个句子是真的；但如果集合中的自然数只有有穷多个，那么这个句子就是假的。这就是句子的真值之于模型的相对性。

从模型这个概念我们可以看出，通过 "T-模式" 所表述的元语言与对象语言之间的意义相同或翻译关系是如何建立的。模型是用元语言描述的，因此，模型与对象语言的符号之间通过解释建立的关系，也就落实到元语言与对象语言之间。而这是一种翻译或者意义相同的关系。换句话说，我们使用元语言来为对象语言建立模型，这件事本身就保证了两种语言之间的翻译关系。被解释的那个元语言表达式，与指称所指派的对象的那个元语言表达式，这两者的意义是相同的。

此外我们还可以看到，一旦模型确定下来，"满足" 这个概念究竟是怎样定义的，也就清楚了。这个概念是通过模型中的事实加以定义的。在关于 "满足" 的定义式 1）中，双条件句右手边的子句，就是用来描述模型的。在初始符号过于丰富的情况下定义 "满足"，可能会出现不融贯的情况，比如，可能会有谓词在彼此冲突的情况下得到满足，但在符号上不能体现出这一点。而模型的使用，会自动排除这种情况，这是因为彼此冲突的情况不可能都通过模型得到实现。[①] 这样，模型就保证了对 "满足" 的定义是恰当的。

在形式主义语义学的理论框架中，真这个概念被理解为相对于模型的。这种理解在弗雷格那里阙如。毋宁说，在弗雷格那里，真是一个绝对

[①] 在模型论中有这样一个定理：一个形式系统如果有模型，那么它是一致的。

的概念，它不相对于任何东西。弗雷格不会认为，只有当我们知道实在是怎样的，才能知道何种句子是真的；对他来说，我们唯有通过知道哪个句子为真，才能知道实在是怎样的。而在塔斯基这里我们不难看到，由于真这个概念是通过真谓词得到理解的，实在是怎样的，这一点就被认为可以通过知道哪个元语言句子为真而知道，而这可以在知道哪个对象语言的句子为真之前确定下来。按照弗雷格的看法，不能脱离语言来知道实在是怎样的，因而只能把真这个概念理解为初始的和绝对的；而在塔斯基这里，由于我们总是可以从对象语言之外来说明对象语言的句子何时为真，真这个概念也就总是可以按相对的方式加以理解。此时，句子是否为真，取决于实在是怎样的，或者，取决于句子按照何种模型得到解释。

一旦建立了真这个概念，也就可以在此基础上解释什么是逻辑真。现在，学过当代数理逻辑的读者都很熟悉这个解释，这就是形式语义学或者模型论意义上的真概念，即一个句子在逻辑上为真，当且仅当这个句子对所有模型都为真。可以看到，这样一来就把逻辑句子的真，解释为一种普遍性。从直觉上看，这种普遍性就在于，逻辑句子为真，并不取决于在什么模型中解释这个句子，换言之，不取决于我们使用这个句子要加以陈述的是什么样的现实世界。

按这种方式解释逻辑真，就使我们得到一种方法，来说明真这个概念究竟是怎样的。从直觉上看，真这个概念是某种稳定的东西，而相对于模型的，则是真值。因此，要表明真这个概念究竟是怎样的，也就相当于要说明，句子的真值是以何种方式依赖于模型的，进而也就等于说，要在真值之于模型的依赖关系中找到一种不变量——逻辑真恰恰就是这种不变量。形式主义者可以说，有什么样的逻辑真句子，也就有什么样的真概念。最终，那些对于所有模型都为真的句子，也就确定了关于真这一概念相应的语义学解释。

第八节　元逻辑

我们知道，形式主义的主要目标，是用形式系统来刻画我们关于真这个概念的直觉理解，而这种理解体现为，我们会把具有"T-模式"的句子当作是真的。为了达到这个目的，塔斯基引入了模型这个概念，并在模型上定义真谓词。然而，具有"T-模式"的句子并不是形式系统的一部分，也不能从形式系统中推出。

由于形式系统是用对象语言构造的，而真谓词定义是用元语言做出的，这些定义就不能纳入形式系统中，而只能充当为对象语言的句子赋予真值所需要参照的条件。这些条件只在元语言的范围内表述，而不会进入对象语言。这样，形式系统就仅仅由弗雷格和罗素意义上的逻辑系统构成，它只限于对象语言；而关于这个形式系统的语义指派以及逻辑—语义特性的研究，则属于元逻辑（metalogic）的层次。

逻辑系统作为一种语言系统是分了层次的。我们会有属于不同层次的逻辑系统，即使这些逻辑系统在形式上完全相同，它们也仍然是不同的系统。所谓"元逻辑"，就是借助语言分层而以一个逻辑系统为研究对象所展开的逻辑研究。这里，被研究的逻辑系统处于对象语言层次，是由对象语言构成的，而元逻辑系统则由元语言构成。即使都是与比如说概念文字在形式上一模一样的系统，作为逻辑系统，它们仍然是不同的。

在这种意义上，塔斯基最初的目标，即推出具有"T-模式"的所有句子，就是在元逻辑层次上完成的。这些句子是元逻辑定理。事实上，塔斯基意义上的元逻辑研究，就是对于对象语言层次上的形式系统进行的语义学研究。对于形式主义者来说，这种研究中最为重要的问题是，这种形式系统是否刻画了真这个概念。按照当代数理逻辑的标准做法，这一点表现为两个元逻辑定理是否成立，即形式系统的可靠性（soundness）和完全性（completeness）。为了理解这一点，我们需要一些概念上的准备。

不妨引入一个比逻辑真这个概念更宽的概念，即后承（concequence）。如果在一个语句集合Σ中的句子都为真的情况下，某个句子P不可能为假，我们就称P是Σ的后承。后承关系有效地刻画了什么是推论。如果Σ是空集，那么P就是逻辑真句子。

我们可以把像概念文字这样的逻辑系统看作是对后承关系的一种理论刻画，这与把逻辑系统看作是关于真这个概念的理论并不冲突。这是因为作为真理理论，逻辑系统必须给出一种产生真句子的系统的方法，而这种方法的基础部分，就是说明从一个真句子如何产生另外一个真句子，也就是对后承关系进行刻画。

从形式主义的角度看，形式系统是从形式的角度来刻画后承关系的，这里我们不妨称其为"句法后承"（syntactic consequence）[①]。一个句子是一组句子的句法后承，也就意味着存在一种形式变换程序，可以从这组句

[①] 这里仍然要注意，这里所说的"句法"与逻辑主义所理解的句法不尽相同。参见本章第三节结尾处的讨论。

子通过变换衍推出这个句子。用这种方式解释后承，我们就称其为证明论解释（proof-theoretical account）。而在数理逻辑中对这类变换程序的研究，就构成了证明论。

在逻辑主义那里也有证明论的部分。形式主义者的贡献在于把模型论作为可以与证明论分离的语义学加给逻辑。而对于后承来说，相应的贡献就是给出了一种语义学解释，即：

> P 是 Σ 的后承，当且仅当，不存在这样一个模型，Σ 中的所有句子都在其中为真，而 P 在其中为假。

这样的后承概念我们又称其为"语义后承"（semantic consequence）。

可以看到，语义后承这个概念表现了关于真这个概念的语义学解释是怎样的，因为通过它可以系统地生成所有从语义学角度看在逻辑上为真的句子。与此同时，句法后承这个概念，则表现了一个形式系统可以保证怎样的衍推，从而表明从句法角度可以为体现真这个概念提供何种保证。因此，考虑到形式主义者的动机，即利用形式系统来刻画真这个概念，一个顺理成章的要求就是，保证语义后承与句法后承重合。只有达到这个要求，形式主义的目标才算实现。

具体说来，这项要求是这样的：

> 可靠性定理（Soundness）：对任意句子集合 Σ，如果句子 P 是它的句法后承，那么 P 就是它的语义后承；
>
> 完全性定理（Completeness）：对任意句子集合 Σ，如果句子 P 是它的语义后承，那么 P 就是它的句法后承。

形式主义者通常愿意把"真"这个词留给语义学解释，而对形式系统中的句子，则只谈论其是否可以证明，或者是否是公理或定理。按照这种术语习惯，可靠性的意思就是，在一个形式系统可以证明的句子都是真的，而完全性的意思则是，用某种对象语言构造的逻辑真句子都是可以证明的。这里，形式系统和对象语言是同时确定的。在形式主义者看来，如果一个形式系统既是可靠的又是完全的，它就真的"捕捉"到了真这个概念，从而，我们也就可以以纯粹形式的方式看待一个逻辑系统，而不必关心其中符号的语义。

这些元逻辑定理是在元语言层次证明的。通常，人们为了讨论起来方便，采用一种极简的元语言，这种语言直接把对象语言的符号包含在内，除此之外只是添加一些用来刻画对象语言的句法概念和语义概念。元语言也将遵守自己的逻辑，并依照这一逻辑来获得元逻辑定理。如果形式主义者的目的是描述已经在我们的推理活动中起作用的那种逻辑，而不是要重新规定它或者为其提供基础，那么这种元逻辑可以只是以自然演绎的形式出现。这样，元逻辑定理的证明也就会停留在直觉的层次上。不过，在这种情况下也可以使用已知是可靠的形式系统，即使这种系统的完全性没有得到确认也没有关系。

阅读材料

1. 塔斯基："语义性真理概念和语义学的基础"，载《语言哲学》，马蒂尼奇编，牟博等译，商务印书馆1998年版，第81—126页。在本文中，塔斯基按照较为通俗的方式解释自己的形式主义定义。

2. 苏珊·哈克：《逻辑哲学》，罗毅译，商务印书馆2003年版，其中有专章讨论塔斯基的定义。

第十章 卡尔纳普:关于科学的理性重构

卡尔纳普的哲学在很大程度上可以追溯到维特根斯坦在《逻辑哲学论》中所表达的思想,但我们也可以从其他的理论来源来理解它。例如,我们可以把它理解为康德主义、实证主义(或者经验主义)以及形式主义的某种混合,其中还包含了来自弗雷格和罗素的一些要素。这几种要素以一种非常紧密的方式结合在一起,并以一种非常接近于(但仍然差别巨大)维特根斯坦的方式得到了表达。由于这种综合的特性,我们可以把卡尔纳普关于哲学分析的基本想法当作分析传统的成熟形态。来自分析传统之外的读者,通常也这么看。

第一节 知识分析

卡尔纳普关于知识的概念中既包含康德主义的或者说理性主义的要素,也包含经验主义的或者说实证主义的要素。人们在理解卡尔纳普时,有些人强调其实证主义的方面,也有些人强调其康德主义的方面。在这里,我们希望能够厘清,这两个方面是如何衔接到一起的。

康德的思想本身就是理性主义与经验主义的综合。他认为知识是理性主体对经验材料进行组织的结果,因此,我们一方面可以说,知识的来源是经验,另一方面也可以说,只有通过理性主体的组织和建构能力,知识才是可以辩护的。我们可以在康德关于知识的理解中,看到经验内容与理性形式之间的区分。经验内容是主体从外部世界中接受的东西,而理性形式则是主体自身的贡献,并且因为是这样一种贡献,而具有独立于经验的地位,是某种先天的东西。

这幅图景与卡尔纳普成熟时期所刻画的知识图景惊人地相似。我们甚至可以说,卡尔纳普提供了一幅比康德"更加康德"的图景。在休谟问题的压力之下,康德相信,来自经验的内容都不具备必然性,而知识内容

第十章　卡尔纳普：关于科学的理性重构　187

的增长与演绎推理所能提供的那种必然性不可兼得。于是，康德无法把所有的知识内容都交由经验来提供。他必须主张有一种来自先天的知识内容，这样才能保证一些综合命题的必然性，才能在解释推理的必然性的同时保证知识的可扩张性。因此，对康德来说，并非所有的知识内容都来自经验，而这在某种意义上模糊了知识的表征性本质，并且为康德的系统引入了一种难以处理的复杂性。与之不同的是，在卡尔纳普这里，内容—形式之别与经验—先天之别完全重合，理性主体为知识提供的是纯形式的东西，并且，重要的是，这样还不会面临康德的问题，即如何协调推理的必然性与知识的可扩张性。我们可以说，形式主义者为卡尔纳普提供了坚持康德主义的条件，而这种条件甚至连康德本人都无缘享有。

卡尔纳普之所以拥有这一条件，是因为逻辑观念从弗雷格的概念文字到形式主义者的形式系统的发展，使卡尔纳普可以利用重新定义了的"分析性"（analyticity）这一概念，来对内容—形式之分与经验—先天之分进行比照，从而建立两种区分之间的重合关系。这种比照是这样进行的：如果这两种区分以及分析—综合之分都是各自穷尽（即每种区分法都不会产生第三个类别）且绝对的（即每种区分都不会随条件而变动），那么，内容与综合的重合，以及先天与分析的重合，就共同决定了内容—形式与经验—先天这两个对子间的重合关系。容易看出，这种比照只有在承担分析性的东西不仅不提供内容，而且必须享有先天性这样的知识论地位才有可能。

卡尔纳普对分析性的定义在字面上与弗雷格的定义相同，而这个定义不同于康德。在康德那里，分析判断就是主词所表达的概念内涵包含了谓词所表达概念内涵的判断。这个定义是在词项逻辑框架下做出的。弗雷格在抛弃了这个框架之后，把分析命题定义为按照意义与逻辑即可确定为真的命题。[1] 显然，逻辑命题是分析的。但是，这种分析性的概念并不排斥内容，因为逻辑命题作为分析命题仍然是有内容的。卡尔纳普对分析性的理解显然不同于弗雷格，而这种区别来自对逻辑命题的不同理解。

在《逻辑哲学论》中维特根斯坦表述过，逻辑命题由于是重言式而没有内容。另一方面，维特根斯坦与包括卡尔纳普在内的维也纳小组成员接触过，维也纳小组也认真地研究过《逻辑哲学论》。因此，似乎有理由认为，卡尔纳普基于重言式的概念才达到新的分析性概念，才得到逻辑命

---

[1] *The Foundations of Arithmetic: A Logical-mathematical Enquiry into the Concept of Number*, 2nd ed., Trans. by J. L. Austin, Harper & Brothers, 1960, p. 4.

题没有内容的结论。然而，鉴于维特根斯坦思想的复杂性，同时也鉴于卡尔纳普实际发展自己观点的方式，我们也有理由认为，卡尔纳普是按照一种相对独立的思路建立起自己的分析性概念的。因此，一种更加合理的解释是，卡尔纳普通过与塔斯基接触，吸收了形式主义的观点[①]，而他的分析性概念是从形式主义观点发展而来的。

这种解释有一个值得重视的好处，它让我们直接看到，分析命题在保证推理必然性的同时，又是如何满足知识的可扩张性要求的。这完全是因为，形式主义的逻辑观允许出现形如"P→Q"这样的逻辑命题，与此同时，还不会让我们觉得"Q"的内容包含于"P"的内容之中。而这一方面意味着，从 P 推出 Q 的推理是必然的，另一方面，在直觉上，这样的推理"扩充了"知识。

之所以如此，完全是因为，按照形式主义的观点，像"P"和"Q"这样单独的符号或符号串，如果它们包含了不同的初始符号，那么它们本身是没有意义的。它们的意义来自彼此的连接关系，因而也就允许出现"P→Q"在逻辑上为真、并且"P"与"Q"至少在符号形式上不含有重合部分的情况。从直观上解释，这就是"P"与"Q"不存在内容上的包含关系的情况，因为按照句法优先的观点，符号意义上的关系必须表现在句法形式上。形式主义者无疑遵从句法优先的原则。

卡尔纳普的知识分析是以一种意义理论为基础的，而这区别于康德的基于判断的分析方式。一旦分了分析命题与综合命题，也就能够按照上述比照的思路建立起整齐的康德式知识图景。正是在这一图景的基础上，卡尔纳普和维也纳小组的其他成员以及柏林学派的哲学家们一起，建立了科学哲学的经典形式。

对于这幅图景的理解可以有两个不同的方向，即实证主义方向和理性主义方向。我们知道，如果分析—综合之分是穷尽的，那么只要正面界定了任何一方，也就同时界定了另外一方。这样就会有两个方向可供选择。一个方向就是实证主义方向，沿着这个方向，可以先说明什么是综合命题，并把综合命题与内容以及经验对应起来，这样，分析命题就可以通过排除法得到。另外一个方向，则是先说明什么是分析命题，把分析性与形式以及先天性对应起来，再通过排除法界定另外一方。在康德那里，后者动用的是主体的理性能力，因此就称其为对康德图景的理性主义解释；而

---

① Cf. "Intellectual Autobiography", in *The Philosophy of Rudolf Carnap*, (Paul Arthur Schilpp ed., Open Court, 1963), pp. 30 – 1.

前者则因为依赖于关于认知意义的可证实性标准，因而归于实证主义解释。

卡尔纳普在这两个方向上都发展过自己的想法。早期，他和维也纳小组的其他成员一起主张可证实性标准，后来则经历了一个逐步弱化立场的过程。他主张用"逻辑经验主义"（logical empiricism）这个标签来替代"逻辑实证主义"（logical positivism）。

在本章接下来的篇幅中，我们就先说明一下什么是科学系统，然后简单介绍一下关于意义的可证实标准，最后再着重说明关于康德图景的理性主义解释。

第二节 科学理论与科学语言

卡尔纳普以及逻辑经验主义者对知识展开分析时，总是以科学系统为对象展开。科学系统是成熟的科学研究的产物。不同于零星的知识，它是由命题通过推理关系连接在一起构成的。通过这种推理关系，研究者得以对某个命题展开解释，从而说明为什么这个命题是真的。

科学系统不同于零星知识的地方还在于，它是由普遍命题构成的，而这使它能够解释一类现象。通常，这意味着这个系统有通往特殊现象的接口，至少有输入输出两个接口。我们可以把一个科学系统视为一个黑箱，当通过入口输入一些用于陈述经验现象的句子时，我们就可以通过推理输出一个经验陈述句。输出的句子所陈述的现象由此就得到了科学系统的解释。我们可以通过对比这些句子与实际的观察来检验这个科学系统。

科学系统也称为科学理论。在后面的讨论中，科学理论也简称为"理论"。

理论内部建立的推理关系应当是必然的。对这种必然性的一种自然的解释是，这种推理关系是由词句的意义决定的，这样，这种关系的改变或解除，就将以词句的意义发生改变为代价，而这进而意味着我们改变了所谈论的主题；因此，就我们原先谈论的主题而言，推理关系也就是不可改变或解除的了。因此，理论的概念建立在语言的概念之上。这种解释在很多时候也用于解释先天性。

一种语言就是一组被赋予了意义的符号，我们用这组符号来表述理论。从形式主义角度看，在语义上具有恰当性的语言首先是形式语言，这种语言配备了一组初始符号，所有其他符号都可以利用初始符号通过递归程序构成。这种递归程序的运作，无须参照符号的意义。

在形式主义框架中，语言可以按照初始符号和递归程序来加以区分，按照不同的初始符号或递归程序生成的符号串属于不同的语言。一个形式主义者显然也愿意说，通常使用的那种"属加种差"的定义方式，也可以用来划分不同的语言，我们会把被定义项纳入定义项所属的语言。这是因为，这种定义相当于是在递归程序中引入一种替换规则，它规定，当用定义项来替换被定义项，就由被定义项构成的合式公式得到新的合式公式。这里，被定义项与定义项都可以仅仅视为无意义的符号。

由于属加种差的定义方式对应着一种分类系统，对不同语言进行区分，也就意味着对于事物进行分类。比如，我们依次可以把这样几组事物按照包含关系放到各自的分类系统中，

1）海豚，哺乳动物，动物，生物，物
2）2，偶数，自然数，实数，数
3）"广州在中国南部"，"某个东西在中国南部"，"某个东西在某个东西的南部"，关系命题，命题

在每组事物中，前面的类别包含在后面的类别中，相应地，就它们的符号来说，前面的词可以用后面的词来定义。各组最后的词语是不能被定义的，因此它们都属于不同语言，并且都是各自语言中的初始词项。这三种语言就是物理语言、数学语言和逻辑语言。按照卡尔纳普的术语，这些语言内部的各词项通过彼此的定义关系分别构成三个语言框架（linguistic framework），而各组最后的那个词，就标出了相应的"范畴"（category）。从形而上学上说，范畴就是事物最大的类别。

按照形式主义语义学，语言的意义都可以利用模型来加以确定。我们可以说，模型就是一种语言所描述的实在。这样，这种语言所构成的理论，也就是关于这种语言的模型的理论。只要有足够的理由在解释理论的推理能力时不用借助符号的意义，我们就能够把理论视为形式系统。事实上，卡尔纳普不仅把形式主义观点当作一种可以接受的逻辑观点，而且用这种观点来看待一般意义上的理论，从而将其塑造成更加广义的科学哲学。

第三节 科学理论的经验基础

像孔德和斯宾塞这样的古典实证主义者通常把经验与科学命题的真值联系起来,对他们来说,命题只有获得经验的证实,才能是真的。而像卡尔纳普这样的逻辑实证主义者,则把命题的认知意义与经验联系在一起。对他来说,只有那些原则上可以获得经验证实的命题,才是具有认知意义的命题,从而才是表达知识的命题。① 由于把经验证实当作命题是否具有认知意义的标准,卡尔纳普以及逻辑实证主义者得以在逻辑的层次上贯彻实证主义的基本思想。学者们通常把这一标准称为关于认知意义的证实主义(verificationism)原则。

逻辑实证主义者贯彻证实主义标准的方式,就是先找出一类特殊的、被称为"观察句"的句子,用观察句来陈述通过感官直接获得的经验内容;然后用观察句来陈述要判断是否有认知意义的句子的真值条件,或者说,把要判断的句子改写成观察句的真值函项,从而说明要判断的句子是否能够通过经验观察来得到证实;如果待判断的句子在真值上依赖于观察句,那么,它就合乎证实主义标准,因而具有认知意义。

这样一来,观察句本身就陈述了经验内容,而这并不取决于观察是否真的实施过。因此,利用观察句来贯彻证实主义标准,就不会把那些当前未获证实,但以后可能得到证实的句子排除在外。这样一来,只要原则上能够被证实,一个句子就具有认知意义。

在传统的经验论者那里,判断某种内容是否来自经验,是通过感觉器官来确定的。气味总是来自经验,这是因为它可以为嗅觉所感知。但是,感觉器官本身是经验之外的东西,因此这个标准在知识论上的是不起作用的。我们必须先知道这个标准是怎样的,而这要超出经验的范围。一个看来更加彻底的标准是这样的:我们能够直接知道经验的发生与否,比如说,这时我们感觉到某种被动性、对发生的情况不能随意改变;既然如此,我们就可以从某个内容是否与这种表

---

① 对逻辑实证主义来说,不仅经过经验证实的句子有认知意义,为经验所证伪的句子也有认知意义。这类句子也具有与经验相联系的内容,并且正是因为具有这样的内容,才是能被经验所推翻的。明白这一点以后,后面在大多数情况下,当我们说到"证实"时,也包含了证伪。

示经验的发生的标志相联系，来判断它是否来自经验。这个标准是一种经验标准，标准的运用不是诉诸推理，而是诉诸经验本身——判断某个内容是否来自经验，这可以说是人的一种反应，而不是基于推理。

采纳证实主义标准，实际上就把判断一种内容是否属于经验的标准从经验转交给了逻辑。与传统的经验论标准不同，逻辑实证主义的标准，是把表述经验内容的句子当作这样的标准。由于句子属于逻辑领域，这样做建立的实际上就是关于经验内容的逻辑标准。这一标准之所以是逻辑的，不是因为其内容，而是因为其起作用的方式——我们需要通过推理或者逻辑分析，来确定一种内容是否来自经验。

对于观察句应当采取何种形式，逻辑实证主义者们有不同意见。这里只简单陈述一下这些意见，而不对孰优孰劣做出评断。

一种意见认为，可以用描述感觉材料的句子来充当观察句。这种句子中的指称词项所指称的是感觉材料，而谓词则表示感觉材料所具有的性质，当然，这些性质是可以感觉的。这样的语言通常被称为"现象语言"（phenomenological language）。这里的"现象"是就可以感觉而言的，并不预示着有某种与之相区别的"本质"。主张句子的认知意义应当用是否最终能够转换成这样一种由现象语言描述的内容来衡量，这样一种观点就被称为"现象主义"（phenomenologicalism）。

现象主义观点具有一些优点，其中最突出的是，它对感觉材料在认知活动中的地位给予了充分的尊重。按照一般的看法，认识活动是从接收感觉材料开始的，感觉材料的获得促发了后续的所有过程，因此，感觉材料在认知上是优先的。这种认知上的优先性，使人们自然而然地认为，感觉材料穷尽了心灵通过经验所获得的所有内容。如果这是真的，那么选择现象语言来组成观察句，这就是自然而然的。

但现象主义的缺点也是相当触目的。感觉材料虽然是一种对象，因而可以认为在形而上学上享有实体的地位，但这种实体却是私人的、转瞬即逝的。由于感觉材料是感觉器官受到刺激所产生的，而这种刺激总是在一时一地发生，感觉材料本身也就只是在一时一地存在。这就表现为，即使是由同一个对象的刺激所产生的，不同人所拥有的感觉材料仍然是不可比的，并且，对同一个人来说，一个瞬间产生的与下一个瞬间产生的也不是同一个感觉材料。这个困难我们也可以在经验论那里看到。经验论仅仅通过经验来解释知识，而经验是来自对象的刺激所产生的，经验论也就无法解释观念的普遍性与必然性。

第十章 卡尔纳普:关于科学的理性重构

与现象主义相对立的观点是物理主义(physicalism)观点。这种观点主张,观察句所描述的应当是物理的对象,准确地说,是中等大小的、人类的感觉器官能够直接感觉到的物理对象。所谓物理对象,就是那些占据空间、服从物理学定律的东西。如果观察句所描述的是物理对象,那么其所使用的指称词项,指称的也就是物理对象,而谓词所表示的就是物理对象所具有的那些性质,这些性质本身是可以感觉的。这样的语言就称为"物理语言"(physical language)。

与感觉材料相比,物理对象具有公共性和稳定性。它们不是转瞬即逝的,同时也是具有正常感觉机能的人都可以感觉到的。不过,物理对象并不具有感觉材料所具备的那种认知上的优先性,我们还不能说,只要描述了物理对象,也就给出了相应的经验内容。因为,通过描述物理对象,我们只是推论出,感知到这样的物理对象的人会获得与我们相同的经验内容。对感觉机能不同的人来说,同样的物理对象可能对应于不同的经验内容。事实上,物理主义要求我们在一种相当含混的意义上理解"感觉机能"。比如,眼镜、显微镜、天文望远镜、超声波技术、X射线成像技术等使得我们可以感知的范围大大扩展,通过它们所观察到的东西(当然也属于物理对象),也有理由归于可感觉之列。

按照卡尔纳普用来分析科学知识所使用的框架,物理语言与现象语言都可以充当给出观察句所用的语言,卡尔纳普对这一点持"宽容原则"。后面我们会回头考察这个原则。对卡尔纳普来说,不管是现象语言还是物理语言,都不是真正进入科学理论的东西。观察句需要通过一种翻译程序才能为科学理论所用,通过这种翻译程序的过滤,物理语言与现象语言之间的差别消失了。卡尔纳普的分析框架所需要的仅仅是,要有一种独立于科学理论的观察句,这种观察句是科学命题具有认知意义的标准。观察句在没有建立科学理论之前就有了,这使科学理论得以建立在独立的经验观察的基础之上。

构成观察句的词项,除了一些必要的逻辑成分以外,那些指称可观察对象(感觉材料或者物理对象)的词项,以及那些用来表达可观察性质的谓词,都被称为"观察词项"。观察词项的意义是通过其所表达的经验内容确定的,这确保了观察句具备经验内容。

按照卡尔纳普关于科学的分析框架,观察词项并不进入科学理论中的核心部分。为了对科学知识给予充分的解释,必须说明科学推理是如何可能的,以及科学解释何以能够普遍适用。观察词项不具备这种解释力。要解释推理，就要解释科学命题的必然性是如何获得的，而我们知道，这种必然性是不能通过经验内容来解释的。

卡尔纳普对这种推理能力的解释，是通过理论词项得到的。在一种科学语言中，观察词项之外的词项就是理论词项，科学理论的核心部分由理论词项构成。一个句子只要包含了理论词项，它就是理论句，其中有观察词项也不要紧。

观察句与科学理论之间的联系是通过对应规则建立的。在科学推理中，当需要把观察句当作前提，由此获得一些科学预测的时候，就要把观察句所提供的内容输入科学理论体系。由于观察句以及观察词项本身不具有推理能力，这个过程需要把观察句以及观察词项消除掉，并代以理论词项，从而以理论词项来表述经验内容。对应规则就起这个作用。这看起来很像翻译。实际上，对应规则通常就被认为是一种把观察词项翻译成理论词项的规则。

比如，在核物理实验中，人们通过气泡室来观察粒子裂变过程。对粒子裂变的描述是用理论词项进行的，比如粒子的电荷量、质量等。这些是不可观察的性质，它们构成核物理学中的理论句。描述气泡室中的气泡轨迹所使用的词项，则是观察词项，由此构成观察句。现在，要从观察到的情况中得出原子核中发生了什么事，就需要一套对应规则，让我们把关于气泡室所给出的那些观察句，翻译成描述核裂变过程的理论陈述。在熟悉气泡室工作原理的情况下，这种对应关系是很容易建立的。

对应规则表述出来，就是既包含了理论词项，又包含观察词项的句子。这样的句子我们可以将其看作对其中所包含的理论词项的定义，即用观察词项来定义理论词项。由于观察词项的意义独立于科学理论，这样的对应规则也就赋予被定义的理论词项以意义。对应规则中包含了理论词项，因而属于理论句。

虽然有这样的对应规则，也并不是所有的理论词项都可以通过对应规则翻译成观察词项。如果句子中包含这样的理论词项，那么它就不能通过对应规则翻译成观察句。这样的句子按照证实主义原则是没有认知意义的。比如"质子是一种物质"这个句子就是如此。其中包含的"物质"一词无法翻译成观察词项。像这类词项，其意义就是通过形式主义的方式得到解释的。

最终，一个科学理论的框架就如所示。

第十章 卡尔纳普:关于科学的理性重构

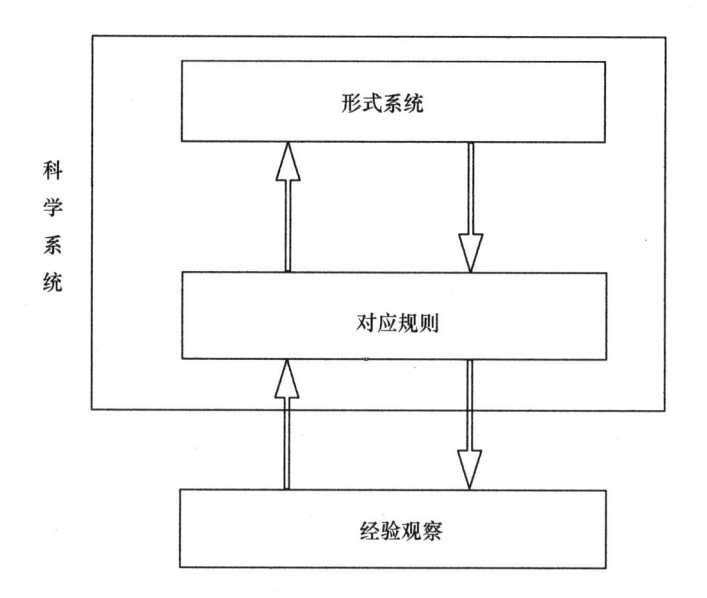

```
          ┌─────────────────────┐
          │     形式系统         │
          └─────────────────────┘
              ↑       ↓
 科         ┌─────────────────────┐
 学         │     对应规则         │
 系         └─────────────────────┘
 统            ↑       ↓
          ┌─────────────────────┐
          │     经验观察         │
          └─────────────────────┘
```

图中的空心箭头表示认知内容的输入输出方向。经验观察为科学系统提供观察内容。这些内容以观察句的形式经过对应规则的翻译,以理论句的形式输入形式系统。形式系统对这些观察内容进行推理或计算,然后得出一些预测性的内容。这些内容作为理论句经过对应规则的翻译,被赋予了观察句的形式后输出,最后通过经验观察予以证实。

我们可以从动态的角度来看待科学理论系统。证实主义原则确定了认知内容的来源,它说,认知意义必须回溯到经验观察。对应规则本身是独立于经验观察的。它的作用可以看作是传输意义的管道,流进这个管道的是观察句,观察句本身有认知意义;流出这个管道的是来源于经验观察的认知意义,不过采取了理论句的形式,这些理论句仍然回溯至经验观察。

可以按照同样的思路来看待形式系统。就形式系统在特定的科学推理过程中所起的动态作用来看,在科学研究的某个时刻,形式系统中的理论句总是有两类,一类是来自经验观察的、经过翻译得到的理论句,另外一类则是形式系统中本身就有的、那些构成稳定架构的理论句。后一类理论句也像传输意义的管道一样,连通着形式系统的输入输出端;前一类理论句则犹如管道内流动的、承载着意义的句子。按照证实主义原则,后一类理论句是没有认知意义的;至于前一类理论句,则由于始终可以回溯至经验观察,因而具有认知意义。

第四节　科学理论的逻辑基础

卡尔纳普还不能直接把形式主义的逻辑观推广到所有的科学理论，像物理学以及生物学这样的自然科学与逻辑之间还存在着直觉上的区别。对于逻辑我们似乎不必承认有逻辑对象存在，但物理学和生物学却要承诺物理的对象和生物的对象存在。这些对象构成了相应词项的指称，从而决定了相应陈述的真值。把物理学理论和生物学理论视为形式系统，就意味着要否认这一点，因为在形式系统中，陈述的真值并不取决于相应对象是否存在。卡尔纳普无疑承担着巨大的立论负担，他需要挑战我们关于这些科学的直觉理解。接下来我们就以一种简略的方式勾勒出这个论证的基本思路。

把一种科学理论处理成形式系统，其预备步骤是将其构建成公理系统。按照形式主义的语义学构想，一个形式系统必须是一个公理系统。

公理系统的核心特征是推理的自足性。一个推理系统如果无须系统之外的句子作为前提就可以运作，那么这个系统就是一个公理系统。我们可以以这一特性为目标，把一种科学理论构造成公理系统。方法是把所有可能的推理形式都归结为尽可能少的几种推理形式迭代使用的结果，并把这种理论所需要和可能实施的所有推理的前提都聚拢到一起。当然，这样的前提必须是理论句。

这样得到的系统可能不是封闭的，也就是说，随着新的推理出现，我们总是需要向这个系统中增加新的理论句，以充当推理的前提；既然可能有无穷多的推理，我们也就会需要无穷多的前提。但是，封闭性是关于科学理论的规范性要求，而不是单纯对特定历史发展阶段中的科学理论做出的概括。如果一种科学理论不是封闭的，那么它就失去了用处——科学理论的作用就在于用有限的前提来解释无限多的事实。关于科学理论的形式主义语义学构想所考虑的是，就我们的科学活动的目的而言，科学理论应该是怎样的。在论证理想状态下的科学理论是怎样的时候，我们可以接受这样一个前提：合格的科学理论都是公理系统。

从语言的角度讲，当一种科学理论构建为公理系统以后，它就会包含不同的语言。比如，物理学理论中会包含逻辑语言和数学语言。事实上，逻辑语言与数学语言几乎包含在所有科学理论中。但是，总是有一类语言是一种科学理论所独有的，而其他语言则属于辅助性语言（例如逻辑语言和数学语言）或者基础性语言（例如物理学语言之于生物学理论）。虽然不同理论之间会出现嵌套关系，我们还是可以把所研究的理论与辅助性理论和基础性理论结合起来，构成一个公理系统。后面的叙述为了避免不必要的细节，我们暂且忽略这种嵌套关系。

卡尔纳普把科学理论当作形式系统，是依据其关于公理系统的完全性概念以及可以由这一概念加以表达的几个假设。

我们用当代的术语来表述卡尔纳普的完全性概念。假设 S 是一个至少能够对算术进行分析的公理系统，

  S 是演绎完全的（deductively complete），当且仅当，对相关语言中的任意句子 P，要么 P，要么 ~P 能够从 S 中推出；
  S 是语义完全的（semantically complete），当且仅当，相关语言中不存在这样的句子 P，{P，S} 与 {~P，S} 都具有使其为真的模型；
  S 是范畴完全的（categorically complete），当且仅当，S 在其中为真的所有模型均同构。

其中，演绎完全性意味着科学理论能够解释所有能够用相应的科学语言描述的现象，或者说，能够解释属于相应研究领域的所有现象。一种科学的研究范围就是相应的语言标出的，而从形而上学层次上说，这一范围就是某类事物。对现象进行解释，也就是从理论中推出陈述这一现象的句子。

按照模型论，句子共有使其为真的模型，也就意味着它们彼此融贯。语义完全性概念的本意，是要保证 S 的模型为相应语言中的所有句子都确定了真值条件。因为，假定对于用该语言构成的句子 P，S 的模型没有为它确定真值条件，那么 P 与 ~P 都将与 S 相融贯——在这种情况下，给定了 S 的模型，P 既能为真也能为假。

范畴完全性这个概念可以用来解释究竟什么是形式系统。一个理论的两个模型同构，意思是用一个模型替换另外一个模型，理论中所有的句子真值将保持不变。显然，具有范畴完全性的理论就是一个形式系统，因为其中的表达式语义具体是什么，这已经不重要了。它不会影响系统的推理程序，因而可以忽略不计。

在这三种完全性概念的基础之上，再加上三个假设，就得到了"任何科学理论都是形式系统"这个结论。这三个假设依次是：

逻辑主义假设：所有理论都是演绎完全的；

形式主义假设：如果一个公理系统是演绎完全的，那么它就是语义完全的；

卡尔纳普猜想：一个足够强的公理系统，如果它是语义完全的，则它是范畴完全的。

这三个假设都具有一些有趣的理论性质，它们表明了卡尔纳普是基于何种理由推广形式主义语义学的。

逻辑主义假设是以一种规范性的方式出现的，它要求理论具有全面的解释力。它关于什么是科学解释给出了一种看法，即科学解释都是演绎推理。如果我们把演绎推理理解成按照逻辑律进行，因而具备逻辑必然性，那么对科学解释的这种理解显得过强了。人们会把因果解释当作一种科学解释，而这种解释看来不会带来一种逻辑的必然性。逻辑主义假设确实是一种假设，它要求用逻辑来解释所有的推理活动，而不止是数学推理，因此我们可以说这是一种普泛的逻辑主义。①

形式主义假设的逆命题实际上已经被哥德尔推翻了。按照哥德尔不完全定理，皮亚诺算术作为一个公理系统不是演绎完全的，但是，这个系统是语义完全的。于是，对于形式主义假设的逆命题来说，皮亚诺算术构成了反例。但是，形式主义假设本身至今仍然没有遭到否证。

对于卡尔纳普猜想，卡尔纳普本人声称已经给出了证明，但人们发现他的方法是错误的。有趣的是，至今尚没有人证明这个猜想是错误的。② 这个猜想倒是呼应了形式主义的基本直觉，因为它所说的无非是，如果按照模型论的方式为一种语言的所有句子都确定了语义，那么这个模型也就会穷尽单个表达式的语义，也就是说，这种语言具有同等效力的模型也就与之同构。卡尔纳普用一种更加严格的模型论语言表述了形式主义的直觉，而这种表述使得这种直觉有望得到一种严格的证明。③

以上三个假设共同得出结论，所有理论都是范畴完全的，也就是说，

---

① 维特根斯坦在《逻辑哲学论》6.37 中说过，只有一种必然性，那就是逻辑的必然性。很可能，这一点为卡尔纳普以及逻辑经验主义所直接接受。
② Cf. Erich H. Reck, "Carnap and Modern Logic" (*The Cambridge Companion to Carnap*, Michael Friedman & Richard Creath ed., Cambridge University Press, 2007), p. 195.
③ 本节到此为止的部分内容来自 Erich H. Reck, "Carnap and Modern Logic", in *The Cambridge Companion to Carnap*, pp. 176 – 199。

所有理论都是形式系统。这样卡尔纳普就把形式主义的基本精神推广到所有的科学理论上。

第五节　宽容原则与本体论中立

可以说,卡尔纳普哲学的核心部分就是对形式主义理念的哲学后果进行充分的发挥,本章此后的篇幅就在于展示这种哲学后果。

如果把卡尔纳普关于形式系统的理解再向前推一步,就得到了他所谓的宽容原则,也就是说,理论并不承诺本体论,它对于本体论来说是中立的。

从直观上看,算术语言所谈论的是数。从弗雷格的角度看,要使关于数的句子具有真值,数必须存在。从这个角度看,算术理论承诺了一种关于数的本体论。但是,从卡尔纳普的角度来看,如果算术理论称得上合格的理论,也就是说,它是演绎完全的,那么数词是通过由数构成的模型被赋予语义,还是通过由比如说宇宙中的天体构成的模型而被赋予语义,这是不重要的。因为,算术理论的所有模型都是同构的,用天体替换数,这不会影响算术命题的真假,并且算术推理将保持不变。

这个结论是不可避免的,因为,理论所承诺的本体论也就是为了使得相应的语言具有语义而必须承认存在的事物,而这些事物也就是构成这种理论的模型的东西。

之所以把理论的这种本体论中立性称为"宽容原则",是因为它要求在建立合格的理论,以及在对我们认为合格的理论进行理性重构时,没有必要把这种理论的本体论承诺纳入考虑,没有必要等到就什么东西存在这个问题得出结论以后才开始严肃的讨论,而是对从事这种理论研究的科学家声称所研究的东西是什么,持一种宽容态度。从这种态度出发,柏拉图主义者与唯名论者可以彼此容忍。他们之间真正具备理论价值的讨论,将集中于理论的形式本身。

确实,即使是关于科学研究对象的非实在论者,也可以加入讨论。因为,作为一种极端的情况,科学语言的符号本身也可以当作这种理论的模型。在这种情况下,科学理论在"字面上"得到理解。对于形式主义者来说,这是对待理论的唯一有效的态度。

当宽容原则运用于观察语言时,我们就会发现,物理主义与现象主义的争论是不相关的。对于观察语言来说,无论采用何种模型,观察对于理论的真正贡献都不在于报告了单个经验的出现,而在于施加了一种结构上的限制,这种限制以一种历时的、长时段的方式生效。当经验输入为观察语言所描述,在理论系统中起作用的,是输入在理论系统中造成的差异,而不是输入本身。

容易看到,宽容原则以及理论的本体论中立,使得观察与理论在卡尔纳普对于科学的理性重构分析中可以方便地分开。观察构成了理论与实在之间的界面,通过这个界面,理论以一种清晰的方式获取自己需要的东西,这种东西原则上可以提供给不同的观察句。要建立理论,需要的是不同的观察句之间共同的东西,而经验对于理论的独立性在于,我们总是可以分离出这些东西。

这一点明确贯彻到词项级别。理论词项可以分为两类,一类可以通过逐级定义的链条,最终为观察词项所定义;另一类则不能这么定义。这两类词项中,前者代表观察对于理论所做出的贡献,后者则代表着理论本身运作的机制。这样,观察与理论之间的区分,就将落实为这两类词项之间区分。在进一步了解了后一类词项在理论中的作用,以及理论作为形式系统的工作机制以后,这种区分就是自然而然的了。最后我们会看到,这种区分怎样贯彻为分析句子与综合句子之间的区分。

第六节　隐定义

上述关于两类理论词项的区分是这样的:一类词项可以通过一种被称为"显式定义"(explicit definition)的方式,通过定义的链条,最终由观察词项来进行定义;另一类词项则通过一种"隐定义"(implicit definition),通过理论词项之间在形式系统内部的彼此关联,来获得一种相互的定义。"隐定义"这个概念来自希尔伯特《几何基础》,它解释了形式系统的本质是什么,并进而解释了什么是逻辑必然性。

通常理解的定义,是从意义已知的词项(即定义项)知道被定义词项的意义。定义就像是传递意义的管道一样,从一些词项通向被定义的词项。照这样定义,这条管道是单向的,只能用更加基本的概念定义不那么基本的概念,而不能反过来。所谓"初始词项"这个说法,也就是从这样的定义来的。初始词项被用来定义所有其他词项,但不被其他词项所定义。这样理解的定义就是"显式定义"(explicit definition)。显式定义总是体现为像"人是有理性的动物",或者"对任何 x,x 是人,当且仅当 x

是有理性的动物"这样的等值形式，我们可以把定义项与被定义项区别开，在出现被定义项的句子中，用定义项来替换被定义项，句子的意义不变。

但是，如果用"过不重合的两点能做且只能做一条直线"这个句子来定义直线，就没有这样的等值形式了。我们不能利用这样的句子找出用来替换"直线"这个词的词组，而这意味着我们不能明确地区分出定义项。那么，在这种情况下，被定义项的意义来自何处呢？隐定义这个概念提供了一种解释，这就是说，若干初始词项是一同获得意义的。隐定义就像另外一种类型的意义管道，它双向流通。如果真有隐定义，那么总是有不止一个词项同时获得意义。当然，这样就需要不止一个用来定义的句子。用一种形象的方式来说，显式定义就好像是用一个东西来支撑另外一个东西，这种支撑关系不可能无穷向下；到了最底层，总是有一些东西互相支撑，而这样的结构就像三脚支架一样，要利用多个东西的交叉关系来获得稳定性。

按照形式主义的理解，欧几里德几何学中的公理就可以解释成一组关于点线面的隐定义，它们一同解释了"点""直线"以及"平面"这样的词语的意义。当然，《几何原本》中解释这些词语意义的方式，仍然采取了诉诸直观来定义的方法，而这是一种显式定义（虽然不是利用词语来定义，但我们还是可以说被定义项是逐个确定意义的）；但希尔伯特的工作改变了这个局面，他为欧几里德几何确定的公理，就可以被看作隐定义。

为了了解隐定义是如何起作用的，我们可以利用欧几里德体系中的一个公理，即"过不重合的两点能做并且只能做一条直线"。虽然这条公理在某种程度上借助了直观，因而不是真正意义上的隐定义，但还是具有隐定义的一些特征——这条公理确实可以用来确定什么是直线。不妨利用直观来理解这件事。我们在纸上随意点两个点，它们不重合，然后用随意画出的一条线连接它们。立即就可以看出，如果这条线不是直的，那么当你把纸对折一下，使得两个点恰好在折痕上，你就可以看到，原来那条线可以翻转过来，在另外一个方向上出现。因此，如果你画出的不是直线，那么就有两条一模一样的线连接那两个点。这个实验会让你看到，如果你画出的线是唯一的，那么它必定是直线——它就是那道折痕。

这个例子假定了我们知道什么是点，以及"重合"是什么意思，并在此基础上确定什么是直线。我们也可以在假定知道什么是直线以及什么是重合关系的情况下，利用这个句子来确定什么是点。设想我们用一条直线把两个点连接起来。如果其中的一个点比较大，或者说，我们可以在这个点上区分出不同的部分来，那么从它的一个部分到另外那个点，我们可以做一条直线，而从这个点的另外一个部分到第二个点，也可以做一条直线，这样就至少能够用两条直线来连接这两个点。由此我们知道，如果过两个点只能做一条直线，那么这里的点，就必须是不可分的。

隐定义的这种特征也表现在，改变用来定义的句子的真值，也就改变了词项的意义。我们可以在非欧几何与欧氏几何的对比中找到一个例子。

欧几里德几何中的平行公理是这样的："在平面上过直线外有且只有一条直线与之平行。"人们之所以会接受这个公理，是因为借助了直观来理解什么是平面以及直线。我们对于空间的直观是三维的，这让我们得以想象平面的形状。要让平行公理为真，我们就要把平面理解为扁平的，而不是其他形状，比如不是球面的或者翘曲的。但是，这种直观对于二维动物来说是没有的，它们不能来到平面以外，利用直观来区分扁平面、球面以及翘曲面。现在，让我们设想从二维动物的角度来理解"平面"，这样就避免利用直观来赋予这个词以意义。在这种情况下，让我们考虑修改这个公理。

一种修改方式是，"在平面上过直线外一点没有任何直线与之平行"。这个论断在一种情况下是真的。设想在球面上做出一条直线。如果在这种情况下让直线这个概念满足"过不重合的两个点有且仅有一条直线"这个公理，那么并非在球面上过任意两点都可以做出直线来。球面上合乎这个条件的只有大圆或者大圆上的一段。大圆就是过球心的平面与球面相交的那个圆，比如，地球仪上的赤道以及经线，就是这样的大圆。这样的直线又叫作"测地线"（如下图所示）。可以看出，在这种情况下，任何两条不重合的测地线总是相交的。充其量我们会认为两条经线是平行的，但它们都交于极点。既然两条相交的直线是不平行的，那么，在这样的"平面"上就没有两条不重合的"直线"平行，因此那个论断是真的。

另外一种修改方式是，承认"在平面上过直线外一点存在无数直线与之平行"为真。经过数学家的验证，如果所说的"平面"是翘曲的，那么这个论断是真的。

这说明，修改隐定义句子，会使得词项的意义发生相应的变化。把平行公理修改成其他形式，也就改变了"平面"以及"直线"这样的词语的意义。这样一来，使用这些词也就谈论了不同的对象。

由这些观察可以导出一个很有价值的结论：作为隐定义的公理必然为真。这是因为，如果充当隐定义的句子被认为是假的，那么它所定义的词

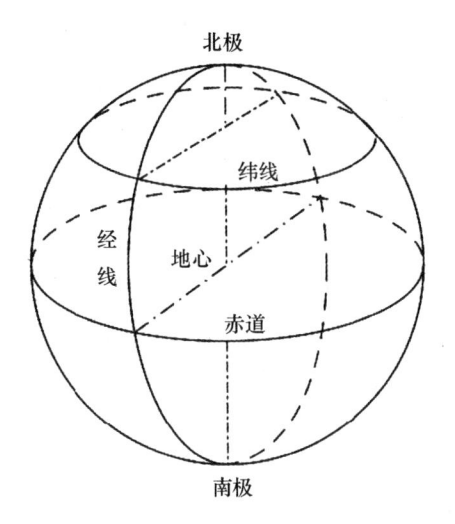

项也就具有不同意义，而这进而意味着，当你否定这个句子时，你所做的并不是否定这个句子所谈论的东西不具有这个句子所描述的特征；你只是在说另外一个东西是怎样的，而不是在否定原来那个句子所谈论的事物是那样的。

隐定义的这种特征似乎与显式定义没有什么区别。在显式定义中，我们也可以为被定义项赋予不同的意义。但是，显式定义是我们可以人为规定的，但隐定义却必须遵守某种约束。在使用显式定义时，对被定义项我们可以任意赋予意义，只要在系统中始终保持这个意义就可以了。但是，在使用隐定义时，却存在数学家称之为"一致性"（consistence）的约束。我们已经看到，隐定义是多个定义句针对若干初始词项一起做出的，它们必须通过彼此交叉的关系，构成稳定的支撑结构；形象地说，一致性就是指这些定义确实构成了这样的支撑结构。比如说，我们不可能在把点当作是不可分的同时，把直线当作是有宽度的，因为这样一来当两条直线相交时，就会有无穷多个交点。

事实上，我们可以说，在几何公理中只有当这种一致性存在，才会有几何证明这么回事。因为证明的过程，就是探索这样的一致性会约束我们做出何种结论。因此，由于有一致性这个约束，才会有充当隐定义的很少几个公理彼此连接起来，构成系统，并且从这个系统中能够产生数不胜数的结论。一个形式系统的基础，就是彼此一致的若干隐定义所构成的支撑结构，这种结构不需要来自外面的约束，就可以保证系统稳定地运行。

按照关于隐定义的这套想法来理解形式系统，就可以得出这样的结论：如果制约知识的是这样的形式系统，那么知识就具有普遍必然性。这里，必然性就体现在，当把陈述知识的句子纳入这样的形式系统中，从这些句子能够推出什么，以及从什么句子能够推出它们，这些就都是确定了的。之所以有这种确定性，是因为这种推论仅仅取决于系统本身，而这个系统由于受制于一致性约束，因而是稳定的。

至于知识的普遍性，则可以通过形式系统相对于经验的独立性来解释。如果独立确定的形式系统可以运用于不同的特定情况，那么这个系统所得到的结论就具有了普遍性。在形式系统中以隐定义的方式确定词项意义之前，词项是没有意义的。这样看来，对于这些词项适用于何种具体的对象，这一点在形式系统中没有任何约束。

按照逻辑主义者的一般理解，逻辑是因为具有最高的普遍必然性而成其为逻辑的。而这里我们解释了普遍必然性是怎么可能的，这种解释也适用于一般意义上的形式系统。这样，我们就对卡尔纳普的逻辑主义立场有了进一步的理解。

卡尔纳普是逻辑主义者，学者们一般把卡尔纳普的数学哲学归为逻辑主义。[1] 卡尔纳普的逻辑主义是通过建立一种形式主义的逻辑观得到的，而这使他不仅把数学看作是逻辑，而且把所有科学理论都看作逻辑系统。在他看来，逻辑系统本质上就是一种形式系统。在他看来，虽然我们可以把逻辑系统看作关于真理以及命题、推理的理论，但这种主题上的特殊性并不是逻辑必然性的来源，因为，使逻辑系统成其为逻辑系统的，是它是形式系统这一事实。

按照这种形式系统概念，分析句子与综合句子之间可以明确区分开。在形式系统中有一类特殊的、充当初始的理论词项的隐定义的句子，这些句子是必然为真的，我们说它们是分析句子。其他的就是综合句子。

句子是词项连接而成的东西，要使句子为真，词项所表示的东西就要按照相应的方式连接在一起。对于形式系统内部的理论句，我们可以依据这种连接的语义学特性来加以区分。一类连接是为其中所包含的理论词项赋予意义的连接，这种连接依据被连接的词项意义直接达成，从而使相应句子为真。另外一类连接则不是这样的，通过这类连接得到的句子，其中就包含了不是通过这类连接而被赋予意义的词项，这样的连接是否实际上达成，就取决于形式系统之外的东西是否如此连接。至于是哪些东西决定句子真值，则取决于句子中的理论词项通过何种显式定义的链条，最终到

---

[1] Cf. Thomas Ricketts, "Tolerance and Logicism: Logical Syntax and the Philosophy of Mathematics", in *The Cambridge Companion to Carnap*, pp. 200–25.

达什么样的观察词项。这里，观察词项就是理论与实在之间的界面，因此，这类句子是依据实在的情况而确定真值。按照预期的区分，前一类句子是分析句，后一类句子则是综合句。

第七节 约定论、形而上学与视角主义

形式主义的逻辑观使得我们无须要求理论具有特定的本体论承诺，但这并不意味着，一种科学理论的建立，无须任何形而上学上的支持。本体论中立仅仅在指称的层次上免除了形式系统的形而上学后果，但在形式系统的结构方面，仍然有可能需要一种形而上学的支撑。因为，当面临要选择何种形式系统的问题时，仍然可能要考虑这个问题：我们所选择的形式系统应该表现了实在本身的逻辑结构。我们已经在罗素那里看到了这样考虑问题的倾向。

这确实是一个形而上学问题。为看到这一点，需要回顾本章第二节关于范畴以及语言框架的解释。在那里我们看到，在形式系统所包含的理论词项中，存在一些不能通过显式定义的初始词项。我们还看到，隐定义的方式恰好为这样的不能通过显式定义的词项确定了意义，因此，一种自然的解释就是，范畴词项的意义就是通过形式系统以隐定义的方式确定的。如果一个形式系统就是一个范畴词项的隐定义，那么，形式系统中最为基本的那些概念，也就确定了一个相应的语言框架。再考虑到范畴词项表示事物的形而上学类别，这自然会让人认为，形式系统的结构本身，就表现了相应形而上学范畴的特征。

对这个问题，卡尔纳普的回答就是著名的约定论（conventionism）。[①]也就是说，我们可以任意选择一种语言框架，这种选择没有理论上的基础可言，我们依据实践上的方便与否来做出选择。

约定论表面上是在回答不同形式系统之间的取舍问题，实则关系到形式系统本身有没有认知意义，也就是说，形式系统本身是否描述实在。以欧氏几何与黎曼几何（非欧几何的一种）这两种形式系统为例来说明这个问题。看起来，由于欧氏几何是经典力学的基础，而黎曼几何构成了相对论力学的基础，我们似乎可以以相对论比经典力学更加符合事实为由，

[①] 例如，参见"Empiricism, Semantics and Ontology"（"经验论、语意学和本体论"，载《逻辑经验主义》上卷，洪谦编，商务印书馆1989年版，第82—101页）。

而认为应当选择黎曼几何来刻画时间和空间——我们会说，黎曼几何刻画的是实际的时空，而欧氏几何不是。但约定论者会否认这一点。他会认为，作为形式系统，黎曼几何与欧氏几何一样什么都不刻画。既然如此，我们也就不能利用其所刻画的时空是否与实在吻合而做出取舍了。

按照前面关于隐定义的解释，我们可以解释卡尔纳普为何会持有这种意义上的约定论。要在不同的形式系统之间做出取舍，其实就是看它们对同一个东西做出了什么样的不同判断，然后看哪个判断正确。这就好像是要比较两个人的身高，我们必须用同一把尺子来量他们——我们必须采取同一套标准。但是，在不同形式系统之间我们无法找到这样的同一套标准。假定要在欧氏几何与黎曼几何之间做出选择，而我们所选取的标准是，过直线外一点可以做多少平行线，那么这样的标准是不奏效的，因为它们所谈论的不是同一个东西——我们不能因为它们对不同的东西做出了不同的断定，而确定它们哪个正确。

按照前面所举的例子，表面上看，我们可以通过看平面实际上是什么形状，是扁平的、鼓起来的还是翘曲的，由此来判断哪种几何系统适用。但形式系统本身并不取决于直观是怎样的。前面讨论非欧几何时诉诸了直观，而直观的作用仅仅是说明非欧几何中的平面与欧氏几何中的平面不同；终究，我们还是需要用过直线外一点能做多少直线与该直线平行来解释这种差别。用"鼓起来"或者"扁平"来解释，二维生物是无法理解的。

我们也可以使用"语言框架"这个概念来表述这个论证：

1）只有在特定的语言框架中，才能够做出有认知意义的陈述；
2）要在不同语言框架之间做出选择，就要在脱离语言框架的情况下做出陈述；
3）因此，关于语言框架的选择，不可能做出有认知意义的陈述。

这个论证使用了本章第一节所说的理性主义角度来理解的认知意义概念。到现在我们已经能够理解这个概念究竟是什么了。如果我们把具有认知意义理解为受制于逻辑的约束，从而能够展开推理以及辩护，那么，既然推理与辩护所需要的那种逻辑必然性是由形式系统提供的，具有认知意义的陈述，也就必须在形式系统中做出。形式系统是最终确定语言框架的东西，因此，我们会有前提1）。

这个结论与康德那种理性主义有相当大的区别。在康德那里，概念之间的先天连接（相当于卡尔纳普这里的形式系统和语言框架）会产生形而上学后果。这是因为，这种连接所得到的先天综合判断，是主体认知能力自身的约束，其形而上学地位则源于主体就是一种物自体这一事实。康德甚至希望从投射的角度来理解先天综合判断，这样，主体就会认为，先天综合判断表现了经验事物的某种实在的秩序。这样的解释是卡尔纳普所拒绝的。

由于采纳了语义学的框架来解释概念，卡尔纳普得以拒绝形式系统和语言框架的形而上学负荷。约定论标志着这种负荷已经被摆脱。我们可以在放弃形而上学的情况下构建理论。不仅如此，按照卡尔纳普的思路，只有在拒斥了形而上学的思考方式之后，才能够真正从事理论构建活动。这种形而上学思考方式的核心就是，认为事物独立于语言框架而存在。

这里需要把形而上学的思考方式或者说形而上学态度与形而上学论断区分开。卡尔纳普希望断定的肯定不是说，不存在独立于语言框架的事物。这种论断方式恰恰是卡尔纳普所拒绝的。他称这种说话方式为"实质的说话方式"（material mode of speech）。按照这种说话方式，人们谈论的是独立于语言的事物。一旦涉及形式系统和语言框架，卡尔纳普所允许的就只能是"形式的说话方式"（formal mode of speech），也就是说，当人们使用一些理论词项时，他们所谈论的仅仅是词项本身。比如，当人们说"1 是数"时，按形式的说话方式，这实际上就是说，"'1'是一个数词"。这样就既避免承认有独立于语言框架的数，又避免了否认它。

这样，卡尔纳普也就阻止了在康德那里至关重要的投射。人们不应该把词语投射到实在上。在使用一种语言框架来谈论时，人们可以认为自己在谈论事物，人们甚至可以认为，这样谈论的东西并不取决于自己使用什么语言；但是，按照卡尔纳普，人们不能以为，在这样谈论的东西背后，在事物或者我们的心灵还未达到的深处，还有一种亟待发现的特征，这种特征决定了我们应当使用什么语言。按照这个思路，卡尔纳普将否认康德心目中的物自体。

我们可以用"视角主义"（perspectivism）这个名称来标记这种有别于康德的理性主义。一个语言框架就像一个视角一样，它让实在呈现出某种样子。我们不能脱离视角去看待实在。但是，我们也不能认为，视角对应于某种实在的特征。

但是要注意，这样否定视角对应于实在的某种特征，从而否定语言框架对应于实在的某种特征，不是在说，视角以及语言框架具有某种实实在在的特征，这种特征就是，它们并不对应于实在；而是说，不要按照对应于实在的某种特征的方式去理解视角以及语言框架，这是一种规范性的要求，而不是归于视角以及语言框架的某种形而上学特性。不能认为，遵守形式的说话方式是合乎某种事实。视角主义所要求的就是，按照形式的说话方式对待语言框架，这是形式的说话方式本身自我约束的结果。

对形而上学的拒斥，是卡尔纳普按照视角主义的方式来贯彻理性主义所采取的一种策略。它要求我们按照视角主义的、而非形而上学的方式看待事物。离开形而上学的思考方式，我们就回到语言，回到形式主义的符号系统。一旦一致的形式系统就绪，采纳约定论也就意味着，要如此如此地看待事物，使得形式系统中的公理和定理是真的。一旦发现这些公理和定理必然为真，我们就可以说，自己正在按照相应的形式系统和语言框架去看待事物，也就是说，在从一个相应的视角看待事物。

阅读材料

卡尔纳普，"经验论、语意学和本体论"，"理论概念的方法论性质"，载《逻辑经验主义》上卷，洪谦主编，商务印书馆1989年版。其中前一篇文章包含了对卡尔纳普成熟时期哲学观的纲要性的论述，后一篇文章则用相当技术性的方式描述了科学理论的结构，以及各个结构部分的知识论地位。

第十一章 蒯因：外延主义分析

蒯因是20世纪后半期影响最大的分析哲学家。在分析传统中，蒯因的重要性在于终结了逻辑经验主义，并开启了自然主义的时代。我们现在正处在这个时代中。但是，分析传统的建立，在弗雷格那里恰好就是以抵制另外一种形态的自然主义（即数学与逻辑中的心理主义）为目的的。蒯因似乎使哲学又回到分析传统建立前的时代。情况并非如此，要了解现在那么多分析哲学家所持有的自然主义立场究竟是怎么回事，当然要从蒯因开始。

蒯因是以卡尔纳普的追随者的身份进入分析哲学的。在建立自己的哲学时，他吸收并改造了罗素的实在论立场，并从这一立场出发来批评逻辑经验主义的主要预设，并给予卡尔纳普的科学分析框架以唯名论解释。这种解释使得卡尔纳普思想中的康德主义成分服务于经验论，从而得到自然主义的知识论。这一章我们考察蒯因是如何吸收和改造罗素主义的，下一章讨论他如何从由此获得的立场出发来批评和改造逻辑经验主义。

第一节 区分意义与指称

我们已经知道，罗素把意义等同于指称，从而确立自己的实在论立场。意义就是当我们理解表达式或句子时所获知的内容。就使用句子的目的是表达知识而言，这种内容就是句子所表达的知识。表达式的指称就是对应于表达式的存在物。在罗素那里，知识首先是关于实在的知识，当我们获得知识时，我们所知道的就是存在物的情况。如果表达式的意义本身就是指称，那么在理解句子时，我们所知道的就直接是实在物的情况。因此，把意义与指称等同起来，也就直接贯彻了关于知识的实在论立场。

蒯因对罗素的实在论立场的改造主要是，在承认实在论立场的同时，否认意义的实体地位。但与此同时，他并不否认"有意义性"作为一种性质是具有合法的本体论地位的。

从形而上学方面考虑，"意义"（meaning）与"有意义的"（meaningful）不是一回事，这就好像"红色"（redness）与"是红色的"（being red）不是一回事一样。有的哲学家会把红色当作类似于柏拉图的理念一样的东西，并用它与红色的东西之间的关系（比如"分有"这种关系）来解释，这些东西怎样才叫作是红色的。这就是承认红色作为实体的做法。蒯因反对在这种意义上把意义当作一种实体，从而反对对"有意义的"做出这样的解释。

但是，这并不意味着他也反对我们说，句子是有意义的。对应到红色这个例子来说，否认红色作为理念的存在，并不意味着否认事物可以是红色的。遭到否认的，仅仅是对什么叫作是红色的所做出的一种特定的解释。在否认了红色这种实体之后，我们仍然可以这么解释：一些事物之所以是红色的，是因为这些事物之间有某种相似之处，这种相似之处我们称之为"红色"；但这并不意味着它们总是共有某种东西。在这种情况下，我们就无须利用像"红色"这样的实体，来说明红色的东西所共有的是什么。

在这种意义上，蒯因会承认句子通常是有意义的。但是，他必须解释什么是知识内容，这种解释我们在下一章会更加详细地加以说明。

在罗素那里，意义概念的处境有些尴尬。一方面，他拒绝给予意义以独立的理论地位，[①] 另一方面，他又希望利用意义这个概念，来把语言与实在联系起来。然而，仔细考虑之下可以看出，实在论立场所需要的只是指称。因为，如果我们说，实在论意味着承认所谈论的东西独立于语言，那么，在罗素那里与实在所联系的也就只是指称——我们是通过指称来谈论事物的。意义就仅仅起了把指称与语言联系在一起的作用。这里起作用的思路是这样的：既然语言必须有意义，那么考虑到意义就是指称，语言也就必须有指称，这样，语言就与实在联系起来了。但是，这一作用无须意义实体也可以实现。只要能把有意义性直接与实在联系起来，就可以只利用有意义性，而无需意义实体。

拒斥意义实体的做法在蒯因那里主要是出于一种本体论考虑，他认为意义实体不满足本体论承诺标准。接下来我们就会讨论这种标准。这里总的思路是，先在不引入意义实体的前提下建立逻辑分析框架，然后再从这

[①] 在"论指称"中他说："我们面临的困难是，不能有效地既保持意义与所指之间的关系，又防止它们成为一个东西。"《逻辑与知识》，第 59 页。

种框架出发，来讨论意义实体究竟该如何处理。

随同意义实体一同被抛弃的，还包括命题概念。① 在罗素那里，虽然词语的意义与指称重合，但这种重合关系不能扩展到陈述句。对应于词语的指称的，是陈述句所描述的事态；但是，只有当句子是真的，其所描述的事态才是存在的。因此，对于句子来说，必须有一种并不直接属于实在的东西来充当意义，这就是命题。我们在第五章第四节已经看到，罗素为了解释什么是命题而陷入了困境。蒯因无须面对这一困境。

有趣的是，蒯因也无须预先承认，语言与实在之间的关联是通过指称建立的。尽管蒯因的实在论立场体现为一种指称理论，但他无须把指称当作这种理论的基本概念。按照罗素的思路，从语言经由意义概念建立的本体论承诺，以一种极为简洁的方式落实到指称上。这样做的前提是意义与指称的对等关系。在否决了意义实体的情况下，有意义性与指称之间绝对不会出现类似关系。这是因为，若要从有意义性推论出指称，就需要把有意义性这种性质解释成关系，即解释成语言表达式与指称的关系；意义实体实际上就起了把有意义性解释成关系的作用，如果不借助意义实体，这种解释将变得非常困难。最好还是把有意义性解释成性质，而不是关系。这样一来，与有意义性联系在一起的，就不再是指称了。

这样做的好处是不必承认任何必然存在的东西。在罗素那里，必然存在物是作为逻辑专名的指称出现的。不过，必然存在物本身的必然性，已经被罗素的理论设计预先决定了。既然我们使用的表达式必然是有意义的，并且表达式的意义就是其指称，那么其指称也就不可能不存在。然而，罗素找到的逻辑专名不过是实指词，其指称是依赖于语境的，而这意味着，相应的必然存在物的必然性也依赖于语境。对于实在论者来说，这的确是一个古怪的概念，因为这意味着必然存在物的必然性是相对于说话者，或者说是相对于语言的。

一旦切断指称与有意义性或者意义的联系，蒯因也就不必承认必然存在物了。这对实在论者来说，是一种巨大的解脱。

---

① 蒯因虽然抛弃了命题这个概念，但在后面的论述中有时还是使用"命题"这个词。采纳这种不严格的用法一方面是与以前的术语衔接；另一方面，"命题"这个词可以以相对宽松的方式使用，此时它仅仅是指有意义的句子。在能够谈论同义性的地方，意义相同的句子仍然被认为是同一个命题。

第二节　改造摹状词理论

在罗素那里，间接指称问题也是由于意义与指称等同而引起的。摹状词理论作为一种解决方法，其要点就是否认相应的表达式有意义，而我们原来以为它们有意义，则只是一种表面现象。罗素在解释这种表面现象为什么发生时，引入了不完全符号理论。在罗素看来，当把单称词项按照摹状词理论分析成含有量词的形式以后，人们常常没有意识到，含有量词的这类表达式是不完全符号，换言之，是没有独立意义的符号。

这里不妨把摹状词理论与不完全符号理论分开，把"单称词项在逻辑上是含有量词的形式"归于摹状词理论，而把罗素对含有量词的表达式的解释归于不完全符号理论。蒯因可以接受摹状词理论，但不必接受不完全符号理论。为理解这一点只需要明白，间接指称问题的出现表明，下面两个观点是不相容的，

a）表达式的指称就是其意义；
b）摹状词实际上是有意义的。

在这两个观点中，罗素接受a）而放弃b），而蒯因则由于放弃a），也就不必接受b）。这样，蒯因就避免对语言持有一种不容易坚持的分裂态度。罗素的立场要求对于我们所理解的表达式进行区别，把有些表达式当作是实际上有意义的，另外一些表达式则实际上没有意义。这种态度不如这样来得简洁：一个表达式只要是我们理解的，它就是有意义的。这样就可以省去为两类表达式寻找区分标准的工作。

罗素的这种分裂态度不可避免地传递到量词上。如果持有罗素的观点，那么"存在"这个词就必须按照不同的方式来分析。在罗素那里，像"N存在"这样的句子，在不同的时候要做出不同的分析。如果"N不存在"是有意义的，那么"N"就被理解成摹状词，否则就理解成逻辑专名。在这两种情况下，"存在"一词的意义是不同的：接在逻辑专名后面构成句子的那个"存在"不存在与之相反的谓词，因为此时"N不存在"没有意义；但接在摹状词后面的那个"存在"却有相反的谓词。一个能被否定的谓词，其意义当然不同于不能被否定的谓词。

这两种情况下，"存在"一词的逻辑形式也不相同。如果"N"是专

名,那么"存在"就是普通的谓词,按照函项逻辑的理解,其主目不含空位;而如果"N"是摹状词,那么"存在"一词的主目就是一个谓词,即用来对"N"做出摹状词分析的那个谓词,而这个谓词含有空位。在后一种分析中,"N 存在"这个句子就要分析成"∃xF(x)"(我们把"N"分析成谓词"F(x)"),此时量词作为二阶谓词出现。

对"存在"一词的意义做出这样的区分,使得罗素引入了著名的逻辑类型论(the logical type theory)。这个理论要求按照阶次来对存在物做出区分,并借助这种区分,来对命题结构做出限制。由于要在不同阶次的存在物中取值,罗素就必须区分不同类型的变元。最终,这样就得到了一种相当复杂的逻辑分析框架。对蒯因来说,这种复杂性是不受欢迎的,只要有可能,就要加以抛弃。

经过前一节的分析已经可以看出,在处理语言与实在的关系时,我们可以以指称关系为基础,也可以不这么做。事实上,在蒯因这里,摹状词理论就已经表明我们可以选择什么关系,这就是满足。比较"N 存在"与"∃xF(x)"就可以看出,使前一个句子为真的情况就是"N"所指称的对象存在,而要使后一个句子为真,所需要的则是实在中有某个对象满足谓词"F"。于是,摹状词理论也就表明了,任何一种以指称的方式确定的语义,总是可以通过满足来建立。蒯因对于摹状词理论的吸收和修正,也就在于充分利用了这一点。要明白这种修正是怎么回事,我们需要稍微走些弯路,来了解一下本体论承诺和本体论陈述之间的区分。

就语言与实在之间建立关系的方式而言,我们可以区分出本体论承诺和本体论陈述。它们都关系到实在中存在什么,关系到本体论,但本体论承诺是通过语言的有意义性涉及本体论,而本体论陈述则是通过陈述句的真值建立这种关系。比如,当我们说"金山不存在"时,如果这个句子是真的,那么在我们的本体论中就不会包含金山,我们会说,这个句子给出了本体论陈述;但是,如果我们认为,要使这个句子有意义,金山就必须存在,那么一种包含了金山的本体论就是所承诺的东西。

这样区分以后就容易看出,从另外一个角度看,罗素所面对的间接指称问题,就是本体论陈述与相应的本体论承诺不相一致所引起的。罗素解决这个问题的方法,就是让本体论陈述合乎本体论承诺的要求,从而断定有些东西必然存在。然而,另外一种可选的解决方案是,让本体论陈述保持开放,而使本体论承诺不会与之相冲突。这一策略的实质就是,让关于存在的既定论断处于可真可假的状态,然后在此基础上确定相应的本体论承诺应当是怎样的。

比起罗素假定必然存在物的做法来说,这种做法更为可取。本体论承诺实际上相当于说,为了使语言有意义,应当有什么东西存在。从这里可以看出,关于本体论承诺的讨论与实在论观点之间存在某种张力。因为,实在论观点要求,存在什么,这并不取决于语言是怎样的。要缓解这种张力,就要找到一种对于断定什么东西存在不构成影响的本体论承诺方式,按这种方式,我们既可以断定某些东西存在,也可以断定其不存在。这样,我们就得到了关于本体论承诺恰当性的第一个条件:

> 与某个表达式相联系的本体论承诺应当具有合适的形式,以使其不会与由该表达式构成的本体论陈述相冲突。

这个条件为蒯因提供了决定性的理由,来选择本体论承诺的一般方式,从而确定语言与实在建立关联的基本方式。

语言与实在的关联体现为"存在"一词的逻辑形式。前面已经说明,这个词最好具备统一的逻辑形式。因此,本体论承诺与本体论陈述不应当像在罗素那里一样,要求"存在"具有不同的逻辑形式。这样就有了另外一个制约条件:

> "存在"一词应当有单一的逻辑形式。

可以看到,在表明语言与实在的关系的两种方式中,指称是不能满足要求的。如果我们利用指称的方式来引入本体论承诺,就会像罗素那样承认必然存在物,而这与第一个条件相冲突。事实上,我们从罗素的摹状词理论中真正学到的教训,就是不能通过指称的方式表述本体论承诺。进而,按照第二个条件,也不能利用指称的方式来引入对象,并表述本体论陈述。

这样,对于蒯因来说,本体论承诺就只能采取量化的形式做出。使一个量化句子有意义的条件,就是在使用这个量化句时所承诺的东西。而这就是约束变元的定义域。比如,当我们使用"当今法国国王"这个指称词项,为使得这个词项有意义,相应的本体论承诺就不是当今法国国王存在,而是有这么一个定义域,变元 x 可以取其中的某个值,使得"x 是当今法国国王"是真的。换言之,所承诺的是谓词能被满足,这一点可以用存在量化句来表述。但不能用指称词项加作为一阶谓词的"存在"这样的形式表述，因为这样就导致这种形式的存在陈述必然为真。当所使用的指称词项是专名时，就要像这样处理成摹状词的形式，从而最终转化成量化句。

本体论承诺是与特定的表达式联系在一起的。前一段我们看到的是与指称词项对应的本体论承诺，当使用变元时，也有相应的本体论承诺。通常，此时所承诺的是相应的定义域。由于通常会要求定义域不是空的，而满足这一要求的是存在量词而不是全称量词，因此，我们通常会说，借以做出本体论承诺的是存在量化句。①

由于希望"存在"一词具有统一的逻辑形式，在本体论陈述中语言与实在之间的关系也按同样方式表达。这意味着"存在"一词在任何时候都是量词，都是二阶谓词。这一主张对于蒯因来说具有非常重要的地位。

关于实在的理解，可以通过上述由本体论承诺的思路回溯得到。当我们从指称词项回溯到约束变元，然后从变元回溯到定义域，也就容易看出，实在中的东西最终就体现为定义域中的取值。这样我们就有了"存在就是成为约束变元的值"这句著名的口号。② 它表明"存在"最终是如何得到理解的。

"存在"一词在逻辑形式上是二阶谓词，这意味着，我们只能通过量化句来表述本体论承诺。不过，这并不排斥在本体论陈述中仍然把"存在"一词当作一阶谓词，并使用指称词项来充当主目。这时，这个词的一阶谓词形式仅仅是语法形式，而不是逻辑形式。这里，蒯因仍然可以接受罗素关于语法形式与逻辑形式的区分，并且把揭示句子的逻辑形式，当作逻辑分析的目标。事实上，对于存在陈述来说，这种分析实际上就是把语法形式上的一阶谓词，分析成逻辑形式上的二阶谓词。随着这种分析，占据主目位置的指称词项，也就被分析成了量词加谓词的形式。到本章第四节我们会看到，这种分析后的形式可以算是对指称的一种解释，因而是一种指称理论。

---

① 全称量化句的否定也要求变元定义域非空，而存在量化句的否定也可以容忍空定义域，因此它们是否可以充当做出本体论承诺的形式，还是可以更仔细地做出区分的。
② 参见蒯因《论何物存在》，载《从逻辑的观点看》（江天骥等译，上海译文出版社 1987 年版），第 15 页。

第三节　语义上行

关于量词可以有不同的解释，一种是指称式解释，一种是代入式解释。这两种解释针对约束变元的取值方式。所谓指称式解释是说，约束变元在对象的域中取值；而代入式解释则主张变元在名称中取值。按照代入式解释，当一个名称与谓词"F"构成真句子，句子"$\exists xF(x)$"就是真的。

如果语言与实在之间的关系不能通过指称建立，那么对于量词也就不能采取指称式解释。这是因为，按照这种解释，要确定对象是否满足谓词，就必须利用一个名称来引入这个对象，而这就要利用指称。与之不同，按照代入式解释，只要对象已经被赋予了名称，要建立满足关系，我们就只需要关注名称，而无须建立指称关系。

表面上看，这两种情况的区别只是在于，在代入式解释中指称关系已经建立，而在指称式解释中需要重新建立。并非如此。这里的区别涉及蒯因所选择的本体论承诺的方式究竟如何起作用。通常，这种方式被称为"语义上行"（semantic ascent）。

所谓"语义上行"，就是指在从事本体论讨论时，我们转而谈论语言本身，而不是使用这种语言来谈论事物。使用语言来谈论事物时，我们是利用语言具有意义这一特性，从语言下行到事物；但是，在讨论用语言何以能够谈论事物时，我们的注意力转向语言本身，这可以算作一种回溯。在进行这种回溯时，语言分层的技术是非常有帮助的。语义上行，就是使用元语言来谈论我们关心的那种语言的语义学，从而把本体论问题转换成语义学问题。

语义上行有效地避免了使用所谈论的语言进行指称，从而避免通过指称来建立语言与实在之间的语义关系。事实上，只要是在使用一种语言来进行谈论，指称也就在直观的层次上构成了我们从语言达到实在的方式。避开指称的唯一手段就是停止使用这种语言，而使用另外一种语言来谈论它。这就是语义上行。

按照代入的方式来解释量词，也就是在用语义上行的方式来说明，谓词与满足这个谓词的对象是如何关联到一起的。如果在一种语言中我们把这种关联表述为像"F（a）"这样的句子是真的，那么在元语言中，这种关联也就会表述为，"F"这个谓词与"a"构成真句子。我们无须说明

"a"的指称是什么，从而无须建立指称关系。这种表述给出的就是代入式解释。

要点在于，这里即使需要一种指称关系，它也是在元语言中建立的。元语言不是我们谈论的那种语言；对我们谈论的那种语言来说，与实在建立关联无须涉及指称关系。至于这种后推策略究竟最终是否有效，则取决于关于对象语言我们能够建立何种指称理论。建立这种指称理论，就是以语言—实在之间的语义关联为基础，来解释指称是怎么回事。换言之，指称理论所做的，就是在本体论承诺的基础上，确定指称词项是如何对应于某个对象的。

在罗素那里，摹状词理论揭示了，语法上的指称词项在逻辑形式上是带量词的句子。蒯因完全赞同这一点。他对摹状词理论的修正仅仅是，把它当作指称理论的一般形式，而不是用来解决间接指称问题、从而捍卫指称主义的一种辅助性的理论。

第四节　实体与同一性

经过上述讨论，蒯因可以得到的结论是，本体论承诺必须采取摹状词的形式，从而采取像"∃xF（x）"这样的谓词加量词的形式。此时，我们用谓词而不是指称词项来引入对象。

但指称是本体论陈述不可避免要使用的手段。正是通过指称，我们才引入了"实体"（entity）这个概念①。因此，解释了指称是怎么回事，也就从逻辑上解释了"实体"这个概念。从前面关于本体论承诺与本体论陈述之间关系的讨论我们可以看出，在本体论陈述中出现的指称手段必须是可以消除的。这样，当我们用指称的手段来引入要谈论的对象时，关于该对象存在的本体论承诺，就可以写成不使用这种指称手段的形式，从而不会在否定相应的本体论陈述时陷入矛盾。当指称的形式被消除，取而代之的就是满足，即用来表达本体论承诺的那种形式，这样也就使得指称能够通过本体论承诺得到解释。

比如，当"N"（无论是一般的单称词项还是专名）作为指称词项出现时，如下形式的改写也就必须是可能的：

---

① "entity"与"substance"通常都会译为"实体"，但两者的用法有所不同。后者通常与亚里士多德的形而上学相联系，而前者则泛指我们可以独立地谈到的东西。

C) 对所有 x，x = N，当且仅当，F (x)。

其中谓词"F (x)"表明了与"N"等值的摹状词是如何构成的。比如我们总是可以用"the F"的形式给出这样的摹状词，使得在所有出现"N"的句子中，都可以把"N"换成"the F"而不会改变句子真值。最终，这样的改写使得通过指称的方式谈论的东西，可以利用满足以及量化来引入，而这也就等于用满足解释了指称。

在 C) 中，与指称词项"N"等值的谓词就被称为"同一性条件"（condition of identity）。所谓同一性条件，就是指在识别名称所指称的对象时所需要的性质。比如，当用"司各特"这个名称来指称司各特这个人时，我们需要把这个名称与识别司各特这个人的某种特征联系起来，比如他是《韦弗利》这本小说的作者，他是英国小说家，等等。这些特征使我能够在有人反对我们说"没有司各特这个人"时，弄明白他究竟在说什么，是在说没有《韦弗利》这本小说，还是说没有一个英国小说家叫"司各特"。给出了同一性条件，也就使否认所说的对象存在的谈论具有意义。

条件 C) 与人们通常所说的"莱布尼兹律"（Leibniz's law）联系在一起。莱布尼兹律的表述是

L) 对于所有 x，y 和 F，x = y，当且仅当，F (x) ↔ F (y)。

这里用双向的箭头表示双向的实质蕴涵。莱布尼茨律有两个版本，分别对应于 L) 这个双条件句的两个方向。一个版本被称为"同一物不可区分"（indiscernibility of the identical），它对应于从左向右的蕴涵关系；另一个版本则被称为"不可区分物同一"（identity of the indiscernible），对应于从右向左的蕴涵关系。一般说来，同一物不可区分的原则不会有问题，而不可区分物是否同一，则存在争议。

条件 C) 是莱布尼茨律 L) 的特例。让 y 取值 N，然后令"F (N)"为真，我们就确定了 F。在"F (N)"为真时，F (x) ↔ F (N) 等价于 F (x)，于是我们就可以从 L) 的右手边去掉"↔"F ↔ (y)"。最终就得到了 C)。这里，"F (N)"为真，也就意味着"the F"与"N"等值。

蒯因主张，只有在条件 C) 得到满足的情况下，才能引入指称。有时

候他又说,这时需要承认的就是不可区分物同一。①

需要注意,我们通常会有一种直觉,即一个特殊的对象是什么,这一点不可能为描述性的谓词所穷尽,也就是说,同一性条件不可能提供指称的充分条件。我们会觉得,无论给出多少种性质,只要这些性质是由或者可能由多个对象所共享的,当用这些性质来确定单个事物时,我们都总是可以找到或者设想同样具备这些性质的东西,但这些东西不是我们要确定的那个事物。如果这是真的,那么C)中从右手边的子句就不能推至左手边的子句。

这种考虑对于蒯因来说不构成挑战。条件C)并不是在描述我们实际上是怎样指称对象的,而是对于我们应当怎样指称对象的一种规定。这是一个规范性的条件。它是说,如果有两个不同的事物,而不在性质上区别它们,那么这样的谈论是没有意义的。这样,即使任意给出的性质都不足以区分两个事物,这也不说明这两个事物不能通过性质来区分开。因为,总是可能有考虑之外的性质来区分它们。

有个非常关键的要求,即要在确定名称"N"指称什么之前,就能够给出同一性条件。同一性条件必须独立于名称"N"的指称。可以这么说,对一个对象的指称,只有在能够给出独立的同一性标准时才是有效的。这一点在蒯因那里就被表述成一句口号:"没有同一性就没有实体"(No entity without identity)。②

比如,关于水星的谈论(这种谈论当然是借助指称进行的)承诺了水星是存在的。这个本体论承诺是有效的,是因为我们可以用"是离太阳最近的行星"这个谓词来充当水星的同一性条件,并且,即使不知道水星是哪颗行星,我们也能够通过这个同一性条件来识别出它。

之所以要求同一性条件独立于所要识别的对象,是因为,如果借助要识别的对象才能确定同一性条件是否得到满足,那么我们还是要回到用指称的形式来表达本体论承诺的境地,这样一来,同一性条件就无法达到在本体论承诺中避开指称的目的。

---

① 例如,参见蒯因,"同一性、实指与实在化",《从逻辑的观点看》,第65页。
② Quine, "Speaking of Objects", *Ontological Relativity and Other Essays*, New York: Columbia University Press, 1969, p. 23.

第五节　可判定性

同一性条件不仅针对关于对象的指称，还可以运用于谓词的指称，即性质。我们可以把"红的"这个词理解为红色这种性质的名称，一个东西只要具有这种性质，我们就说它是红的。这样，对这类名称的使用也需要满足前面所说的条件 C)。为了能够有意义地说"红色不存在"，我们也需要在本体论承诺中避免使用"红的"或"红色"这样的表达式，而是改用相应的同一性条件。

一般说来，关于性质的同一性条件会用具有这种性质的对象来确定。比如，我们可以利用"鲜血的颜色"这样的摹状词，来识别红色。不过，这种识别方式是否有效，还取决于能否承认人们能够知道什么是颜色而不知道什么是红色。如果能承认这一点，那么用"鲜血的颜色"来识别红色就没有问题，这种方式满足独立性要求；但是，如果不能承认，这种识别方式就因为循环而归于无效。

如果能够使用非循环的方式来识别一种性质，我们就说，指称该性质的谓词是否得到满足，这是可以判定的（decidable）。

一种普遍适用的识别方法是，采用"对于 x 为真的性质"这样的摹状词（其中的"x"是指某个对象）来充当性质的识别条件。"性质"和"真"都是不依赖于具体性质的概念，因而不会出现前面使用"颜色"一词时遇到的那种循环。尤其是，如果我们考虑的问题是，性质一般而言是如何得到识别的，那么摹状词"对于 x 为真的性质"就会给予统一的回答。这种回答对于一般的逻辑形式层次上的讨论来说，是非常有帮助的。

按照这个思路，关于性质可以采取的同一性条件就是

　　C1) 性质 P = 性质 Q，当且仅当，对所有 x，(P(x)，当且仅当，Q(x))。

这里，括号中的双条件句所表述的是，P 和 Q 对于同样一些对象为真，而这意味着它们作为概念来说具有相同的外延。因此，关于性质的同一性条件就落实为外延相同。只要确定了外延中包含哪些对象，也就确定了外延；由于外延的确定独立于所有性质，外延等同作为同一性条件来说，对于所有性质就都满足独立性要求。因此，可以用是否具有确定的外延，来

衡量是否承认性质是实体。

第六节 外延主义

是否具备独立的同一性条件，决定了使用相应的表达式是否真正谈论了实在。因此，蒯因贯彻实在论立场的方式，就是规定只有具备这样的同一性条件，表达式才有合法语义。这里的"语义"一词，是就指称而言的。为表达式确定有效的同一性条件，也就是为这种表达式在何种意义上具有指称，给出一种解释，因而就等于给出关于这种表达式的指称理论。一个表达式如果在这种意义上具有指称，我们就可以在本体论陈述中将其置于谓词"……存在"的空位处，从而按照自然语言的方式断定相应的实体存在。

这样贯彻实在论立场，也就确立了外延主义的分析立场。下面我们先看看外延主义立场究竟是什么，然后看外延主义分析是怎样进行的。

概括地说，外延主义的立场是指，a）我们能有效地谈论的对象只能是外延实体，b）能够有效地谈论的性质必须是可判定的。

一个对象如果是由出现于外延语境中的词项来指称的，那么我们就说这个对象是外延实体。只要满足了这个条件，殊相和共相都可以是外延实体。

要理解"外延实体"这个概念，需要先理解这里所说的"语境"是什么意思。按照函项的形式来理解，指称词项出现于其中的语境，无论多么复杂，都可以说表达了一种性质。比如，"地球"这个名称出现于"地球位于金星与火星之间"这个句子中，它在这个句子中的语境就是"……位于金星与火星之间"，这个语境可以视为表述了地球的性质；这个句子中去掉了"金星"以后剩下的部分，即"地球位于……与火星之间"也可以认为表述了金星的性质；同理，"福尔摩斯认为……去过阿富汗"也表达了华生医生的一种性质。具有"F（x）"形式的谓词也被用来表示一个语境。

之所以引入"外延实体"这个概念，是要说明满足独立的同一性条件，这对于所指称的实体来说意味着什么。这意味着这样的实体是外延实体。我们先从不同的情况来理解这一点。

先考虑一下性质。从本章第五节的讨论我们已经看到，一种性质具备独立的同一性条件，其情形是由条件 C1）所表述的。不妨把那个条件句中的"P"和"Q"看作指称词项，剩下的部分看作语境，在 C1）中，这种语境是由变元"x"表示的。这样调整角度以后立即就可以看出，C1）所说的无非是，只要"P"和"Q"表示同一种性质，它们在任何语境中相互调换，都不会改变句子的真值。因此，性质只要满足同一性条件，表示它的词项就出现在外延语境中，它就是外延实体。

进一步可以看到，对于作为外延实体的性质来说，相应的谓词所构成的也就是外延语境。谓词的外延是由满足这个谓词的所有对象所构成的集合。比如，"……是红的"这个谓词的外延，就是由所有红色的东西所构成的集合。集合完全是由构成集合的元素所确定的，而不管这些元素用何种方式指称。比如，如果"那支铅笔是红的"是真的，那么把"那只铅笔"换成任何其他一个指称词项，比如"攥在我手里的这个东西"，只要它指称那支铅笔，所得到的句子就也是真的。从这一点很容易看出，只要满足前一节所说的那种关于性质的同一性条件，相应的谓词也就构成了外延语境。而这意味着，所具备的性质是外延性的，这会使对象也成为外延实体。

容易看出，只有对外延实体，才有可能给出独立的同一性条件。如果名称"N"可以改写成摹状词"the F"，其中"F"是谓词，那么"F（N）"肯定是真的。比如，如果"司各特"可以改写成"《韦弗利》的作者"，那么"司各特写了《韦弗利》"就肯定是真的。在这种情况下，与"N"这个名称相联系的同一性条件 C）就要求，对任一名称，例如"n"，只要"n = N"是真的，"F（n）"就是真的。而这实际上就是说，用与"N"共指称的名称"n"替换"F（N）"中的"N"，得到的句子还是真的。

相应地，如果谓词构成了外延语境，那么该谓词对于某个对象是否为真，也就是可以判定的。因为，我们总是可以利用谓词的外延，来判断该谓词是否为某个对象所满足，此时只需看该对象是否属于该外延就行了。

但是，只有当对象的同一性条件满足独立性要求时才是如此。例如，要判断对象 n 是否满足谓词"F"（即句子"F（n）"是否为真），该谓词的识别条件是其外延，而外延作为集合，又是由其元素来确定的；既然 n 是这个集合的元素之一，谓词"F"的识别条件就要求事先已经确定 n 是否包含于其中了。这样就进入了一个循环。但是，如果对象 n 具备独立的识别条件，那么它就可以不用"n"这个名称引入句子，因此，即使不知道"F（n）"是否是真的，我们也可以知道对象 n 位于"F"的外延中，只不过此时我们还不知道这个对象就是"n"所指称的东西。这样一来，要判定谓词"F"是否为 n 所满足，就不需要事先确定句子"F（n）"是否为真。

对句子进行外延主义分析，实际上就是确定这个句子所引入的对象所需要的同一性条件，以及与句子中的谓词相联系的识别条件，从而弄清，从实在论观点出发，句子有效地谈论的是什么。

在这样的外延主义分析中，常常会遇到所谈论的对象不是外延实体的情况。比如下面两个句子：

1）必然地，8 大于 7。
2）必然地，太阳系的大行星数目大于 7。

我们知道，太阳系的大行星数目 =8，因此，句子 2）是用与"8"指称相同的指称词项"太阳系的大行星数目"来替换句子 1）中的"8"得到的。句子 1）是真的。但句子 2）是假的。因为，如果太阳系以不同的方式形成，比如在形成之初大行星之间发生了剧烈的碰撞与合并，那么太阳系的大行星数目就不是大于 7 的了。在这种可能的情况下，太阳系的大行星数目不是 8。但这并不影响到"太阳系的大行星数目 =8"的真值，因为这个句子是针对实际情况而不是那种可能的情况而言的。基于这些考虑，"必然地，……大于 7"这个语境就是内涵语境，而在这个语境中出现的指称词项，所指称的就不是外延实体。我们会说，这是内涵实体。

注意，这并不是说"8"以及"太阳系的大行星数目"这样的词项所指称的东西本身不是外延实体，而是说，这些指称词项的语境决定了它们所指的不是外延实体。另外一些语境决定了它们所指的是外延实体。比如，"…大于 7"这个语境，就决定了出现在这个语境中的指称词项所指称的是外延实体，把"太阳系的大行星数目"放到这个语境中，得到的句子与"8 大于 7"具有相同真值。实体是内涵的还是外延的，这是对象的逻辑特性，而不是其形而上学特性。换言之，我们不能把这种特性归于对象本身，而要归于谈论对象的手段。

如果把"必然地，……大于 7"这个谓词所谈论的性质称为一种模态性质（"必然地"与"可能地"这样的词项就是模态词项），那么，这种性质就不满足外延主义的要求。我们可以说，这就意味着，我们必须承认，实在中并不存在这类模态性质。

对于内涵实体和不可判定的性质来说，蒯因常常采取一种转移策略来研究。这种策略的目的不是要弄清楚实际上这类实体和性质本身究竟是什么，而是要弄清，从实在论的角度看，我们关于这些东西的谈论究竟是怎么回事。下面我们从一个例子来弄清这一点。

第七节　唯名论

蒯因用外延主义的方式来贯彻罗素意义上的那种实在论，其主导思想直观看来是非常自然的，这就是，按照某种方式所谈论的对象，如果不能利用与之不同的其他方式来谈论，那么我们很难说所谈论的是某种实在的东西。

常常会遇到这样一种情况，我们以为是在谈论某种东西，但按照蒯因的标准，所谈论的却并非实在的东西。在这种情况下，蒯因通常持有关于这种东西的唯名论（nominalism）立场。这种立场的大意是，我们之所以认为这是在谈论某种东西，是因为我们在使用相应的词项，而这样的谈论仅仅是在使用这些词。

举个例子，关于颜色的谈论。像"这支铅笔是红的"这样的句子，我们认为是在谈论颜色。如果顺应这种感觉，就会认为确实有颜色这样的东西存在。我们会这么想：如果不存在颜色，那么我们所谈论的又是什么呢？

对这种情况，不妨用蒯因关于谓词的可判定性要求来试试看。按照这种可判定性要求，如果"红的"这个谓词确实对应于一种实在的性质，即颜色，那么就应当有一种独立的标准，来看一个对象是不是满足这个谓词。当然，这样的标准应当能够用来确定这个谓词的外延，而不必借助"红的"这个谓词本身，或者说，不应当假定我们事先知道红色这种性质究竟是什么。

一个显而易见的想法是，利用对象的一种光学性质来作为标准，衡量它是不是红的。经过实验，人们发现物体表面反射光或者透射光的波长为 m（m 是某个长度）时，该物体就是红的，于是人们就可以采纳这个标准。这个标准是独立的。为了知道反射光或透射光的波长，人们无须知道物体的颜色。

这个想法本身没有什么问题。不过，人们还是会有疑问。比如，有些色盲症患者会把这种波长的光与其他颜色联系起来，比如橙色而不是红色，这使人认为，红色本身并不就是波长为 m 的光。人们也可以设想，人类由于进化方面的偏差，这种光产生的色觉不是红色，而是比如紫色。

在这种情况下，波长为 m 的光，就不能作为判断红色的标准。对于这种看法是否正确，我们不做判断。现在我们只关心这一点：认为这些情况是可能的，就相当于说，尽管就实际情况而言，波长为 m 的光一般（不考虑色盲这样的反常）能够用来作为物体是否是红色的标准，但红色这种色觉本身是与波长为 m 的光不同的东西，色觉独立于光波而存在。我们把关于色觉的这种观点称为"颜色实在论"。

颜色实在论的要点是，之所以能够用波长来衡量颜色，是因为波长与颜色之间有种常规性的联系。这种联系有些像是雷声与闪电的联系，借助这种联系我们可以一个来判断另外一个，但这绝不意味着它们是同一个东西。与颜色实在论对立的观点是，红色不是波长为 m 的光波以外的东西，因而我们可以用光波来衡量颜色。

就我们这里所关心的问题而言，如果颜色实在论者是对的，那么，考虑到关于颜色我们所能采取的判定标准是波长，颜色这种性质本身就是不可判定的。这是因为，要使用这个标准，需要先把红色与波长的联系建立起来，但是，在建立这种联系的时候，不知道什么是红色，这是不行的。因此，波长这个标准不能在独立于颜色的情况下付诸使用。

关键是，颜色实在论者对波长与红色之间的这种联系是不信任的。在他看来，即使我们以前利用这种联系总是正确地判定了颜色，这也不代表以后这种联系仍然有效。波长与颜色毕竟是两个东西，它们不那样联系，这总是可能的。因此在运用这种联系的时候，必须对这种联系本身加以确认。

按照颜色实在论者所反对的那种观点，颜色与波长之间的联系不必特意建立，因为除了波长为 m 的光波，就没有一种成其为红色的性质。对于不知道何为红色的人来说，我们只需用这样的光波刺激他的视网膜，然后告诉他"这就是红色"就行了。这种做法对颜色实在论者来说是不可能的，因为，在没有确定他的色觉是否与我们一样之前，我们不能这么简单地确定他所看到的就是红色。对颜色实在论者来说，最终可靠的判定方法只有一个，就是假定这个人知道什么是红色，然后问他，"这是不是红的"。然而，这不是独立的判定标准。

这里，我们并不关心颜色实在论和与之对立的那个观点中哪个正确，而是关心，按照蒯因的外延主义分析，该如何理解颜色实在论者关于颜色的谈论。也就是说，理解关于一种不可判定的性质的谈论是怎么回事。

可以注意到，颜色实在论者并不否认，在颜色与波长之间存在对应关系，而是否认这种对应关系决定了什么是颜色。因此，外延主义分析可以利用这种对应关系，用波长来识别颜色。

这种判定大体上是这样的：任意选取一个物体 o，这个物体总是对应反射光或透射光波长的一种确定的分布，为了表述上的简单，我们就用"o 的波长"来指称这种波长分布；现在我们有这样的对应关系，

    o 是红的，当且仅当，o 的波长是 m。

这里，o 是否红的，这是不可判定的，但 o 的波长是否是 m，却是可以判定的，此时我们就可以用波长来作为颜色的判定标准。

这种用可判定的性质来识别不可判定的性质，在外延主义分析方法中起了这样一种作用：它说明了在何种意义上，我们关于不可判定性质的谈论与实在相联系。这种联系在于，每当不可判定的谓词（"是红的"）为一个对象（o）满足，与这个对象相对应的另一个对象（o 的波长），就满足一个可判定的谓词。这种联系在实在中实际上是成立的，但不用必然成立，因为，外延主义所要求的仅仅是与实在的联系，这种联系确定了人们实际上是在何种条件下谈论不可判定的性质的。

按颜色实在论，颜色是一种实在之物，它独立于用来判定它的标准而存在。但是，颜色实在论意味着颜色是不可判定的，因此，按照外延主义立场，我们不能有颜色这类实体。在可以利用其他可判定性质来充当关于颜色的标准的情况下，关于颜色的谈论仍然能够进行下去。但是，由于不能有颜色实体，就不能把这种谈论当作关于颜色这种实在性质的谈论。在这种情况下，所谈论的就不能是颜色这种东西。当我们说某某是红的，我们只是在使用"红的"这个词。这样，持有外延主义立场，就意味着要持有一种关于颜色的唯名论（nominalism）。

对某种东西持有唯名论立场，实际上就是否认这类东西独立存在，否认它们具有实体地位，从而在本体论中排除它们。但排除这类事物的实体地位，并不意味着指称它们的词项不能付诸使用。可以用可判定的性质来识别这类事物，这本身就为这种使用提供了条件。当我们使用这些词项来构成陈述句时，那些可判定的性质就为这些陈述句确定了真值条件。对于像"是红的"这样的谓词来说，对它的使用产生了形如"o 是红的"的句子，而这样的句子是否为真，却是通过光线波长来确定的。这样，我们就可以这么解释红色：它只是满足"红的"这一谓词的所有对象的共同之处，而绝不是这些对象之外的任何东西。在这种意义上，虽然并不存在红色，但像"o 是红的"这类句子仍然可以是真的。在使用这样的句子

时，我们会觉得这是在谈论红色，但这只是我们使用"是红的"这样的词语所产生的效果。这就是唯名论者对于像"红色"这样的词语的语义所做出的解释。

第八节　本体论还原

至此，我们有了一个关于指称理论的框架。在蒯因这里，关于具体语言的指称理论也就构成了该语言的语义学。这种语义学实际上就是在表述相应的本体论承诺的基础上，建立各种表达式（特别是非逻辑常项）与本体论承诺的对应关系。这种语言最终的逻辑形式，就由表述相应本体论承诺的那种语言加以表现。通常，那种语言中的基础部分就是一阶谓词逻辑语言。蒯因仍然在塔斯基的框架中建立语义学，因此，使用形式主义的逻辑语言是必需的。

在蒯因这里，"存在"总是二阶谓词，并且所有的指称都可以按照同一性条件改写成带有约束变元的量词形式。因此，他心目中用来表现语义学的逻辑语言，就只含有个体变元（individual varibles），而不含个体常项（individual constants）。所谓个体变元，是指出现在主目位置上的变元，并且，按照标准的一阶逻辑，个体变元会在个体对象的集合中取值。这里的个体对象就是指可以对其进行计数、以离散方式存在的对象。在这种意义上，空气作为一种物料就不是个体对象，但一升空气可以算个体对象。按照蒯因的要求，我们总是可以把所承诺的本体论中不同的东西分离出来，这决定了这些东西都是个体对象。在蒯因所设想的逻辑语言中，只有个体变元可以被量化，也只有个体对象可以成为约束变元的值。

此外，所有个体变元共享同样的定义域。蒯因没有为不同类型的个体变元留下余地。这是因为，在蒯因这里，"存在"一词不像在罗素那里一样，有多种意义或逻辑形式；它只是二阶谓词，而不能用于个体常项。这样，一种语言也就只有一个相对应的集合，它构成了所有个体变元共享的定义域，我们称其为"全集"（universe）。

接下来，我们把从前一节得到的想法加以推广，考虑对于内涵实体和不可判定的性质一般而言怎么处理。这样的处理方法通常被学者们称为"本体论还原"（ontological reduction），它依赖于蒯因所说的"代理函项"（proxy function）技术。前一节实际上已经运用了这项技术。接下来先解释一下这项技术的基本形式，后一章将说明怎么使用它。

关于代理函项的定义是这样的①：

从一个理论 F 到另外一个理论 G 的代理函项是一个从 F 的全集 Ψ 到 G 的全集 Ω 的映射 θ，对于 Ψ 中的任意对象序列 $o_1, o_2, \cdots, o_n$ 来说，在 Ψ 中都存在唯一一个对象序列 $\theta(o_1), \theta(o_2), \cdots, \theta(o_n)$，对于在 Ψ 上定义的任意初始谓词 f，都存在一个在 Ω 上定义的谓词 g，使得

$f(o_1, o_2, \cdots, o_n)$，当且仅当，$g(\theta(o_1), \theta(o_2), \cdots, \theta(o_n))$。

按照蒯因本人的表述，代理函项存在于理论之间。但是，由于在蒯因那里理论与语言不像在卡尔纳普那里一样可以区分开②，我们也可以把代理函项运用于语言之间，从而表明它在语义学的层次上起作用。

作为不同语言的全集之间的映射，代理函项保证了两种理论之间在结构上的对应关系。这种对应关系通过谓词之间的等价关系体现出来。要理解这一点，只需注意，当我们按照蒯因的方式对一种理论的语义学进行逻辑分析时，在最终得到的逻辑形式中将没有个体常项，所有的非逻辑常项都是谓词。这样，建立代理函项的两种理论如果满足前面所说的那种双条件关系，它们之间就会有一种谓词上的等价关系。如果把一种理论比作一张把多个对象编织于其中的网，那么网格上的节点就对应于对象，而网上的经纬线条就对应于对象之间的关系。在代理函项的定义式中我们可以看到，两种理论之间的关系恰好就是一种线条间的重合关系。如果两种理论间存在这种重合关系，那么各自的节点对应不同对象，这是不重要的。在这种意义上，代理函项所建立的，是从一种理论到另外一种理论的那种结构对应关系。事实上，把代理函项与卡尔纳普所定义的范畴完全性概念相对照，是能够说明问题的。

值得注意的是，前面定义的代理函项只是一种单向的映射。代理函项 θ 所保证的，是对于 Ψ 中的每个对象序列，在 Ω 中都有唯一一个对应的序列。当然，我们也可以定义双向的代理函项，也就是说，一种一一对应的映射，使得不仅对于 Ψ 中的每个对象序列，在 Ω 中都有唯一一个对应的序列，而且 Ψ 中与 Ω 的这个序列对应的，也只有唯一一个对象序列。

---

① Cf. Quine, "Ontological Reduction and the World of Numbers", in *The Ways of Paradox*, New York: Random House, 1966, p. 205.

② 关于这一点可以参见第十二章第五节。

不同的代理函项具有不同的意义。

简单说来,从理论 F 到理论 G 的单向代理函项,可以保证 F 的理论结构表现到 G 中,但并不保证 G 的理论结构也对应到 F 中。以网格作为例子就可以形象地看出这一点。我们引入理论的"分辨力"概念,并将其用理论网格的粗细来形象地表现出来。这里,谓词的分辨能力取决于可以有多少谓词用于量化。谓词越多,这种分辨能力也就越强,我们可以说,相应理论的网格就越细。① 从 F 到 G 的代理函项能够保证,F 的每根网格线条在 G 中都有对应线条,但并不因此而决定,G 的每根线条在 F 中也有对应。我们可以说,G 的网格至少要与 F 一样细;也可以说,G 中谓词的分辨能力至少与 F 中的谓词的分辨能力相当,因而 F 的本体论不会比 G 的本体论更加"精细"(fine-grained),或者说,其本体论上的区分度不会比 G 更高。

正如卡尔纳普那里的范畴完全性概念一样,双向的代理函项在两个理论之间建立完全的同构关系。这种同构关系将使两者的本体论也达到重合的地步,以至于两者在全集上的区别变得不重要了。尤其是,就逻辑形式而言,两种理论都不含个体常项,而这意味着,两种理论之间就只剩下字面上的区别了。事实上,从形式语义学的角度上讲,它们将具有相同的语义学。

单向的代理函项则不同于双向的代理函项。从理论 F 到 G 的代理函项要能够建立,G 在本体论上的分辨能力至少要与 F 相当。这样的话,在 F 中可以确立同一性,就一定能够通过代理函项在 G 中确立相应的同一性;同样,对 F 中可以建立的区分,在 G 中也可以建立。

这一点是可以证明的。假定在理论 F 中有对象 o_1,相应的同一性条件由 f 确定,那么对于某个属于 F 的对象 a,

1) 如果 f(a),那么 $a = o_1$。

按照定义,从 F 到 G 的代理函项 θ 将保证,在 G 中会有一个谓词 g,使得

2) f(a),当且仅当,g(θ(a))。

---

① 这里提到的谓词没有区分是不是初始谓词。引入这个区分以后,我们就可以对理论的表达能力有更进一步的区分。不过这里我们不必理会这个问题。

由于 θ 是单向的代理函项，我们会有

  3）如果 a = o_1，那么 θ(a) = θ(o_1)。

注意，反向的实质蕴涵并不成立。把2）代入1），由此得到的结果与3）一起，就得到

  4）如果 g(θ(a))，那么 θ(a) = θ(o_1)。

而这意味着，在理论 G 中我们可以为与 F 中的 o_1 相对应的那个对象建立同一性条件。但是，由于代理函项 θ 是单向的，与3）反向的实质蕴涵不成立。这意味着在 G 中能建立的同一性条件，在 F 中不一定能建立。

  单向的代理函项所建立的，是一种常常被学者们被为"随附"（supervenience）的关系。如果有从理论 F 到 G 的代理函项，那么 F 的本体论也就随附于 G 的本体论。随附关系存在于不同理论所承诺的存在物之间。比如，语义学实体（即语义）随附于句法实体（表达式、语句等），这是因为，既然我们借助句法来表达语义，那么在有语义区分的地方，就必须有句法上的区分。

  单向代理函项的这种特征可以进一步扩展。从 F 到 G 的单向代理函项的一种情况是，虽然我们可以正确地断定理论 F 中的陈述，也能够对 F 的本体论中的对象做出区分，从而能够用个体常项或变元来表示这些对象，但是，对这些对象的区分并不满足外延化条件，也就是说，我们还没有找到（或者原则上不存在）一种独立的同一性条件，来为之建立合乎要求的本体论。即使 F 所承诺的是内涵实体，我们仍然可能建立从 F 到一个外延理论[①] G 的代理函项，并通过这种代理函项来为 F 建立语义学。

  这样建立的语义学显然不同于赋予外延理论的那种语义学。它不能单独为各个表达式指派语义，但能够通过一种外延语言，来确定各个句子的真值条件。在蒯因那里，这种情况被称为，理论 F 在本体论上被还原为理论 G。

  需要澄清一点，本体论还原是语义性的，而不是事实性的。也就是说，理论 F 被还原成理论 G，这要解释成，我们在 F 中谈论的东西，实际

[①] 如果一种语言的语义学所指派的是外延实体，这种语言就是外延语言。使用这种语言建立的理论就是外延理论。

上是 G 中的对象；但不能理解成，我们利用理论 G 中的对象来解释 F 中的对象。本体论还原并不关系到事物本身。把代理函项理解为对象之间的解释关系，就有些类似于一种理论内部的那种解释项与被解释项之间的关系，比如，类似于用电荷数以及像磁场强度等其他相关参数组成的有序组，来解释质子在磁场中的偏转半径。之所以不能这样理解代理函项，是因为这等于承认了代理函项所连接的两类东西都是可以单独确定的，也就是说，都是外延实体。在单向的代理函项中，例如，在从 F 到 G 的代理函项中，F 的对象不必是外延实体。

此外还需要注意，一种内涵理论可以通过代理函项在一种外延理论中确立真值条件，这并不意味着这种内涵理论中的谓词具备了合法语义。真值条件是以句子为单位给出的，即使真值条件可以按照外延化的方式确定，这也不直接意味着，单个词项的语义也可以按照外延化的方式确定。在下一章要讨论的彻底翻译（radical translation）中，我们就会看到在句子真值条件按照外延主义的方式确定之后，再来确定构成句子的词项语义的情况。

单向代理函项的一个很好的运用实例是蒯因对信念报道句的语义分析。通过这种分析，蒯因得出了著名的"分析行为主义"（analytical behaviourism）立场。另外一个实例就是著名的"彻底翻译"论证。关于指称的外延主义立场与代理函项技术一起，决定了彻底翻译论证应该在一种怎样的论证情景中展开。关于这些实例本身，我们留到下一章讨论。这里只是提前提示一下这些实例的方法论意义。

在利用代理函项在理论 G 中为理论 F 的句子建立真值条件以后，我们就可以在 G 中为 F 中的指称词项建立同一性条件，从而在 G 中表述 F 的本体论。按照蒯因的本体论承诺概念，表述一种理论的本体论，就相当于借助一种元语言来谈论表述这种理论的语言，从而把这种语言当作对象语言。因此，当我们用理论 G 来确定 F 的本体论，也就相当于把表述 G 的语言当作元语言，以此来谈论 F。这个过程确实是一种本体论还原，因为只有在 G 具有自己的本体论时，F 才有可能具备本体论。

以这种方式利用代理函项，并不需要用外延语言来充当元语言。比如，蒯因从行为主义出发把心理学的语言还原到生物学语言，但生物学语言并不是外延语言。我们常常把功能当作器官的定义性标准，像"心脏"这个概念就是通过供血功能来定义的。这样，像"医生为他安装了一颗心脏"这样的句子中，我们把"一颗心脏"换成"一台水泵"就会改变句子真值，尽管这两个词项指称的是同一个东西。

像生物、化学、物理这样的学科常常是通过一些初始词项来划分的，这些初始词项常常有相互定义的关系。比如生物学中的"细胞""死亡""营养"，化学中的"元素""化合价""化合物"，牛顿力学中的"质量"和"力"，等等。这样，这些概念的实例就不是可以独立判定的东西，因而是内涵实体。但另外一方面，生物学词项的实例可以用化学词项来描述，化学词项的实例又可以用物理学词项来描述，这样，从生物学到化学，以及从化学到物理学，也就会有单向的代理函项来建立本体论还原。我们可以认为，这种还原的梯级关系表明，内涵性是在逐级减弱。最终，通过本体论还原的方式来建立语义学，就可以是一项累进的事业。如果说，就目前科学发展的局面来说，最好的物理学理论是进行本体论还原所能预期最终的、内涵性最低的理论，那么我们就可以认为，可以为这些学科提供语义学的本体论，就是物理学的本体论。于是我们就有一种本体论上的物理主义。

在蒯因这里，由于不区分语言与理论，上述学科的列举可以进一步扩展到心理学、社会、政治、文化、宗教信仰等界限模糊的科学/语言领域，从而建立更大范围内的本体论梯级。此时，我们可以在这些等级与以物理学为代表、包括生物学和化学在内的自然科学之间建立本体论还原。如果认为这些语言都可以通过自然科学语言来建立语义学，那么我们就得到一种更加广义的、本体论上的自然主义（naturalism）。

阅读材料

1. "论何物存在"，"同一性、实指和实在化"以及"指称和模态"，三篇文章均载于《从逻辑的观点看》（江天骥等译，上海译文出版社 1987 年版）。其中第一篇包含了对于分析方法的纲领性阐述，第二、三篇则是这种方法的运用。

2. Quine, *Word and Object*, new edition, The MIT press, 1960/2013。其中第五章对分析方法做了正面描述。

第十二章　蒯因:自然主义

西方哲学的历史中有好几个著名的自然主义者，比如古代的伊壁鸠鲁、近代的休谟以及当代的杜威与蒯因。这些自然主义者出于不同的原因被归于自然主义，他们的主张也各式各样。不过，自然主义者共同的特征就是，认为人类属于自然的一部分，并拒绝超乎自然的价值取向以及精神追求。休谟和蒯因都对知识持有自然主义立场，他们都认为怀疑论问题是不可解决的，因而，关于知识的研究的目的不是为知识进行理性的辩护，而是讨论知识实际上如何发生。这样一来，知识论就从属于心理学。蒯因和晚年的罗素一样，回到了弗雷格所批评的心理主义。

蒯因的自然主义立场是通过逻辑分析获得的，是对意义、信念以及知识进行外延主义分析的结果。我们知道，当句子被用来表达知识时，句子的意义就是知识内容。因此，讨论句子的意义究竟是什么，就可以确定知识究竟是什么。当然，这里的知识还是一种信念，因此，关于知识的外延主义分析，还得到了关于信念所做出的分析的支持。蒯因按照外延主义标准来分析句子意义时，得到了关于意义的一些结论，而自然主义知识论就是从这些结论导出的。

第一节　拒斥分析—综合之分

外延主义分析的基本思路，就是通过确定与一些指称词项相对应的同一性条件，或者与谓词相对应的外延，来判断这些指称词项与谓词是否谈论了某种独立于语言的东西。同一性条件以及外延都要求独立于所判定的词项给出，只有这样才能确保所谈论的东西独立于这些词项。只有在满足这种外延主义标准的情况下，语言所谈论的才可能是客观存在的东西。如果不满足这种标准，按照外延主义立场，对相应词项的语义，就可以做出唯名论解释，也就是说，这些词项只是看起来谈论了一些东西，而这是因为我们使用了它们的结果。

蒯因在《经验论的两个教条》这篇经典文章中,就用外延主义标准来分析像"是分析的"这样的语义学谓词。这种分析关系到我们是否有权认为这样的语义学谓词具有合法语义,进而关系到我们能否认为存在一种客观的语义学性质,这种性质就是分析性。

蒯因选择"是分析的"这个谓词来进行分析,也就对逻辑经验主义关于科学分析的基本框架展开了批判式的讨论。我们知道,在卡尔纳普的框架中,形式系统与经验观察是相互独立的,两者依靠对应规则联系起来。构成形式系统的句子都是分析的,而经验观察所提供的句子都是综合的。这种分析—综合之分构成了关于知识的完整解释:综合句解释了知识的内容,即句子的认知意义,而分析句则解释了知识的系统性以及普遍性和必然性。但是,从卡尔纳普这个框架本身,我们还看不出这种区分究竟是不是一种客观存在的区分。按照外延主义的方式来对"是分析的"这个谓词进行分析,恰好可以弄清这一点。如果分析性不是一种客观存在的性质,那么分析—综合之分也就不是客观存在的了。

蒯因关于逻辑命题的讨论在《约定为真(Truth by Convention)》[①] 一文中展开,我们这里不处理这个问题。在《经验论的两个教条》[②] 中,蒯因所处理的是另外一类分析句,即像"单身汉是未婚男人"这样的非逻辑的分析句。下面我们就以一种简化的方式,来看对这类命题使用的"是分析的"这个谓词,是否满足外延主义的要求。本节接下来的篇幅中,就按照《经验论的两个教条》这篇文章的思路,来做这件事。

这类命题可以用逻辑命题加定义的形式得到:按照定义,"单身汉"与"未婚男人"这两个词的意义相同,定义所建立的是它们之间的可替换关系;而"单身汉是单身汉"是逻辑命题,我们把这个逻辑命题中的后一个"单身汉"替换成同义词"未婚男人",就得到一个分析句,即"单身汉是未婚男人"。这个句子恰好表达了"单身汉"一词的定义,在这个意义上它可以直接被认为是分析句。像"如果一个人是单身汉,那么他就是未婚男人"这样的句子,则能理解为是结合定义与逻辑命题(如果 p,那么 p)得出的。

现在,问题的关键是,当说"A 是 B"这类形式的句子是一个定义时,我们的标准是什么。一个显而易见的回答是,我们的标准是,A 与 B

[①] In Quine, *The Ways of Paradox*, Harvard University Press, 1966, pp. 77–106.
[②] 载《从逻辑的观点看》,江天骥等译,上海译文出版社 1987 年版。

具有同样的意义，也就是说，它们具有同义关系。但是，这个标准是否得到满足，这是可判定的吗？

我们可能回答说，要看两个词是否同义，就要看词典上是否用一个来解释另外一个，或者看词典上是否对两个词给予了同样的解释。但是，词典只是记载了词语通常的用法，如果词典的解释表明两个词同义，那么这只是表明在人们的通常使用中它们意义相同。因此，只有在什么是同义性已经得到理解，词典所提供的才算作是一种同义关系。词典不是判定同义性的独立标准，利用它来判定同义性，这是循环的。

我们也可能回答说，人们就是这么规定的，因此同义性是规定的结果。但是，这个回答提前结束了讨论。这里的讨论是想弄清，对于一类句子来说，"是分析的"是否表述了一种客观性质，而这个回答则是在说，没有这样的客观性质。

不过，还是可以有这样一种判定标准：拿一个包含了词项 A 的句子，用词项 B 来替换 A，如果由此得到的新句子与原来句子具有相同真值，那么这两个词就具有同义关系。这个标准我们称为"替换保真性"。我们不能用"替换后句子意义与原来句子相同"作为标准，因为这正好是用我们需要讨论的同义性来充当标准，由此得到的又是一个循环。

但是，以替换保真性作为标准，这似乎又是不充分的。比如，如果恰好所有有心脏的动物都有肾脏，并且所有有肾脏的动物都有心脏，那么"牛羚是有心脏的动物"就具有与"牛羚是有肾脏的动物"相同的真值，但"有心脏的动物"与"有肾脏的动物"意义不同。这里的问题是，对于谓词来说，替换保真标准只保证外延相同，但并不保证意义相同。

一个可资补救的措施是，规定替换保真不是偶然的，而是必然的，这样似乎可以保证同义性。比如，像"单身汉是未婚男人"这个句子，当将其解释为分析句时，我们的意思不是说，"单身汉"这个词的外延恰好与"未婚男人"的外延重合；我们的意思是，它们的外延必然是重合的。在同样的意义上，如果有人告诉你，有心脏的动物必然有肾脏，并且有肾脏的动物必然有心脏，那么你也许就会认为，他说的"肾脏"与"心脏"是一个意思，因为否则很难说这种必然性会成立。

这个补救措施仍然走不了多远。"必然地"一词也不见得可以用来保证同义性，因为它也许表明是某种科学规律的结果，而不是由于意义相同。比如，也许有一种生理学规律，使得所有有心脏的动物必然有肾脏，并且所有有肾脏的东西必然有心脏，那么"心脏"与"肾脏"仍然意义不同。因此，为了使这个补救措施生效，就要排除科学规律起作用的情况，使得必然性仅仅是因为意义而得到的。我们不能逐一排除这些规律，而似乎只能说，必然性是依据意义得到的，并以此确保保真替换能够充当同义性的标准。但是，由于预先假定意义这个概念已经在起作用，这个标准也不是独立的。

到这一步就已经可以看到结论了："是分析的"是一个不可判定的谓词。这意味着分析性不是一种客观的性质。如果情况是这样的，就不能说我们可以把所有句子划分成两类，一类是分析的，另一类是综合的——没有一种独立的标准来这样划分。这是从蒯因关于分析—综合之分的批评中得出的直接结论。

但是，这并不意味着我们无论如何都不能说，某个句子是分析的，而另外某个句子是综合的。也许，在某个特定情况下，我们还是可以区分出分析句与综合句的。"是分析的"这个谓词不可判定，仅仅意味着分析—综合之分不是一种在本体论上实实在在的区分，不是一种截然的、无条件的区分，但这个区分仍然可以是相对的。我们可以拿红色来作为例子。如果红色仅仅是波长为 m 的光波，那么什么东西是红色的，我们就可以无条件地区分出来，因为我们需要做的只是看这个东西本身的光学特性，而不必参照其他任何东西。但是，如果红色被理解为那种光波之外的东西，理解为我们的视觉感受，那么什么东西是红的，就只能得到一种相对的区分，我们必须参照某种视觉机制来做出判断。当分析性被证明不可判定时，这种性质仍然属于那种可以相对地区分出来的性质。

这种相对性在某种意义上可以表述为句子在一个句子系统中所起的作用。在某个通过推理关系建立起来的句子系统中，有些句子充当推理的前提，有些句子则起用以导出规则的作用。比如，就"鸟有羽毛"这个句子来说，如果这个句子出现在关于鸟的行为描述系统中，那么它就可以用来描述鸟的外部形态，并充当推理的前提；但是，如果这个句子出现在一套动物分类学系统中，那么很有可能，它就可以用来建立一种局部起作用的推理规则，这就是，当句子中出现了"鸟"这个词，就可以把它等价地替换成"有羽毛的动物"。在前一种情况下，这个句子充当了综合句，而在后一种情况下，则充当着分析句。这样，分析性以及分析—综合之分，就不是对句子进行分类的标准，而是说明特定句子相对于其他句子的关系，或者句子在句子系统中所起的作用。

第二节　对意义的本体论还原

前面关于分析—综合区分的讨论，不仅说明了"是分析的"是不可判定谓词，也说明了同义性是不可判定的。从后面这个结论直接导出，不存在关于意义的同一性条件。同义性是不可判定的，就意味着不能给出一种独立的条件，用于判定两个表达式是否具有同一个意义。如果关于意义不存在同一性条件，那么意义就不是外延性的，或者说，意义是内涵性的，但不是真正的实体。这样一来，也就引出这样一个问题：当我们在谈论意义时，我们所谈论的实际上是什么。

要回答这个问题，就要回顾一下外延主义的一般立场。按照这一立场，如果我们所谈论的是内涵性的东西，那么这种谈论虽然本身没有合法的语义，但只要与外延实体之间存在单向的代理函项，还是能使我们的谈论具有间接的或派生的语义。

不过，要实现这种想法，还需要在理论设计上做足够的工作。关键是，要找到恰当的代理函项，而这就要先确定能够使用代理函项的恰当形式。在这里，需要做的就是确定什么东西与意义相关，或者说，在我们的谈话方式中，什么东西会随同表达式的意义而发生变化。借助这种随同关系，我们也就能够确立代理函项。

要注意，由于语义上行，我们在这里并不是要在意义与别的东西之间建立联系，而是在我们关于意义的谈论与别的东西的谈论间建立联系。我们考虑的不是意义这个东西，而是"意义"这个词的用法。这里所说的代理函项，存在于当我们谈论意义时所承诺的本体论与谈论另外的东西所承诺的本体论之间。这时，我们可以直接使用"意义"这个词。

一个非常直观的想法是，句子的意义将决定我们在什么时候认为什么句子是真的或为假的。比如，对于"朝鲜试爆了一枚氢弹"这个句子，如果有人在伊朗试爆氢弹时认为这个句子是真的，那么对于这个人来说，这个句子的意义就相当于我们所说的"伊朗试爆了一枚氢弹"。

基于这样的考虑，我们可以建立这样一种代理函项：

"P"的意义→ {＜条件 C，说话者 S 认为"P"为真/假＞}。

这个函项的值，即箭头后面的部分，是一个由有序对构成的集合，其中每个有序对都由某个条件 C 和 S 认为"P"为真或为假这件事构成。一个这样的有序对表示在何种情况下说话者会认为那个句子是真的或假的。当条件发生变化时，我们就会有不同的有序对。

通常，我们会把这个由有序对构成的集合称为"倾向"（disposition）。简单地说，倾向就是指外部条件适当时会表现出来的状态或者过程。比如，可溶解性就是一种倾向，这就是当被置于溶剂中时就会溶解这样一种特性。我们通常会把倾向表示成由条件与反应构成的有序对的集合，以表明在不同的条件下有什么样的反应与之对应。

如果这些有序对的两个项都可以用外延语言来描述，那么本体论还原的策略也就将生效，而我们也可以在某种意义上合法地谈论意义。要做到这一点，条件 C 似乎是没有问题的，问题出在有序对中后面一项上：通常，命题态度不能用外延语言描述。

所谓"命题态度"（propositional attitudes）是指类似于"认为""相信""知道""害怕""猜测"等这样的词所表示的东西。这些词通常用来连接一个人和一个陈述句，这时，像弗雷格这样的哲学家就会认为，这个词语表示一个人和一个命题之间的关系。这种关系就被称为"命题态度"。像"相信"等这样的词，就是命题态度词。

显然，命题态度词后面接的句子就处于内涵语境中。命题态度词产生了这种内涵性。像"S 认为'P'是真的"这类句子的真值条件，也就不能用外延语言来解释了。这一点使前面说的那个代理函项不起作用。

蒯因解决这个问题的方法，我们可以称之为"语境调整法"。这种方法的要点是通过在句法上改变对表达式的解释，从而把原来的内涵语境转变成外延性的。比如，对于原来以为是表达命题态度的句子

    S - 认为（/相信，知道，……）- Q

解释成

    S - 认为（/相信，知道，……）Q。

在这两个句子形式中，我们使用短线把表达式分隔开。在前一种形式中，"认为"和"Q"是不同的表达式，而在后一种形式中，它们被当作同一个表达式。这种句法上的区别对应着语义上的调整。原来我们把命题态度

解释成一个人（S）和一个命题（Q）之间的关系，现在则解释成一个人（S）的一种性质（认为Q）。

按这种方式来分析"S认为'P'是真的"这样的句子，蒯因的方法就是定义一种命题态度，"持真"（holding true），这种态度针对句子，然后断定，"S持真'P'"是对说话者S的性质做出的断定。

这里的要点是，调整以后表示性质的那个部分有可能得到一种外延性的语义学解释。比如，对句子做出这样的调整以后，就可以把持真解释成一种行为，比如，当别人说出句子"P"时S点点头，这就意味着S持真"P"。这样解释以后，对意义做出外延化分析所需要的外延实体，就是与句子相联系的行为倾向。而此时，句子就作为行为的一个部分出现，而不是单独表达命题的东西。

在利用语境调整法对持真态度做出分析以后，我们就容易看出，为关于意义的谈论赋予合法语义的，是使用句子的行为倾向。由于这种行为倾向必须在不诉诸意义的情况下确定下来，所使用的句子就必须是单纯的符号，而不是有意义的句子。

从这一点很容易看出唯名论是怎么来的。赋予意义概念以合法语义的，是我们使用句子的行为，而在这种行为中词语仅仅是符号本身，而不表示任何语言之外的东西。借助于意义概念而获得语义的其他概念，也要按照相应的方式加以理解。由此我们就得到关于这些概念的唯名论。

第三节 对心理学实体的本体论还原

事实上，对于命题态度一般而言都可以按照类似于对待意义的方式来做出分析，而这种分析的结果，就是蒯因著名的"分析的行为主义"。意义与命题态度都是内涵实体，而且有一种平行关系。当我们说出一个句子，以此来表达一种命题态度时，这个句子的意义就是命题态度的内容。因此，在分析句子意义与命题态度的内容时，可以使用同一种代理函项。

"行为主义"这个名称，来源于华生（John Watson）和斯金纳（B. F. Skinner）的行为主义心理学。有些心理学家试图用外部要素，比如环境，来解释动物或人类的行为，而不是像通常的心理学那样，利用心理状态来解释；也有的心理学家主张，心理学所要研究的对象只能是行为，而不是区别于行为、因而不可观察的心理现象。与之不同，分析的行为主义[1]则针对心理学词项，主张这类词项在语义学上依附于指称行为的词项，或者可以翻译成这样的词项，或者应该可以被这样的词项所取代。分析的行为主义所针对的是心理学概念，而心理学上的行为主义则要么针对心理学的研究方法，要么针对心理学的解释原则。

按照外延主义分析的思路来说明，对心理状态的分析实际上就是在心理状态与行为倾向之间建立单向代理函项，从而为心理状态陈述确定真值条件。这里，虽然行为倾向也是用一种内涵性的语言来描述的，但其内涵性的程度要低于描述心理状态的语言。[2] 用内涵性更低的语言来描述真值条件，这正是外延主义分析的基本要求。

行为倾向不是单个的行为，而是行为模式，即当一类条件出现时，会有一类行为作为反应。比如，我们都有避免接触火焰的行为倾向。当火焰接近我们的皮肤时，我们总是会快速躲开。行为倾向不一定表现出来，但是，如果在有一种行为倾向的情况下做出相反的反应，总是需要克服一些阻力。

一个分析的行为主义者可以说，正是因为心理状态词项对应于行为倾向，我们才会认为心理状态可以解释行为。比如，对毛虫的恐惧感可以解释在看到毛虫时发出的尖叫，也可以解释在听到别人谈论毛虫时做出的厌恶表情；同理，看到毛虫时尖叫，以及听人谈论毛虫时皱眉，这都属于同一个行为倾向，我们可以用这种行为倾向来解释他的行为。这种解释不在于说，看到毛虫时发出尖叫的倾向解释了尖叫。这种解释过于贫乏了。倾向之所以成其为解释，是因为不同的反应被归于同一个行为倾向。比如，如果我们知道某人看到毛虫时尖叫，那么当他听人谈论毛虫时，我们就可以预期他会皱眉——此时我们就用行为倾向解释了他的行为。

蒯因在对心理词项的分析中借鉴了古典实用主义（pragmatism）的一些想法。古典实用主义（尤其是皮尔士）的一个想法是，抽象概念应当以可经验的东西作为区分标准，使得一个东西是否满足这个概念，可以根据经验来判断。比如，当有人对你说一段音乐"有书卷气"时，你可能要求他解释这是什么意思，而一个懂音乐的人也将向你指出，这段音乐的哪些特征使它"有书卷气"。"有书卷气"对于音乐来说是一种抽象的性质，而这种抽象性质应当对应到音乐可以通过听觉直接识别的特征上，我

---

[1] 有时也被称为"哲学的行为主义"。
[2] 参见前一章结尾处。

们可以通过这些听觉特征来识别这种抽象性质。① 在蒯因这里，心理学概念也是一种抽象概念，而代理函项的作用就在于为这种抽象概念找到可以通过经验识别的对应特征。容易看出，内涵性的程度与抽象程度是一致的。因此，用外延主义分析来落实古典实用主义的概念分析方法，是恰当的。

注意，在分析的行为主义那里，像行为倾向这样的可以通过经验识别的东西并不是被用来解释心理学现象是什么，而只是用来固定关于心理现象的陈述的真值条件。它所使用的是单向的代理函项，因此，这种行为主义就不会从行为倾向出发来确定心理现象，从而为相应的心理学概念给出定义。

有了分析的行为主义立场，蒯因就可以把命题态度这样一种心理学现象还原到行为倾向上。命题态度与意义基于同样的方式得到外延化分析，它们同时获得合法语义，而不是用其中的一个来解释另外一个。

第四节　彻底翻译

具体而言，蒯因对意义概念做出的外延化分析，就是"彻底翻译"(radical translation)。

所谓的"彻底翻译"是一种分析模式，或者说是一种分析情境，借助它，我们可以在句子、条件以及说话者的持真态度之间建立联系，在这种联系的基础上可以实施对意义所做的外延化分析。这种情境大致上就是，一个母语是汉语的语言学家到一个土著部落进行田野调查。他完全不懂这种土著语言，但要通过观察土著的行为，来在这种土著语言与汉语之间建立同义关系，从而把土著语言翻译成汉语。语言学家依据行为的标准，来为所有土著语言的句子找到意义相同的汉语句子，他所建立的行为标准，就间接地充当了关于意义的同一性条件。

这项翻译任务之所以是"彻底的"，是因为按照外延主义的要求，所参照的行为标准本身必须是可以判定的。② 这样我们就不能在通常的那种意义上理解行为。比如，看到一个人把钥匙插到钥匙孔里，我们会这样描

---

① 参见皮尔士（又译"珀斯"）"如何使我们的观念清楚明白"，载《意义、真理与行动》，苏珊·哈克、陈波编，东方出版社2007年版。

② "radical"一词含有"极端的""激进"的意思，译为"彻底"反而会导致误解，以为这种翻译所要求的是把全部意义都翻译出来。但这里仍然这么翻译，是从旧译。

述他的行为:"他想打开那扇门"。这种描述不合乎外延主义的要求,原因是这里引入了意图,而意图和信念、知识、担忧等其他命题态度一样,都不是外延性的。在行为标准中不能涉及这类内涵性程度与意义相当的内涵实体。因此,从语言学家的角度来看,能够用的行为标准就只是纯粹的身体动作、声音以及其他与环境在物理和生理的层次上发生的相互作用。简言之,在语言学家看来,土著的行为就仅仅是接受刺激并做出反应,他不能把土著看作有心灵或灵魂的主体,而只是看作动物,因而从生物学的层次来理解行为。

按这种方式来理解土著的说话行为,对于所说的句子是什么,也要做出相应的理解。这里的说话行为也是按照语境调整法来分析的。对像"S 说 P"这类形式的句子,我们就不能理解成说话者和一个命题之间的关系,即说话者说出了一个命题;而应该把"说 P"理解成说话者的性质,即做出一个行为这样一种性质。句子 P 是这个行为的一部分。现在,如果以生物学的方式看待行为,那么句子 P 也就仅仅是一种物理上的东西,是一串声音。

在彻底翻译中,意义的同一性对应到行为倾向的同一性,后者的同一性条件就可充当谈论意义的合法性基础。可以这样来表述这种对应关系,

> 表达式 A 与表达式 B 意义相同,当且仅当,关于 A 的行为倾向与关于 B 的行为倾向相同。

关于一个表达式的行为倾向是这样界定的:在特定的环境刺激下,某人对这个表达式表示赞同或者反对的倾向,就是此人关于该表达式的行为倾向。关于一个表达式的行为倾向,被定义成环境刺激与对该表达式的赞同或反对的态度之间的配对关系。这里,赞同与反对都属于持真态度,它们可以通过肢体表现得到识别,因此可以算作满足外延主义的要求。

容易看出,这样建立的对应关系,实际上是运用代理函项的结果。这个代理函项在句子意义与行为倾向之间建立了单向的映射,按照这种映射,句子意义上的同一性关系,就等价于行为倾向之间的同一性关系。具体表述如下:

> S_1 所说的句子"P_1"与 S_2 所说的句子"P_2"意义相同,当且仅当,[在相同的条件 C 中,S_1 对"P_1"表示赞同/反对,当且仅当,S_2 对"P_2"表示赞同/反对]。

在这个表述中,方括号表示第一个"当且仅当"的后辖域。

引入了持真态度,这里所针对的自然就是句子,因为人们对其表示赞同或者反对的,常常是句子。在彻底翻译中,语言学家所收集的语言素材总是句子。他会试着把土著语言的句子分解成词,然后以词为单位着手翻译。

语言学家会考虑,自己在与土著行为相同的环境刺激下,会对什么样的汉语句子表示出与土著同样的态度,这样的汉语句子就可以与土著所说的句子建立同义关系。在这个基础上,语言学家会把同义关系落实到词语的层次上,看自己在新的环境刺激下会使用什么汉语句子,然后利用词语层次的同义关系,把这个汉语句子翻译成土著语句子,看土著对这个句子做何反应,以此来验证或修正自己的翻译。这个过程可以反复不断地进行下去,直到所有的土著词语都与汉语词语建立同义关系,并且这种同义关系得到足够多的证实。我们可以说,这是一个猜测、检验、修正、再检验的过程,而语言学家试探性地使用土著语言与土著间的交流行为,是这个过程最终的检验依据。当这个过程最终完成,我们就可以说,关于意义的同一性条件,就通过关于行为倾向的同一性条件建立起来了。

如果意义的同一性条件可以这样建立,那么这不就是说,意义满足外延主义的标准,从而也就是外延实体了吗?并非如此,由于翻译的不确定性,意义仍然不是外延实体。

所谓翻译的不确定性,不是说语言学家最终无法得到确定的翻译,而是说,语言学家可以有好几个不同但都正确的翻译手册[1],但是,这些不同的翻译手册彼此排斥,因而不能同时成立。

蒯因用了一种形象的方式来说明翻译为什么是不确定的。假定当兔子在附近跑过去的时候,土著喊了一声"Gavagai",而语言学家把这句话翻译成"兔子!"。暂且把这两个词都理解成句子,就类似于"火!"这样的只有一个词的句子。语言学家对其他包含"Gavagai"的句子做出相应的翻译。比如,当兔子挂在架子上时,土著句子"Gavagai vehoo"就翻译成"兔子挂了"。但是,蒯因说,原来兔子跑过的那种环境刺激,还可以理解成兔子跑动的短暂时间,于是"Gavagai"就可以翻译成"有兔子的时间"。如果这样翻译,关于其他土著句子的翻译就可以做出调整以与之相适应。比如,"Gavagai vehoo"翻译成"有兔子的时间停了"。这些不同

---

[1] 蒯因把语言学家在土著词语与汉语词之间建立的一整套同义关系,称为一个翻译手册。

的翻译手册都可以与土著关于语言的行为倾向相协调，单是观察这些行为倾向，语言学家不能在这些不同的翻译手册之间做出取舍。但是，另一方面，这些翻译手册不能同时成立，"兔子"和"有兔子的时间"是不同的汉语词语，它们的意义不同。

翻译的这种不确定性之所以产生，是因为对于相同的环境刺激，总是可以用不同的方式来加以理解。对于兔子跑过去这个刺激，可以解释成兔子的出现，也可以解释成出现兔子的时间从开始到结束。然而，这种不确定性并不意味着一种翻译正确而另外一种错误，它们都合乎行为倾向标准，因此都是正确的。

我们不能说，由于不能在这些不相容的翻译手册间做出取舍，行为倾向标准就是不充分的。同义关系本身不可判定，因而不合乎外延主义要求，这意味着并不存在客观上确定的同义关系；另一方面，行为倾向标准合乎外延主义要求，因而在行为倾向间存在客观的同一关系。因此，不能用行为倾向标准来区分不同的翻译手册，这不应当是行为标准的缺陷——毕竟，只有当用客观的东西来衡量客观的东西，才能得出确定的结果。如果行为倾向足以区别不同的翻译手册，同义关系反而就是可判定的了——我们知道，情况并非如此。

因此，翻译的不确定性所表明的，正是关于意义的代理函项的单向性。意义是内涵实体，我们不能为其提供独立的同一性标准，因此，"不可区分物同一"原则不能用于意义，而说"同一个意义"也就没有意义。但"同一物不可区分"原则仍然适用，我们可以利用它对意义做出区分。这样一来，意义与行为倾向之间的代理函项就永远是多对一映射，即多个意义对应于同一个行为倾向。

第五节　意义整体论

如果同义关系是不确定的，那么意义本身也就只能是不确定的。尽管如此，彻底翻译作为对意义展开外延主义分析的模式，还是能够表明意义在何种意义上是确定的。不难注意到，如果翻译手册为足够多的土著词语提供了翻译，那么其他的土著词语该如何翻译，也就可以确定下来。不同的词语间在翻译上具有彼此限制的关系，以不同的方式翻译"Gavagai"，也就要对"Gavagai vehoo"的翻译方式做出调整。这种调整是沿着不同句子在词语结构上彼此重叠的线索进行的。蒯因由此得出结论说，意义具有一种整体论（holistic）特征，也就是说，只有在语言整体中，单个表达式的意义才是确定的。

容易看出，这种整体论特征是由句子的句法特征所决定的。当一个句子以某种方式翻译时，构成这个句子的词语也就要以相应的方式翻译，而用这些词语构成的其他句子该如何翻译，也就有了一种限制。由于单从合乎外延主义的要求的行为标准本身不能确定翻译手册，这种整体论的特征也就体现了出来。

意义整体论（Meaning Holism）是蒯因基于外延主义分析方法对意义做出分析以后得出的极为重要的结果。它标志着对于意义的一种至今仍然占据主流地位的理解。现在回过头来看看这个结论是如何获得的。

一般而言，意义整体论是一种关于表达式的有意义性的论断。对这里所说的有意义性还是需要进一步分析。无论如何，在说一个表达式是有意义的之后，如果有人问其意义是什么，人们总是可以通过重复这个表达式，以此作为回答。对于为何说一个表达式有意义，如果只能以这种方式回答，我们就说这个表达式在一种贫乏（trivial）的意义上有意义。如果一个表达式在这种意义上有意义，那么其意义也就无法得到解释。如果表达式在非贫乏的意义上有意义，那么其意义就总是可以用其他表达式来加以解释。在关于意义整体论的讨论中，我们是在后面这种意义上谈论有意义性的。

我们知道，按照外延化分析的要求，意义这个概念不享有独立的同一性条件，因而，意义不是外延实体，而形如"x 的意义"（"x"指称任意表达式或句子）也没有合法语义。但这并不排除类似于"x 是有意义的"句子在上述非贫乏的意义上有真值条件，也就是说，我们总是可以通过其他句子来解释这个句子的真值条件。一种显然的选择是，我们用"y 是有意义的"这个句子来解释，其中"y"是与"x"意义相同的表达式。彻底翻译的分析模式表明了我们如何可以建立关于同义性的合乎外延主义的标准，从而承认关于同义性的陈述是有真值条件的。这样我们就可以考虑利用这种真值条件，来用另外一种方式理解关于表达式意义的谈论。

这里的情况可以与关于颜色的情况类比。要能够在上述的那种非贫乏的意义上说"x 的颜色"，也就需要为形如"x 与 y 具有相同颜色"这样的句子确定真值条件。这样做时，可以不管对颜色做出实在论解释还是唯名论解释。通过本体论还原这是可以做到的。在确立了同色关系这样一种陈述的真值条件之后，我们对颜色的理解就类似于这样一种：要断定一个东西是或不是红的，我们不是看自己看到的是不是红的，而是找来一个人们称为"红色"的样本,然后看要判断的那个东西是否与样本颜色相同;如果相同,我们就将其当作红的。这时,我们所判断的不是颜色本身,而是同色关系;我们会在同色关系的基础上说:如果你把那个东西叫作"红的",那么这个东西也就是红的。在这种情况下,一个东西是或不是红色的,并不直接取决于这个东西本身,而是取决于它与别的东西之间的关系。如果没有别的东西,那么说一个东西是或不是红色的,也就都没有意义。

导向整体论的论证过程可以分成两步:第一步依据关于意义和有意义性的外延主义分析;第二步则是关于分析性的外延主义分析。

前面以颜色为例叙述的是第一步,论证过程列述如下:

1) 不存在意义实体;
2) 因此,表达式不能在非贫乏的意义上单独具有意义;
3) 因此,只有当与之同义的表达式具有意义,一个表达式才有意义;
4) 同义性是由分析句子建立的;
5) 因此,只有当分析句子存在,一个表达式才有意义。

在这个论证中,从1)到2)的推论是这样进行的:如果像 x 这样的表达式按照非贫乏的方式单独具有意义,那么就应该有另外一个表达式 y,y 与 x 具有同义关系,可以用 y 来解释 x 的意义;这进而意味着可以用摹状词"x 的意义"来确定"y 的意义"的指称;既然 x 独立有意义,"x 的意义"的指称也就是独立确定的,换言之,等式"x 的意义 = y 的意义"也就表达了真正意义上的同一性,因而,关于意义的同一性条件已经得到了满足,而这等于说存在意义实体;这样就从假定2)的否命题推论出1)的否命题,因此从1)到2)的推论是成立的。

同义性可以依据意义本身是否相同来建立,也可以依据分析句子来建立。在不存在意义实体的情况下,我们就不能采取前一种方式,而只能诉诸分析句。这样的分析句直接表达了同义性。因此,在1)为真的情况下,4)也为真。

第二步论证的做出,需要拒斥分析—综合之分。论证过程如下:

6) 分析性是不可判定的;
7) 因此,不存在本身就具备分析性的句子;

8) 因此，只有相对于其他句子，某个句子才是分析的。

结合这两个论证的结论就得到：

9) 只有相对于其他句子，一个表达式才有意义。

在8) 和9) 中提到的"其他句子"，是指在局部起作用的句子系统。一个句子是用来确定意义还是陈述事实，需要在这样的句子系统中才能确定。这个句子系统通常是由一些不特定的句子构成的。

整个论证将产生一种"斜坡效应"。如果一个表达式需要不特定的其他句子才有意义，那么，由于这些句子也要通过一些语义关系才能构建推理关系，因而也需要是有意义的，我们就需要更多的句子来确保这些句子具有意义。按照蒯因的设想，这一点最终将扩展到整个语言。

然而，这种斜坡效应或许并不像蒯因所愿，会把单个表达式有意义性的条件扩展到整个语言。比如，我们似乎可以在一个封闭的范围内谈论有意义性，在这个范围内，因为有些句子之间建立了一种彼此依赖的关系，在解释表达式意义时不会把这个范围以外的句子牵涉进来。比如这样一种假想的情况，这种依赖关系存在于分析—综合之分上，如果我们把句子 a 当作分析的，句子 b 就是综合的，反之，把 b 当作分析的，a 就是综合的，但不管以哪个句子为分析句，所考虑的那个表达式都得到了解释。在这类情况下，我们可以说这些句子构成了一种"语义分子"，于是我们就有一种"意义分子论"（meaning molecularism）。

不过，这个意见是否对蒯因构成威胁，还取决于我们把什么叫作"一种语言"。因为，所谓的"分子论"已经假定，在建立表达式之间的解释关系之前，我们已经可以区分出不同语言了。如果把这个假定排除掉，那么蒯因仍然可以坚持说，单个表达式的有意义性是相对于整个语言的，因为这里所谓的"整个语言"，就是前面所说的那种"分子"。

但是，蒯因似乎并不想用这种方式为自己辩护。这样做实际上已经屈服于意义分子论了。他可以从一种关于理论与语言之间的关系的观点出发来为自己辩护。在继续讨论这个辩护之前，我们先来看看这种观点。

它可以这么表述：语言以理论为前提条件，确定了语言也就等于给出了理论。理论就是由句子通过推理关系构成的系统，而语言则是通过语义解释关系连接在一起的表达式。现在，既然只有在相对于由一些句子构成的推理系统时我们才能说对表达式做出了解释，那么，要能够定义一套语言，前提就是我们已经有了一套理论。当然，这不是说，在存在任何语言之前，我们必须先想好一套理论。蒯因在语言和理论之间建立的，是一种概念上的依赖关系，即理解一种语言，要以接受一种理论为必要条件，因此，不可能有脱离理论的语言。

另一方面，按照蒯因关于意义的唯名论观点，也不存在独立于语言的理论。这是因为，建立理论所需要的推理关系是基于意义建立起来的，而存在于意义之间的这种关系，要以相应的表达式之间的关系为前提才能建立，这等于说，包含了这些表达式的那种语言已经存在了。最终可以看出，如果同时也不存在独立于语言的理论，那么语言与理论就是同一个东西。

现在可以看出，这种观点继续推演就会把分子论排除掉。如果确实有一种语义分子，那么在相应的那个小范围内应该会有一种统一的推理方式，按照这种方式，我们可以确定其中的句子如何分配角色，如何决定哪个句子负责陈述事实，哪个句子负责解释意义。这种推理方式似乎又需要一种语言来表述它，这样我们就得到了把这个语义分子包含在内的一种语言。这种新的语言不可能是那个语义分子的简单复制，而是要包含更多的东西，比如，它至少要像塔斯基的语义学那样，把适用于那个语义分子的语义学词项包含在内。这样一来，所谓的语义分子也就不可能是封闭的了。它也许有种相对的封闭性，但它所相对的，却是更大范围的语言。

第六节　自然主义知识论

由于意义与知识的关联，到此我们就可以明白，蒯因会如何解释知识。

意义本身不是实体，因此，不存在一类我们可以称为"意义"的事物。当然也谈不上弗雷格心目中的那种"第三域实体"。我们关于意义的谈论，也不是因为所谈论的是意义，而具有确定的语义和客观的真值。就像对于颜色那样，蒯因也对意义持有唯名论态度，也就是说，我们以为意义这样的东西存在，是因为我们使用"意义"或"有意义"这样的词所产生的错觉。赋予这种谈论以确定语义及真值的，实际上是我们拥有语言并做出使用语言的行为这一事实。

我们也许会认为这种唯名论的态度站不住脚。我们通常会觉得，我们之所以使用语言，是因为语言有意义；而不会认为，语言有意义，是因我们使用语言——毕竟，我们是按照语言的意义来使用语言的，因此意义应当先于使用的行为。

对这个想法蒯因会回答说，我们认为语言在使用之前就有意义，这就像我们会认为颜色不是特定波长的光波一样，都是一种错觉。外延主义分析已经表明，不存在作为意义的实体。即便我们关于意义的谈论有合法语义，那也只是在我们有使用语言的行为这样一个条件之下，我们关于意义的种种看法，是对语言的使用所产生的效果。这有点像在颜色的情况下，我们之所以认为有颜色，是因为受到不同波长的光刺激而产生的效果，而不是因为我们实实在在地看到一种可以称为"红色"的存在物。

进而言之，知识也是使用语言所产生的效果。我们认为自己知道一些事物，这不是说我们拥有一种可以称为"知识"的存在物。因为，知识无非就是真句子所表达的内容，是真句子的意义，既然意义是行为的一种效果，知识也就是这样一种效果。

在这种理解之下，对于知识最为自然的解释就是：追求知识，只不过是作为一种生物的人所具备的生存手段，人因为有了语言，才具备这种手段。说出一些有意义的句子，这是作为生物的人对环境刺激所做出的反应，而之所以说这些句子表达的是知识，这只不过是因为那些句子与进一步的句子达成了一致，也就是说，与人对环境的其他反应达成了一致。知识使人适应和改造环境，追求知识，则是人类通过进化培养起来的适应和改造环境的一种方式。知识并不使人脱离自然或者高于自然，知识本身就是自然的一种产物。因此，就像颜色应当通过光波得到解释一样，知识也应当通过人类的行为以及相应的心理学得到解释，而这种解释本身就属于自然科学。

通过与卡尔纳普的科学分析框架相对照，我们可以对蒯因心目中的这种自然主义的科学图景有更多的了解。

拒斥了分析—综合之间的截然区分，蒯因也就解除了卡尔纳普框架中形式系统与经验观察之间的截然区分。但是，有条件的区分还是可以保留的。实际上，由于蒯因允许把意义对应到行为上，以说明我们关于意义的谈论在何种意义上可以是真的，他也会承认一种有条件的分析句。这时，一个句子被用来解释意义，这不是因为这个句子本身是分析的，而是因为它仅仅是承担着解释意义的作用；在其他情况下，同样的句子也可以充当综合句，用来陈述事实。

这样一来，卡尔纳普的那个框架还是可以在形式上得到保留，但却不能用来充当对句子进行分类的依据。同属于一种语言的所有句子都按照解释或者推理的关系联系在一起，构成一个巨大的网络。而卡尔纳普的那个框架只适用于这个网络的局部，用于通过句子间的相互关系，来确定各个句子在这个局部中所起的作用。在这种意义上，我们还是可以区分出分析句子与综合句子。当然，这个区分不是绝对的。当按照不同的方式来切分这个网络，句子也就会按照不同的方式起作用。

当然，整体来看，这个语言网络还是有边缘与中央之别。边缘部分的句子起输入输出的作用，它们与经验距离较近，比较接近于卡尔纳普的观察陈述；而中央的部分离经验较远，接近于卡尔纳普的形式系统。但是，纯粹的观察陈述仍然不能像在卡尔纳普的框架中那样，以独立于科学理论的方式分离出来。只有位于整个语言网络中，才会有观察陈述。观察陈述的意义不是由纯粹的经验输入确定的，而是部分地取决于语言网络的其他部分。这是由意义的整体论特征决定的。只有在一个语言整体中，我们才能确定一个观察陈述所陈述的是什么——当然，对于其所陈述的是什么，我们还是要用其他句子来解释。

从自然主义立场来看，语言之网不是依据任何独立的标准建立起来的，它是一种人为的建造物。语言就像轮子、砍刀或者机床一样，是人类发明的工具，它被用来对付人类所面对的这个世界。意义和知识是人类使用语言所产生的某种效果，而这种效果究竟是什么，还是要由语言对人类的行为产生了什么影响来衡量。当然，由于有了语言，人类的行为变得异常复杂。

阅读材料

1. "经验论的两个教条"，载《从逻辑的观点看》，江天骥等译，上海译文出版社1987年版。在本文中，蒯因运用外延主义分析方法来处理分析性概念。

2. Quine, *Word and Object*, new edition, The MIT press, 1960/2013。其中第二章系统阐述了彻底翻译。第五章对分析方法做了正面描述。

3. Quine, "Epistemology Naturalized", *Ontological Relativity and Other Essays*, New York: Columbia University Press, 1969.

第十三章　戴维森：非还原论的外延主义分析

戴维森是蒯因的学生。他用外延主义分析方法来分析像意义和信念这样的内涵实体，并在这方面取得了非常瞩目的成就。他所建立的分析模式完整地体现在"彻底解释"（radical interpretation）上，这种模式区别于蒯因的还原论的外延主义，是一种非还原论的外延主义。从彻底解释出发，戴维森一方面对蒯因式的知识论图景做出了调整，而在另外一方面则超出了这幅图景，并揭示出人类知识中更加深刻的层面。戴维森是分析哲学传统中少有的具备思辨气质的哲学家，在他那里我们可以看到，一种分析技术可以怎样在哲学思考中发挥巨大的作用。

第一节　真值条件语义学

"真值条件语义学"（truth-conditional semantics）是当前任何一个学习语言哲学的学生都会接触到的一个术语，但人们通常都会忽略这个术语的背景。只有在蒯因所设置的外延主义背景之下，这个术语的真实动机才会表现出来。

我们知道，蒯因的外延主义分析虽然有希望提供一种指称理论，但很难说它有助于给出一种关于意义的理论——蒯因可以利用一种行为主义语言来分析意义，但这种分析在什么意义上还属于意义理论，这并不真正清楚。这种分析似乎难以说明，意义怎么能够是说话者从句子中理解的东西，并且当说话者理解了这种东西，就知道句子所谈论的对象。要说明这一点，最好是让语义学在处理指称的同时也处理意义。于是，能否在同一套语义学中容纳指称和意义，同时还能够保证满足外延主义要求，也就作为一个具有挑战性的课题提出来了。

按照戴维森自己的说法，他提出的真值条件语义学其实是在表达一个普遍认可的直觉,即理解句子意义,这与知道句子的真值条件是一回事[1]。但是,这种直觉看起来并不是那么回事,我们会认为,意义要超出真值条件——知道了句子意义,当然就知道句子在什么情况下为真;但如果只是知道句子在什么情况下为真,似乎还不足以让我们理解句子意义。之所以有这样的看法,是因为共享真值条件但意义不同,这对于句子来说是很常见的情况。

比如,"5+1是偶数"和"7-1是偶数",这两个句子的真值条件是相同的,只要6是偶数,它们就都是真的;但它们的意义并不相同。

熟悉了外延主义分析,我们就会明白这里的原因。如果认为句子的真值条件是由表达式的指称所构成的,比如,把真值条件理解成罗素式命题,而把句子意义理解成内涵实体,那么对句子来说,可能就会有意义不同但共享真值条件的情况。在这种情况下,知道真值条件,对于理解意义来说是必要条件,但不是充分条件。

从蒯因那种外延主义立场来看戴维森所倡导的直觉,其背后的想法就是,对于确定句子真值条件这一目的来说,意义中超出的部分并不具备语义学价值。它们只是造成了一些无关的区别,语义学研究无须为这种区别提供解释。

但是,戴维森提出这个口号的动机却并非纯粹要把内涵性的东西从语义学中排除出去,而是要尝试在外延主义所认可的形式之下容纳这些内涵性的东西。要是可以这样理解,那么戴维森的口号所规定的,不过是意义这种内涵性的东西能够采取的合法的解释形式。这是通过确定真值条件来确定句子意义,但未必要把句子的真值条件与句子的意义等同起来。

这与另外一个要素一起,决定了戴维森的真值条件语义学的基本面貌。这个要素就是所谓的语句主义(sententialism)。所谓语句主义,就是以句子,尤其是以完整的陈述句为确立语义学概念的基本单元,并在此基础上定义其他语义学概念。

无论是从真这个概念还是真值条件这个概念出发来构建语义学,都决定了这种语义学属于语句主义。弗雷格显然是语句主义者,罗素不是。罗素属于指称主义,他主张指称是语义学的基本概念,因而定义语义学概念的基本单元是词项而不是句子。我们知道,他这样做的动机是要贯彻实在

---

[1] Cf. Davidson, "Truth and Meaning", in *Inquiries into Truth and Interpretation*, Clarendon Press, Oxford, 1984, p. 24。也可参见"真理与意义",牟博译,载《语言哲学》,马蒂尼奇编,牟博等译,商务印书馆1998年版,第135页。

论立场。蒯因虽然把与实在的联系放在语义学的头等位置，但他修改了罗素的本体论承诺概念，用外延主义来约束本体论。因而，这种联系对他来说不再由指称来承担，而是由量词，进而由谓词结构和满足来承担。这些东西最终是用句子定义的，因此，我们在蒯因这里看到一种与罗素不同的实在论，这是一种语句主义的实在论。这种立场在蒯因那里缺乏稳定的支撑结构，它很快蜕变成整体论。

戴维森接过了蒯因语句主义的语义学立场。这样，他就拉近了与弗雷格之间的距离。作为一名实在论者，语句主义立场使他能够方便地享有弗雷格主义的某些好处。

受弗雷格的启发，戴维森清楚地意识到，用词语意义的组合来解释句子意义，这会导致无穷后退。① 因此，正确的做法就是把句子意义当作初始的东西，并用它来定义词语的意义。这样，可供选择的语义学框架就是这样的：对指称来说，把真值当作初始的，把词语的指称定义为对句子真值所做出的贡献；对意义来说，把句子意义当作初始的，而把词语的意义定义为对句子意义所做出的贡献。② 这样，一旦确定了句子意义与真值条件的对应性，词语的意义就可以认为是对句子的真值条件所做出的系统贡献。

进而，戴维森也就可以利用意义的这种系统性来容纳内涵性，甚至也可以说，用系统性来解释内涵性。这使戴维森式的外延主义分析不会是一种排除内涵性的分析，进而不是一种还原论的外延主义分析。在本章末尾我们会回到这个主题。

真值条件无疑可以按照外延主义的方式来确定。因此，上述框架对外延主义者来说是一个利好消息，因为这样一种意义理论将不会使用"意义"这个词，而只使用"指称"一词；而这个词的用法已经由指称理论规定好了。在这种意义上，意义理论实际上是一组用来指派指称的句子，这组句子之间具有某种系统关系，这种关系规定了表达式指称对复合表达式的指称所构成的系统的影响。这组句子本身同时也构成一种指称理论。这样，意义理论与指称理论的区别仅仅在于，它所关注的是指派指称时所表现出的系统模式，是不同的指称指派中共同的东西；而指称理论则仅仅关注每次被指派的是什么。

---

① "真理与意义"，《语言哲学》，第127—128页。关于这种无穷后退，可以参见本书第七章第一节。

② 同上。

不过，尽管有这些好处，戴维森仍然欠我们一个论证，以说明必须通过确定句子的真值条件来确定句子的意义。因为，即便是在语句主义框架下，我们还是可以像罗素那样，把意义与指称等同起来，从而在句子真值（如果把真值当作句子的指称的话）的基础上解释词语意义。蒯因针对摹状词否认了意义就是指称，而在"真理与意义"这篇经典文章中，戴维森则针对句子来做这件事，他的论证被称为"弹弓论证"（slingshot argument）。之所以使用这个名称，是因为它提供了一种构造技巧，可以用来在任意两个句子之间建立等价关系。用另外一种形式，我们可以把该论证列述如下。①

看下列四个句子：

1) R；
2) {x: x = x ∧ R} = {x: x = x}；
3) {x: x = x ∧ S} = {x: x = x}；
4) S。

这四个句子中，R 和 S 是任意真值相同的句子。2) 和 3) 分别表示两个集合之间的等同关系。"{x: x = x}"表示由所有与自身等同的对象所构成的集合。显然，这就是由所有对象构成的集合，即全集。"{x: x = x ∧ R}"则表示，构成集合的元素不仅要与自身等同，而且也要满足 R。当然，如果 R 已经是真的，任何对象就都自动满足它。因此，句子 2) 是否为真，就仅仅取决于 R 是否是真的；我们也可以说，2) 与 R 在逻辑上等价。同理，3) 也与 4)，即 S，等价。

如果把句子也看作单称词项的特例，因而也有指称的话，那么按照戴维森的说法，逻辑等价的单称词项指称相同，这在直觉上似乎是很自然的。② 利用这一点立即分别得出，1) 与 2)、3) 与 4) 的指称相同。

此外，戴维森也可以得到结论说，句子 2) 与 3) 的指称相同。这是基于一种广义的替换原则得到的，即用指称相同的单称词项来替换某个单称词项，由该单称词项构成的较大的单称词项指称不变。在 2) 中把

---

① 原论证参见"真理与意义"，《语言哲学》第 129 页以下。
② 参见"真理"与"意义"，《语言哲学》，第 129 页以下。按照现在通行的术语，对句子 P 和 Q 来说，如果 P↔Q 在一个逻辑系统中可以得到证明，那么 P 与 Q 就在句法上等价；如果 P↔Q 在一个系统的所有模型中都是真的，P 就与 Q 在语义上等价。在戴维森的这个论证中哪个定义起作用，这并不明显。

"{x：x = x∧R}"替换成"{x：x = x∧S}"后,整个句子的指称不变,这是因为这两个单称词项的指称相同。

由此容易得到,1) 与 4) 的指称相同。由于 R 与 S 是真值相同的任意句子,这个结论就与"意义等于指称"这个假定一起,导出"所有真值相同的句子意义也相同"这个结论。戴维森显然乐意说,这就意味着意义与指称不是一回事,因为这个结论显然是荒谬的。

对实在论者来说,真值条件不同于指称,这个区别至少适用于句子。对于作为语句主义者的戴维森来说,这就提供了一种把意义与指称区别开的机会,即把词语的意义与指称分别交给句子的真值条件与真值。

就用句子真值条件来定义词语指称这个目的而言,塔斯基的"T-模式"提供了方便的表述形式。我们已经在第九章中见到了这种模式。

"P"是真的,当且仅当,P。

在这个模式中,左手边带引号的"P"是对所要讨论的语言的句法描述。我们要求这种句法描述要能够以递归的方式生成该语言中所有有意义的句子。右手边不带引号的"P"陈述了左边所描述的那个句子的真值条件。这样,"……是真的,当且仅当……"这样的模式,就在一个句子和其真值条件之间建立了对应关系。这个模式中戴维森非常看重的一点是,这种对应关系是外延性的。也就是说,用不同的方式来描述左边给出的句子,以及用不同方式描述右边所陈述的真值条件,这都不会影响这种对应关系。与之不同,虽然用"……意谓着……"也可以在保证语句主义立场的同时建立句子与真值条件间的对应关系,但这种关系是内涵性的。这就是说,当我们用意义不同的句子来陈述右边的"P"所陈述的事实时,这种对应关系也就不复成立了。

在真值条件语义学中,"T-模式"是作为建立语义学的目标起作用的。这种语义学的表述形式,仍然是对所有初始词项指派指称。最终,如果从这种指派出发,我们能够为所讨论的那种语言中的所有句子都推出满足T-模式的真值条件,我们就得到关于该语言的一种正确的语义学。

这里需要注意,在"T-模式"中,左右两边的句子不一定恰好都是"P"。在上述表述中都使用"P",是因为作为相应语言的使用者,我们会在直觉上确认形如该模式的句子是真的。我们也可以在另外一种语言中表述这个模式,这时,左右两边出现的句子就不再相同了。但此时仍然要求它们的意义相同。在两边句子意义相同的情况下,合乎该模式的句子在直觉上也是真的。而对真值条件语义学来说，这种形式则可以用于展示词语对于句子真值条件所做出的系统贡献。

可以看出，真值条件语义学实际上是按照与形式语义学完全平行的思路建立起来的。它们都是利用指称和满足与真之间那种按照递归程序建立起来的联系，来建立一套足以衍推出所有具有"T-模式"的句子（这些句子表现了真这个概念是怎样的）的指称（以及满足）关系，也就是说，它们都是利用真这个概念的约束来建立指称（以及满足）关系。

但是，两者实现这一意图的哲学基础完全不同。

在形式语义学中，之所以能够利用真这个概念来约束指称和满足，是因为由指称和满足作为初始条件建立起来的形式系统定义了真这个概念。因此，利用真这个概念来建立语义学，实际上就是建立一种由相应形式系统加以约束的语义学。在这种语义学构思背后起作用的，是形式主义的哲学动机。

而对真值条件语义学来说，真并不是一个经过定义的概念；相反，从上面的叙述已经可以看出，这个概念应该至少在语义学中是初始概念。这是因为，语义学概念是用真值条件来定义的，而真值条件要由真这个概念来定义。[①] 这样，当戴维森想建立足以推演出所有T-语句的语义学系统时，真以及真值条件的概念就只为这个系统确定最终的目标，而不为系统的建立提供初始条件。原则上可以有别的系统来达到同样的目标，而在这些系统之间没有对错之分。因此，对真值条件语义学来说，在塔斯基的真理定义方案中起实质性作用的，不是特定的语义学指派，而是指称和满足与真之间的递归关系。通过这种递归关系，我们能够为一种语言中的每个句子构造合乎"T-模式"的双条件句，从而为这些句子确定真值条件。

在戴维森看来，这个语义学方案值得称道的特点是，它是使用了"指称"和"满足"这样的语义学术语表达的一种意义理论。由于这些术语为外延主义所认可，这种语义学就是一种满足外延主义要求的意义理论。

只需稍加注意就会看到，按照上述方案建立的语义学仅仅是一套关于指称和满足关系的指派，而并未涉及"意义"这个概念，甚至没有用到"意义"这个词。按照戴维森的设想，由于"意义就是可接受的不同真值

[①] 戴维森逐渐意识到，不仅作为语义学概念，而且作为知识论概念，真都是初始的。参见"The Folly of Trying to Define Truth", *The Journal of Philosophy*, Vol. 93, No. 6, Jun., 1996, pp. 263-78。

理论之间的不变因子"①，如果只是从模式性特征来看，这样一套关于指称和满足的指派本身就是一种意义理论。这种模式性特征所表现的，就是一个表达式对于其他表达式的指称指派所做出的系统的贡献。就其对单个指派的影响而言，这种贡献是指称；而就其对不特定的指派的系统影响而言，这种贡献就是意义。当然，按照建立真值条件语义学的方式，这种系统影响是沿着表达式和语句之间的递归关系起作用的。这也是戴维森愿意看到的，因为这就表明了，句子或复合表达式的意义如何受其构成成分的影响。

最后，关于"T-模式"，我们还是会遇到一个非常基本的问题，即究竟该如何选择通过双条件句连接起来的句子，也就是说，句子之间的对应关系，应当怎样建立起来。整个真值条件语义学都是在这种对应关系建立起来以后才得以建立的，因此，这个问题的解决，是建立真值条件语义学的前提条件。

戴维森是通过彻底解释这样一种分析模式来解决这个问题的。为建立这个模式，针对蒯因对信念的外延主义分析，戴维森做出了一个至关重要的修改，这一修改从根本上改变了自然主义的知识概念。

第二节 关于信念的理性解释

我们知道，在蒯因那里，要真正建立一种关于意义的外延主义分析，需要借助持真态度，并且，这种持真态度被纳入相应的行为倾向中加以考虑，这样，说话者对于句子意义的理解，就还原为在特定条件下对这个句子报以持真态度这样一种行为倾向。由此得到的就是彻底翻译模式。

对这个分析模式，我们也可以理解成由两个环节构成。第一个环节是在意义与信念之间建立的对应关系，即当对句子的意义得到什么样的理解，人们就会使用这个句子表达什么内容的信念。第二个环节则是对信念做出的行为主义解释，即持有某个信念，就是在特定条件下对特定句子持有持真态度的倾向。这样，当说话者在特定条件下接收到某个句子，按照第一个环节，他对句子意义的理解就相当于他会用该句子表达何种信念；

---

① "Reality Without Reference", *Inquires into Truth and Interpretation*, Clarendon Press, Oxford, 2001, p. 225。这里所说的"真值理论"，就是关于何时为句子指派何种真值的理论，实际上也就是通过指派指称和满足，从而导出 T-语句的一套系统。

进而，按照第二个环节，在这种特定条件下他所持有的信念，也就体现为他在这种条件下对那个句子的持真态度。更仔细一些说就是，这时他的持真态度是用他实际持有的信念，与他会用那个句子表达的信念来解释的，而这两个信念本身就是在这种条件下怀有持真态度的倾向。因此，在彻底解释中，说话者最终表现出何种持真态度，是两种持真态度叠加的结果。

戴维森自己建立的彻底解释模式是在彻底翻译模式的基础上改造的结果。他在接受上述第一个环节的同时，拒绝第二个环节。我们知道，蒯因采纳第二个环节的原因是要保证利用外延实体来建立同义关系。不过，尽管没有采纳对信念做出的行为主义解释，戴维森还是设法保证了，由此建立的分析模式仍然合乎外延主义的要求。

戴维森对信念做出了理性解释，以此取代蒯因的行为主义解释。这里的关键是，对什么是信念内容，他给出了外部论的（externalist）解释，并进而引入了诠释学（hermeneutic）意义上的信念概念。这是一种区别于蒯因式的、生物主义的信念概念，这种诠释学意义上的信念概念把信念看作是人际交流、人与人之间达成理解的结果。

为了理解这是怎么回事，需要回头对照蒯因的外延主义分析方案。前一章第四节已经说明过，蒯因贯彻外延主义的方式是，从生物学意义上的刺激—反应模式来理解行为，而不把行为解释成理性主体的活动。在那里为这一点给出的解释是，如果要按照理性主体来解释行为，就要利用诸如欲望以及信念一类的命题态度，并且要按照相应的命题性内容来解释行为；但是，这样一来我们就不得不用内涵语言来描述行为，因为，这样理解的命题态度构成了内涵语境。相反，生物学意义上的行为概念比起命题态度来说，内涵性程度没有那么高，因而合乎外延主义的要求。

但是，按照理性主体模式来解释命题态度，并不必然导致内涵语境。接下来我们先按照自己的思路来看看这是怎么回事，然后再看戴维森是怎样处理信念以及其他命题态度的。最后通过比较就可以看出，我们按照自己的思路给出的方式确实说明了戴维森的方式的核心特征。

在某些情况下，命题态度语境不是内涵性的。比如，如果我认为启明星是天空最亮的天体，而启明星实际上就是长庚星，那么，就我应当持有正确的信念而言，我会认为长庚星也是天空最亮的天体。这就是说，就我应当持有正确的信念而言，用于报道我信念的命题态度句将构成外延语境，而不是内涵语境。

之所以这么说，是因为在把信念归属给某人（也包括我们自己）时，我们常会从一种规范性的角度来说明被归属的信念内容是什么。在这种情况下，我们归属的是正确的信念。而对正确的信念所涉及的东西来说，使用什么词语来指称，是不会构成影响的。

与此不同，当我们试图说明某人实际上持有何种信念时，由于他的信念总有可能是错误的，我们就必须按照他自己的那种方式来报道他的信念，以便将其与实际情况区分开。这样一来，指称对象的不同方式也就不是等价的，而信念语境也就要按照内涵语境来理解了。

现在的问题是，对于信念以及其他命题态度的归属来说，上述两种方式中究竟哪一种是更加基本的方式。如果事实性的归属更加基本，也就是说，即使是规范性的归属，本身也是要通过事实性的归属才有可能（比如，甲要认为乙应当持有某种信念，这要求甲事实上持有关于乙应当持有某种信念的信念），那么信念以及其他命题态度一般而言就都形成了内涵语境。但是，如果规范性的归属更加基本，而事实性的归属本身要以规范性的归属为基础才有可能（比如，要使甲真正地持有某个信念，他必须正确地认为，自己持有这一信念，也就是说，他应当把自己实际上持有的信念归于自己），那么，至少有些基础性的信念是规范性的，人们在这些信念的基础上，确定自己或他人实际上持有何种信念。在后面这种情况下，我们可以为信念给出一种外延主义的分析，而不必借助行为主义或者其他的还原论方案。

现在来看看戴维森的思路。

按戴维森的表述，在理解信念时，他自己和蒯因都把信念解释成行为倾向或者说刺激—反应模式，区别仅仅在于，蒯因把这里的刺激解释成近端刺激（proximal stimulus），而他自己则解释成远端刺激（distal stimulus）。比如，当土著看到兔子在附近跑过，远端刺激是兔子本身，而近端刺激则是兔子所反射的光线映在土著视网膜上所产生的光感刺激。[①]

当然，区别并不像戴维森表述的那么小。这个区别通常被认为存在于关于信念的内部论（internalism）和外部论（externalism）之间，而这是为信念归属句建立真值条件的两种不同的方式，从而对应于两种不同的信念概念。按照信念内部论，信念归属句是否为真，仅仅取决于关于心灵的事实，或者仅取决于关于持有信念的人的事实；而按照信念外部论，信念归属句则陈述了关于信念对象的事实，或者陈述了信念对象与持有信念的人之间的关系。

[①] Davidson, "Meaning, Truth and Evidence" (in R. B. Barret and R. F. Gibson ed., *Perspectives on Quine*, Cambridge: Blackwell, 1990, pp. 68–79), p. 74.

在这两种观点之间究竟该如何选择呢？按照蒯因式的内部论，信念内容是通过人体对刺激做出反应的那种模式来决定的，而这种刺激模式的作用，就视觉而言，则只在从视网膜开始，到发音器官（以说出句子的方式做出反应）或者身体肌肉（以体态语言作为反应）之间的范围内，而不涉及对象本身。这样，按照戴维森的想法，就会出现这样一种情况：在彻底翻译情境中，语言学家与土著的刺激模式彼此错位，以至于当土著看到疣猪时产生的反应，与语言学家看到兔子时的反应相同。① 在这种情况下，当土著喊道"Gavagai"，语言学家将认为自己看到的是兔子，从而把这句话翻译成"兔子"；但是，土著则认为自己是对着一头疣猪说出这句话的。在戴维森看来，无论这种情况是否真的出现，蒯因的观点允许出现这种情况，这已经构成了不接受这种观点的理由。

刺激模式上有可能出现的这种错位无疑会引起怀疑论——语言学家如何判断自己是否正确地理解了土著的信念呢？如果任何一次判断本身都只不过是一种信念，而这种信念在说话者"内部"就得到了确定，那么不同人的信念是否一致，就不能依靠当事人来判断了。但是，如果所有人的信念都是这样得到确定的，那么关于不同人信念是否一致的问题，就没有任何人可以判断了。

按照蒯因版本的内部论，信念内容是什么，这在确定信念对象是什么之前就可以确定下来了。信念内容关系到的是什么对象，这是确定了信念内容之后的事情。但这样一来，不同的信念内容怎样才算一致，怎样才算相互矛盾，也就成为问题。因为，只有当两个信念是关于同一个对象的信念，这两个信念才算得上相互一致或彼此矛盾。或者也可以说，按照蒯因式的内部论，信念之间的逻辑关系究竟如何，这样的问题本身是无法提出的。

这种困境不限于不同人的信念是否一致，而且，同一个人的不同信念之间也会出现这样的困难。这样，由内部论所引起的怀疑论就不仅关系到人与人之间是否能够相互理解，而且关系到，一般而言，人们的信念是否能够与实在建立联系。如果人们不能有意义地判断自己的信念是否正确，那么自己的信念是否表征了实在，也就无从知晓了，因为只有正确的信念才有可能表征实在。

这样，戴维森就可以说，为了避开怀疑论，关于信念应当采取的观点

---

① Davidson, "Meaning, Truth and Evidence" (in R. B. Barret and R. F. Gibson ed., *Perspectives on Quine*, Cambridge: Blackwell, 1990, pp. 68 – 79), p. 74.

就是外部论。事实上，当蒯因提出自然化知识论的哲学立场时，就已经明确主张在某种意义上放弃为知识提供辩护的要求，从而放弃考虑怀疑论。① 戴维森所做出的修正，使局面得到改观。

戴维森式的外部论与蒯因式的内部论之间的一个区别是，按照后者，当某人认为自己看到什么时，他的断定针对的是自己的感官受到刺激而产生的反应，也就是说，是他自己做出的一种投射；而按照戴维森式的外部论，他所断定的对象，则是站在旁观者的角度对自己所接受的刺激进行因果解释时，所追溯到的刺激源。之所以这么说，是因为如果把刺激过程看作一个因果链条，那么站在第一人称角度所能够追溯到的原因只能是近端刺激；要追溯到远端刺激，就必须采取第三人称角度。与此同时，对刺激进行追溯的方式也从当事人"承受"的因果作用，变换成供旁观者解释的因果作用。当然，戴维森的这种外部论的结果是，要把某个信念归属给自己，也只有在已经站在第三人称角度上对自己的行为做出解释的条件下，才是有可能的。②

到此为止，这种外部论的规范性特征也就清楚了。按这种外部论，当人们进行信念归属时，是根据被归属的人应当持有何种信念，来判断他"实际上"持有何种信念的。这里的"应当"，是指得到逻辑约束的那种合乎理性的"应当"。我们使用"应当"一词，不是因为不能观察他人心灵，而只能诉诸合乎逻辑的推测来进行信念归属，而是信念的本性使然。即使是人们在"反思"自己持有何种信念时，也不是像蒯因愿意承认的那样，看自己身上"发生了"什么，而是对自己的行为做出解释。这种解释是任何人都可以做出的。

有趣的是，如果蒯因式的内部论是对信念归属句进行外延主义分析的结果，那么戴维森式的外部论也同样是外延主义分析的结果。这是因为，就分析后的形式而言，戴维森所做出的修正只需要把蒯因所给出的结果中提到感官通道的部分，改为对感官对象所做出的描述，这种修改不会导致用内涵实体代换外延实体的结果。

此外，戴维森式的信念外部论还使我们必须承认，我们至少要有一些基础性的信念是真的。这个结论是通过这两个前提获得的：1）我们至少知道自己拥有的一些信念的内容；2）除非利用远端刺激对一些行为做出

---

① Cf., Quine, "Epistemology Naturalized" (in *Ontological Relativity and Other Essays*, New York: Columbia University Press, 1969), pp. 71 – 72.

② 关于这种外部论的主要要点，可以参见 "The Second Person"，载 *Subjective, Intersubjective, Objective* (Clarendon Press, Oxford, 2001)。

了解释，我们不可能知道用于解释这些行为的信念内容。由这两个前提直接得到，我们知道那些远端刺激，并用它们为自己的行为做出了正确的解释。显然，这样的论证如果成立，就直接回应了怀疑论问题。①

如果承认必须有些信念是真的，那么对于信念进行的外延主义分析，也就无须是还原论的，与此同时，还可以承认信念仍然是内涵实体。这是因为，如上所述，当从规范性的角度来看，信念就其为真而言，确实是外延性的。事实上，信念外部论的要点就在于，通过确定信念对象来确定信念内容，而关于信念对象的陈述构成的就是外延语境。在这种情况下，我们无须把信念还原成其他东西就可以对其进行个体化（individuate）②。当然，这并不意味着信念变成了外延实体。信念仍然是解释的结果，而这种解释必须容纳错误，因此信念总的来说是内涵性的。但是，我们之所以不需要对信念进行本体论还原，也是因为它是解释的结果，并且我们已经拥有了这种解释的基础，这就是我们必须承认为真的那些信念。

在戴维森那里，这种解释就是以"彻底解释"为模式展开的。

第三节　彻底解释

彻底解释即便不是戴维森的哲学思想中被讨论得最多的话题，也是他本人的论述中提到最多的话题。确实，作为与彻底翻译占据同样理论位置的分析模式，彻底解释集中了戴维森思想中最为重要的那些方法论要素。如果把戴维森的哲学思想比作一座迷宫，那么彻底解释就是这座迷宫的枢纽，通过它，我们可以到达迷宫的各个角落。

彻底解释是由关于意义的外延主义分析和关于信念的外延主义分析拼合而成的分析模式。这种拼合不是两个可以独立存在的东西从外面拼接到一起，而是两个本质上联系在一起的东西通过这种联系得以使双方都揭示出来。

---

① 这样的论证通常被称为"先验论证"（transcendental argument）。这种论证一般是在承认某些不可能遭到否定的论断的情况下，寻找这些论断的必要条件，从而断定这些必要条件也不可能遭到否定。一般说来，先验论证被用于回应怀疑论，而先验论证的前提是使得怀疑论论证能够顺利做出连怀疑论者本人也不得不承认的论断。先验论证的结论必须具有重要的哲学后果，通常，这样的后果就是说明怀疑论论证本身是不融贯的。先验论证是康德首先使用的论证形式，在分析哲学中，这种形式为戴维森和斯特劳森所使用。
② 所谓"个体化"，就是利用同一性条件来挑出某个个体。

在讨论真值条件语义学时，我们留下了一个问题，即构成"T-模式"的双条件句是如何建立的。这之所以是一个问题，是因为在塔斯基的定义中建立这种双条件句的方式在真值条件语义学中失效了。在塔斯基的定义中，通过"……是真的，当且仅当……"连接起来的两个句子意义相同，这一点保证了由此得到的 T-语句是真的。这两个句子分别属于对象语言和元语言，我们用元语言来描述对象语言的模型，这一点本身就保证了 T-语句所需要的同义关系总是能够建立起来。

但是，这种双语模型对于真值条件语义学来说并不直接适用。真值条件语义学希望达到的理论目的是，对于什么是意义以及怎样才算把握了意义做出解释，而这是一个更有野心的目标。它不仅要为所有表达式逐个指派指称，而且要弄清这种指派的系统特征，这种特征对于不同的语言来说是不同的。按照这个目标，如果已经决定要通过句子与真值条件的对应关系来解释意义，那么这种对应关系就不能够通过元语言建立起来，因为这就等于说属于对象语言的这种对应关系，是由元语言与真值条件的对象关系以及元语言与对象语言之间的对应关系叠加而成的。因此，通过指称的指派（这种指派为元语言所描述）所展示的系统特征就是属于对象语言的那种系统特征与属于元语言的系统特征叠加的结果。但是，在解释中所需要的结果仅仅是，属于对象语言的那种系统特征是怎样的。

按照真值条件语义学的设想，T-语句并不是表示元语言句子与对象语言句子之间的关系，而是直接陈述句子与其真值条件的关系。换句话说，T-语句不是作为属于某个语言的句子给出的，而是一种对事实的陈述。在真值条件语义学中，起作用的只是 T-语句所描述的那种关系，而不是 T-语句。这样得到的是一种单语言模型。

句子与真值条件之间的对应关系要通过句子的使用者来建立，因此，T-语句可以通过描述使用场景得到。在这种情况下，用来建立真值条件语义学的包括指称指派在内的整个形式系统，以及相应的推演过程，都只是对说话者的说话能力以及思考过程的描述。这时并没有元语言，只有说话者所讲的那种语言。

说话者在句子与真值条件之间建立对应关系的方式是，当他用一个句子表达自己的信念，那么他的信念是怎样的，句子的真值条件也就是怎样的。信念正是在这一点上插进来的，它把句子与真值条件对应起来。也许会有别的方式把它们对应起来，但是，能够这样通过信念对应起来，却表明了使这种对应关系得以建立的意义是怎样的。

另一方面，信念也需要真值条件语义学。这是因为，真值条件语义学是通过句子的递归特性建立起来的，通过 T－语句，这种递归特性会对应到真值条件上。如果我们使用信念来建立真值条件与句子之间的对应关系，那么信念本身也将具备这种递归特性。用什么结构的句子来表达信念，信念也就具备何种结构，因此，使用句子来表达信念，也就赋予信念以结构。①

信念的这种结构化是非常重要的。要确定信念关系到何种对象，就要从信念内容中分离出相应的部分，而这意味着信念必须是有结构的。事实上，信念之间建立推理关系，也要依据信念内容中彼此重叠的部分进行，这也意味着信念的结构性。最后，具备理性能力，在某种意义上也就意味着，即使没有经验上的输入，我们也有自发形成信念的能力，能够从既有的信念中产生新的信念。这种能力也要求信念必须有递归特性。

从戴维森对信念做出的理性解释来看，信念本质上必须是可以交流的，信念的个体化只能通过表达信念的东西来进行。只有通过表达信念的媒介，信念的持有者才能获得第三人称视角，从旁观者的角度确定自己的信念对象。因此，要对信念做出解释，就要借助语言，或者确切地说，借助有意义的、而这种意义通过真值条件语义学以一种递归的方式揭示出来的语言。

信念与意义之间这种彼此需要的关系，使得两者自然地拼接在一起，构成了彻底解释的分析模式。

彻底解释与彻底翻译一样，都是按照外延主义的要求设计的分析模式，这种模式能让我们用一种外延语言（或者内涵性较低的语言）来谈论内涵实体。在这两种分析模式中，要讨论的内涵实体都是意义与信念。因此，它们都采取了隔离措施，使我们能够在不预先假定对于这些内涵实体已经有某些知识的情况下，通过某种探究程序获得这样的知识。这种隔离措施的存在，使得这两种分析模式都称得上是"彻底的"（radical）。

两者的区别之一前面已经提到过。彻底解释是一种单语言模型，而彻底翻译则是双语言模型。彻底翻译所要建立的是两种语言之间的翻译关系，即找出具有同义关系的表达式配对；彻底解释则要建立所要讨论的语言与其真值条件间的对应关系。在模型论中，这种对应关系要落实到符号

---

① 具备递归特性，也就意味着可以利用少数几个结构单元通过重复运用一些结合程序来获得。这就是说，某种东西具备了递归特性，就等于是具有结构。

与对象间的对应关系上,这种关系被称为该符号的解释(interpretation)。①

这样,承担彻底解释任务的语言学家,就应该是一位事先没有掌握任何语言的人,他的任务就是通过观察和试探性的交流,学会说话者的语言。解释者不仅对说话者的语言事先毫不理解,而且对说话者包含信念、欲望、意图在内的心理内容,以及与此相关联的文化、风俗、生活方式等都一无所知。但是,我们要假定说话者具有完全成熟的心智,以及可能具备的关于世界的知识。也许有人认为,不具备语言的人不可能有成熟的心智和复杂的知识。但是,在彻底解释中,我们做出这种或许实际上不可能的假设,这是没有问题的。因为,我们所要探讨的不是实际上人们是如何学会语言的,而是理解语言需要何种条件。

与彻底翻译相同,彻底解释也可以说是利用了意义与信念的相互联系。但与之不同的是,在彻底翻译中由于对信念采取了还原论态度,从而将其转换为行为倾向,语言学家最终要做的只是处理意义;而在彻底解释中,信念并未被给予还原论处理,于是解释者要做的就是,利用意义与信念的相互联系对这两者同时施加的约束,来同时确定意义与信念。

这有些像解不定方程,我们有一个方程式,但有两个未知数。需要我们做的是求出这两个未知数。这个方程式我们可以理解为,当其中的一个未知数确定下来时,另外一个未知数如何跟着确定。

可以用两种方式来看待信念与意义之间的相互关联。当我们按照真值条件语义学把意义确定下来,进而以此来确定信念,我们得到的就是一种形式的约束。这种形式约束来自表述意义理论的形式系统,其中包含了构造真值条件的递归程序。而当我们把信念确定下来,并以此把句子与真值条件对应起来,从而反向地确定指称如何指派时,我们得到的就是一种经验约束,我们可以通过经验来检验试探性地建立起来的意义理论。彻底解释就是在这两个未知数之间往复循环进行的这种"试探—检验—修改—试探—检验……"的过程。

当然,说这里有两个未知数,实际上是一种简化的说法。应当说,对于一种语言和相应的说话者,我们有两组未知数,它们对应于语言的不同的局部,并由一组方程式连接在一起。彻底解释的过程是从一个局部开

---

① 这里的"解释"就是一个模型论术语,其意义我们在第九章第七节已经看到了。人们在理解戴维森时往往会把这个词理解为一般意义上的解释,比如,在对一段文本或者一个行为的解释那种意义上理解。这样理解虽不为错,但还是错失了这个术语背后的理论动机。

始，通过上述往复循环的过程逐步扩展，直至确定整个语言。

这里的扩展是利用句子（进而信念）的递归特性进行的。当解释者试探性地确定下来某些词语的指称，与此同时还能够试探性地确定，说话者说出既包含了这些词语、又包含了其他词语的句子时表达了何种信念，那么解释者就可以为其他词语试探性地指派指称。这些指称是由解释者分解说话者的信念内容得到的。

这种扩展之所以可能，是因为当解释者为一些词语试探性地指派指称时，也就为其试探性地确定了意义，也就是说，确定了这些词语对其所构成的句子真值条件的系统影响（因为一个词语的意义就是这种系统影响）。这样，解释者也就能够确定，当这些词语出现在其他句子中时，该如何从这些句子的真值条件中分离出对应于这些词语的部分，从而确定其余的、那些对应于新词语的部分。

按这个模式展开外延主义分析，会得到一种意义理论，而这种意义理论是以指称理论的形式出现的经验研究。按照真值条件语义学的构想，语义学以指派指称为直接目的，因而在形式上是一种指称理论。指称的指派有些类似于科学假说，彻底解释所接受的经验约束则相当于对假说做出的检验。一整套指派是同时接受经验检验的。而这套系统的模式性特征，则构成了意义理论。这样的意义理论不是被表述出来的，但随着越来越多的词语被指派以指称，人们会逐步把握这种意义理论的"内容"。这样的意义理论将随同指称理论一起接受经验的检验，也将随同指称理论一起得到修正。

第四节　分析与理解

本节讨论彻底解释在什么意义上是非还原论的。

前面我们提到过戴维森是如何对信念做出外延主义分析的。这种分析在形式上可以看作是对蒯因的行为主义分析的一种修正，通过用远端刺激替换近端刺激，它实际上改变了刺激与反应（持真态度）之间建立联系的方式。在戴维森那里，这种联系是一种解释，是由旁观者建立的。在彻底解释模式中，解释者就充当了建立这种联系的旁观者。这样，在戴维森那里，对信念的外延主义分析最终就变成，解释者要确定说话者对什么对象表明持真态度。

戴维森常常把这个过程称为"三角测量法"(triangulation)。① 三角测量法是用于测量遥远物体(比如太阳或者其他天体)的一种测量技术,方法是定下可以测量相互距离的两个点,然后分别从这两个点测量被测物体与这两点间的连线形成的角度,最后依据测得的数据计算出被测物体有多远。戴维森使用这个术语是想突出这样一个要点:要确定真正的客观对象,从单独一个视角出发是做不到的,至少需要两个视角的交叉才算有效。在这里,三角测量法为理解外延主义的信念概念提供了富于启发性的模型。

在这种三角测量模式中,行为倾向这个概念完全消失了。解释者所寻求的并不是说话者身上所表现出来的刺激与反应之间规律性的配对关系,而是直接发现信念对象是什么。这里的关键是,一旦确定了信念对象,随之确定的就是信念的内容本身,而不是信念的某个代理函项的值,因此,通过外延主义分析并没有让信念为别的东西所取代,信念没有被还原掉。正是在这一点上,彻底解释模式突破了蒯因式的本体论还原框架,并获得一种新的外延主义分析。这是一种非还原论的外延主义分析。

三角测量法在这里起作用的方式是这样的:解释者确定说话者的信念对象,这就相当于说,如果解释者通过视角交叉对说话者的信念对象成功地做出了定位,那么解释者自己在那个位置上看到什么对象,说话者的信念也就将指向什么对象。这实际上是解释者通过自己持有何种信念,来确定说话者的信念。

这正是人们通常确定他人信念的方式。比如,在试图与陌生人搭讪时,为了不至于出现被拒绝回答的情况,人们通常会选择有保障的话题,比如天气。就这些话题,不用问人们也很容易知道他人的想法。比如,当你看到某人抬头看了看天,你可能就会这样打破陌生人之间的尴尬,你会说,"天气不错,不是吗?"只要是感官及心智健全的人,都会像你一样看到面前的蓝天白云,并相信这是一个不错的天气。你只要看看眼前,就能知道别人在想什么。

按照这种信念概念,信念不是头脑中的东西,而是由信念对象所确定的。"我有一个想法",这不是在说,有某件事在我心里发生,而是在说,我会按照某种方式来看待某个东西。这个东西当然在心灵之外,你也可以看到它。你可以按照我的这种方式来看待它,因此,你也可以知道我的想

---

① Davidson 关于三角测量法的论述,可以参见 "Rational Animals" 和 "The Second Person",载 *Subjective*, *Intersubjective*, *Objective*。

法是什么——你只需要看看，按照我的这种方式你看到了什么就可以了。

以这种方式看，戴维森式的信念分析法并没有让信念消失，而是诉诸解释者自己的信念，来确定说话者的信念。这就是彻底解释区别于彻底翻译的地方。在彻底翻译中，语言学家不必是一个有信念的人，他只需能对环境刺激和土著的行为做出识别，并进行配对操作就可以了；但在彻底解释中，只有当解释者自己拥有信念，他才能确定说话者的信念。

戴维森式的信念概念允许我们把描述世界的句子当作是在表达信念，而不必像通常的做法那样，认为只有信念报道句，只有含有命题态度词的句子才描述了信念。因此，我们可以说戴维森式的信念分析最终给出的不是关于信念的描述，而是对说话者的理解。这种理解针对人，而不是限于心理状态以及心理内容。这种理解的表现形式就是，解释者能够描述从说话者看来世界是什么样的，他可以按说话者的那种方式看待世界。一旦这种理解达成，解释者就可以通过描述世界来确定一种信念了。

这样，这种信念分析法也就满足了外延主义的要求。它可以不使用信念归属句，并做到只使用外延语言，因为它的最终形式是描述世界。与意义理论一样，这种分析也有某种"复调性"。通过建立一种合乎外延主义标准的世界理论，来给出一种处理内涵实体的理论，即信念理论。当然，我们也可以说，这种世界理论之所以也是信念理论，是因为它体现了某种模式性的特征，这种特征表明了，说话者是怎样看待世界的。

第五节 整体论与内涵性

要达到这种对说话者的理解，解释者所做的是某种类似于侦探的工作。他要依据自己所掌握的线索，来推测出说话者的信念，或者说，推测出说话者对其持有持真态度的，是什么对象的一种什么样的情况。他所掌握的线索包括，（1）说话者的行为以及相应的周边情况；（2）说话者有可能面对的世界的局部状况，以及解释者所掌握的关于世界的一般性的知识；（3）说话者所说出的句子，这些句子以物理的方式给出，并已经纳入一个试探性的语义学系统中。要从这些线索得到想要的结果，需要遵循一些原则，这就是戴维森的"施惠原则"（the Principle of Charity）。

施惠原则实际上是由两个原则构成的，一个是融贯性原则（the Principle of Coherence），另一个是对应性原则（the Principle of Correspondence）。按融贯性原则，说话者的信念应当被认为在逻辑上是融贯的；按对应性原则，解释者应当认为说话者在与自己相似的情景下对其做出反应的对象与自己相同。

融贯性原则实际上等于假定，说话者是理性的人。这样，解释者就能在说话者的各信念间建立推理关系。如果他持有某个信念，那么也会持有该信念所蕴涵的信念；如果解释者发现两个相互排斥的信念被归于说话者，那么他应当放弃其中的某一个。

而对应性原则允许解释者站在说话者的角度上看待事物，从而知道说话者的信念。也可以说，对应性原则要求解释者认为，说话者的大部分信念是真的。这是因为，当解释者这么想时，也就等于允许从自己怎样看待世界的，直接过渡到说话者是怎样看待世界的。

在解释者理解说话者的过程中，最为关键的问题是，他的解释策略必须有足够的弹性，从而能够容纳说话者对世界的认知出现错误的情况。但是要这样做，立即会遇到一个棘手的问题——当发现说话者的反应与自己的预期不同时，解释者究竟该如何找出说话者的哪个信念出了错呢？直接的感觉是，似乎没有任何理由来做出判断。这个问题会扩散开来，演变成一种怀疑论——既然没有理由来锁定出错的信念，解释者已经确定属于说话者的任何信念就都不免于怀疑，因此，解释者也就不知道说话者的任何信念。

施惠原则实际上就是为了解决这个问题而提出的。这个原则背后的想法是，如果不把说话者当作是理性的，并且对世界所持有的信念大体上是真的，解释者就不可能知道说话者的信念。在这个想法的指导之下，解释者所要做的就是，试探性地假定不同的信念出错，从中选择一个最优解，在这个最优解中，说话者拥有最多的真信念。这样，按照施惠原则，解释者就要采纳一套让说话者真信念最多的信念解释。

之所以要接受这个想法，在戴维森看来是因为，"只有以大量信念的一致作为背景，信念的不一致才是可以理解的，信念的一致也是如此"①。

可以举一个例子来看看这是怎么回事。假设解释者通过观察发现，说话者的想法与自己相反，他并不认为羊癫疯是一种疾病。按照戴维森的辩护思路，解释者要能够发现这一点，就必须承认说话者知道什么是羊癫疯，以及什么是疾病。当然，他所承认的不是说话者知道人的一些症状叫作"羊癫疯"，这等于是要说话者学会汉语；他所承认的是，说话者会把

---

① Davidson, "Radical Interpretation", *Inquiries into Truth and Interpretation*, p. 137。这算得上是一个先验论证。

比如口吐白沫、四肢抽搐、牙关紧咬等情况看作是同一类症状，并愿意用一个名称来称呼它，愿意用同一种方式来解释它，等等。解释者要承认这么多关于说话者的信念的事实，本身就需要承认，说话者会像自己一样，把白沫当作从口腔产生的分泌物，认为四肢是人体的一部分，认为牙齿可以做出开合动作，等等。我们可以说，只有在这些背景信念一致的情况下，解释者才会与说话者有同样的"羊癫疯"这个概念，他们才会就羊癫疯是一种疾病而达成一致或者彼此不一致。这种向背景的回溯可以继续进行下去，因为，充当"羊癫疯"这个概念的背景信念上的一致，本身还需要进一步的背景信念来作为支撑。最终，这种一致会扩展到非常庞大地步。

不难从上述论证中看到整体论的影子。如果我们不是考虑解释者与说话者的信念是否一致的问题，而是考虑单个人的信念，考虑一个人要能够持有关于羊癫疯是不是疾病的信念，他必须满足什么条件，那么我们就会得到一种信念整体论（belief holism）。论证的基本套路与前一段的论证是一样的。

假设一个人认为羊癫疯不是疾病。无论他的信念是否正确，它总应该是关于羊癫疯的信念，而不是比如说鼻烟壶的信念。而为了保证确实如此，他应该把前面提到的那些症状看作是同一类症状，并拥有同一个名称，要用同一种原因加以解释，如此等等。当然，这样一来他就必须知道什么是白沫，什么是四肢，如此等等。最后我们会看到，要能够真正持有一种信念，无论这种信念是对是错，都要有一大批信念作为支撑，并且，相当一些信念还必须是真的。

于是我们就有对信念整体论的这样一种表述：

> 一个人只有在所持有的大部分信念为真的情况下，他才能真正持有某个信念。

这个表述与我们在本章第二节讨论关于信念的外延主义分析时所注意到的情况建立了呼应关系。在那里我们注意到，用外延主义的方式处理信念，在戴维森这里是通过从规范性的角度看待信念实现的。在这种情况下，信念应当是真的，并且，当信念为真时，我们可以在外延语境中来表述它。现在，在按照施惠原则来解释说话者的信念时，我们实际上就是在用这些被认为是真的信念，推过推论的方式来确定说话者的其他信念。这样，我们也就完全在外延语境中处理说话者的所有信念了。正是这一点让彻底解释中对信念做出的解释能够满足外延主义要求。

在这里，信念整体论不仅认可了这种外延主义处理方法的有效性，而且还解释了信念为什么是内涵性的。之所以有这种内涵性是因为，既然信念具有整体论特性，我们也就只能用信念来确定信念，也就是说，用说话者所持有的其他信念来解释其中某个信念的内容是什么。这样一来，如果用不同的方式，在不同信念的基础上来解释某个信念，我们也就可能得到内容不同的信念。我们不能单独对信念进行个体化，而这意味着，我们也不能为信念提供独立的个体化条件。正是在这种意义上，信念是内涵实体。

戴维森对外延主义哲学立场的推进，也就在于利用一种结构，使得内涵实体获得外延主义的分析。这有些类似于透视结构，在这种结构中，外延实体是所看到的东西，而内涵实体则确定了观看的视角。这时，整体论特性也就体现在，所看到的东西必须在彼此连接的关系中得到确定。按照绘画的透视原理，人们有时也会动用某种技巧，把画面上的物体连接起来，以确定观看画面的视角。

阅读材料

1. Davidson, "Truth and Meaning", "Radical Interpretation", *Inquiries into Truth and Interpretation*, Clarendon Press, Oxford, 1984.

2. Davidson, "Rational Animals", "The Second Person", *Subjective, Intersubjective, Objective*, Clarendon Press, Oxford, 2001.

主要术语解释[*]

本体论还原（ontological reduction） 当两种本体论 A 与 B 所包含的事物之间建立对应关系，使得通过 A 为属于某种理论的句子所确定的真值条件，也能够由 B 确定，我们就可以说，本体论 A 被还原成了本体论 B。这种还原成立，就意味着 A 类事物可以不必存在，而只需 B 类事物存在。

辩护结构（justificatory structure） 即有效的推理形式。辩护本身就是一种推理过程，因此，在辩护中起作用的前提与结论就通过推理关系形成一种结构。其中的前提我们称为"辩护基础"。关于辩护结构的研究就构成了逻辑。

表征（representation） 表征是表征物与被表征物之间的关系。对于这种关系存在不同解释。在观念理论中，观念对于事物的表征是通过双方的相似关系建立的。分析哲学家对表征关系的理解要复杂得多。对于语言来说，有些人认为表征物直接就是句子，有些人则认为表征物首先是思想，然后才是句子。句子（／思想）对于事实的表征，则被认为是通过结构上的对应关系建立的。词语（／词语的涵义）指称事物，而词语（／词语的涵义）在句子（／思想）中结合在一起的方式，则对应于事物在事实中结合的方式。

柏拉图主义（platonism） "柏拉图主义"一词虽然来自于柏拉图，但已经与柏拉图本人的学说没有什么关系了。作为一种本体论学说，柏拉图主义承认抽象实体是存在的。柏拉图主义观点可以针对不同类型的抽象实体，例如典型的情况是对数和共相持有柏拉图主义。柏拉图主义者对于这些东西持有实在论态度。在分析传统中，柏拉图主义通常体现为承认某些名词（比如数词和比如"红"（redness）这类由形容词衍生而来的抽象名词）有指称；或者体现为，这些名词可以充当约束变元的值。

---

[*] 在为词条做出的解释中，以黑体标出的词都是被解释的词条。各词条以首字拼音为序排列。

不完全符号理论（theory of incomplete symbols） 在罗素那里，所谓的不完全符号是指单独不具有意义，从而也不具备指称的符号，但这样的符号可以构成完整的句子，因而在这种意义上具有不完全的意义。不完全符号理论是从罗素的**命题函项**理论导出的。如果命题函项不是命题中的成分，那么命题函项表达式与量词结合构成的句子，也就没有表达那种按照相应的方式构造出来的命题。按这条思路推下去，摹状词就是不完全符号，这是因为在分析含有摹状词的句子时，对应于摹状词的那个部分是按照句子结构拆分而成的，但这样的拆分并不意味着对相应的命题做出了相应的拆分。由此得到的部分仍然不是构成命题的东西。

例如，对于"我遇到一个人"这个句子，我们会分析成"存在 x，x 是人，并且我遇到 x"。分析以后对应于"一个人"的部分是"存在 x，x 是人，并且…x"，而这是对含有量词和命题函项的句子进行的拆分，这样拆分并不对应于对命题做出的相应拆分。

不完全符号理论体现出了来自非实在论方面的压力。我们也可以说，它是罗素在这种压力与自己的实在论立场之间调和的结果。

阐明（elucidation） "阐明"一词在弗雷格那里是指在利用逻辑系统来处理知识之前进行的一种准备性的工作，其目的是把需要处理的概念精确化，消除歧义与误解，使其达到能够用逻辑来进行表述的程度。阐明与定义相反。在通过定义来分析一个概念时，要把概念当作复合的；而在对这个概念进行阐明时，则将其视为简单的。阐明实际上就是厘清要处理的概念与其他概念之间的联系，以确定我们是如何理解这一个概念的。弗雷格的阐明启发了维特根斯坦的**连接式分析**。

彻底翻译（radical translation） 由蒯因建立的意义分析模式。在蒯因那里，意义实体是不存在的，对意义进行的分析可以做的最多是建立表达式之间的同义关系，这就是翻译。彻底翻译是按照外延主义的分析思路建立的，在这种分析模式中必须不预设意义已经得到了把握，并且不预设任何要通过把握意义才得以把握的东西，例如对信念内容的把握，对行为意图的理解，等等。这样，彻底翻译就是这样一幅情形：一个语言学家来到一个对自己来说完全陌生的部落中，他就像观察一群动物一样观察部落成员的行为，通过试探性地交流来把部落语言翻译成自己的母语。最终，语言学家将建立一个翻译手册，里面记录了部落语言与自己母语之间的同义关系。

彻底解释（radical interpretation） 由戴维森建立的意义分析模式。戴维森接受了蒯因的外延主义立场，但按照一条不同的路线来贯彻这一立场。与彻底翻译不同，彻底解释是一种单语言模式。解释者并不具备母语，但假定他有正常成年人的知识储备和理解能力。彻底解释的目标是让解释者通过学习来理解被解释的语言。通过考察这一学习过程需要何种条件，人们得以展示意义是什么，并获得关于意义、信念以及世界的一些哲学洞见。与彻底翻译的还原论立场不同，彻底解释是非还原论的。

分析行为主义（analytical behaviourism） 这是一种针对心理实体的还原论立场。按这一立场，关于心理状态的谈论，其真值条件可以通过关于行为的描述来确定，因此，心理状态概念可以还原到行为概念上。人们一般认为，持有分析行为主义的重要哲学家有赖尔和蒯因。也有人把《哲学研究》中的维特根斯坦纳入分析的行为主义者之列。

分析性（analyticity） 在分析传统中，分析性这一概念的重要性在于，只要试图对意义做出表述，这种表述就自然要求具备分析性，也就是说，相应的陈述句就应该是分析句。鉴于哲学分析在大部分情况下针对的就是意义，分析性这一概念的处境，也就在很大程度上关系到哲学分析应该怎样进行。

分析性最初在康德那里得到了系统的定义和运用。康德首先从表征的角度理解意义，并以词语为起点来确定意义。据此，康德得以区分分析判断与综合判断，并把前者解释为由于概念（即词语的意义）之间的包含关系而为真，后者则解释为依据概念所表征的对象之间的关系为真。这样，分析判断就没有表征内容，而只有综合判断能够表征知识。

弗雷格首先从辩护能力的方式理解意义，并且把句子当作确定意义的起点。这样，弗雷格就把在纯粹逻辑以及词语的定义的基础上得到辩护的命题当作分析命题，而把除此之外还需要经验事实作为辩护基础的命题当作综合命题。由于这种区分方式并不与表征内容之有无重合，弗雷格允许分析命题具有知识性的内容。

卡尔纳普吸收了**形式主义**的思想，以**隐定义**为基础来解释逻辑，这样，他就可以进一步把弗雷格意义上的分析命题解释为不具有知识内容。这是因为接受隐定义的词项不具备独立于形式系统的意义，而这意味着它不能表征独立于形式系统的事物。

蒯因对卡尔纳普上述区分进行了批评，其结果是把分析性理解为句子在句子系统中所起的作用，而不是单独属于句子的语义学性质。蒯因的批评建立在对意义以及知识内容的重新理解的基础之上，而他所建立的基于**自然主义**的分析性概念与关于意义和知识内容的**唯名论**立场相协调。

弗雷格主义（Fregeanism） 在文献中"弗雷格主义"一词会有不

同的意义。在本教程中，弗雷格主义是由弗雷格所发展出的逻辑分析理念，这种理念包括围绕语言与实在的关系展开的一整套思想，以及体现出这套思想的逻辑分析技术。这一套思想包括：1）**真理概念**的初始地位；2）句子在语义学分析中的初始地位，或者说**语境原则**；3）句法之于语义的优先性；4）语义学上的非实在论。这套思想体现在概念文字系统中，这是一种基于函项逻辑的半句法系统，与此同时，它既是一种真理理论，也是一种关于**思想**的理论。

弗雷格本人对思想的实体地位的强调，以及他承认的关于数的**柏拉图主义**立场，似乎都与上述的4）相冲突，但这些表述出来的观点与体现在概念文字的设计思路中的思想存在着张力。当我们考虑弗雷格本人实际上实施的逻辑分析时，应当认同的仍然是其中的非实在论观点。

概念问题与事实问题（problem about concept and problem about fact） 在进行哲学讨论时，人们一般要注意所考虑的是概念问题还是事实问题。所谓概念问题，通常是指由于概念之间的关系而产生的问题；而事实问题则关系到概念的实例，即与属于概念的个别事物相关的问题。我们知道，一个概念是怎样的，就决定了属于这个概念的实例是怎样的，因此，概念问题通常是以全称形式的事实问题的形式出现。比如，当我们考虑有重量的东西是否都占据空间时，这样一个全称形式的事实问题也就可以作为一个概念问题来处理，这个问题关系到"重量"与"空间"（或者"物体"）这两个概念之间的关系。

一般情况下，在哲学中人们处理的都是概念问题。但是，如果认为概念并不独立于概念的实例，那么对概念问题的处理，也就不得不在不同程度上涉及事实问题。在理解与思考哲学时，应当对这一点予以足够重视。

感觉材料（sense data） 最初由摩尔和罗素所阐释的概念。感觉材料是感觉的直接对象，但不是被感觉的物理事物。这种直接性应该在知识论上理解，它在某种意义上就等于我们不可能错误地识别感觉材料。这种知识论特性可以解释人们赋予感觉材料的许多其他特性，比如感觉材料是不可能不存在的，是非复合的、瞬时的、私人性的，等等。在罗素那里，感觉材料是**亲知**对象，是对殊相进行构造主义分析后的剩余物。

哥德尔不完全性定理（Gödel's Incompleteness Theorems） 有两个哥德尔不完全定理。其中第一定理是说，对于任意足以导出初等数论的一致的**形式系统**来说，都存在由该系统的语言所表述的句子，这个句子既不能在系统中证明，也不能在其中被否证。第二定理则说，对于上述形式系统来说，这一系统的一致性不能在这个系统本身中得到证明。对于试图从形式系统中导出初等数学的**形式主义**方案来说，哥德尔不完全定理构成了最终的否决。

构造主义（constructivism）　用**摹状词理论**来对某类指称词项做出分析，通常就被认为是对所指称实体做出的构造主义分析。这里的结构是指逻辑结构，通常还包含了量词。从构造主义分析容易得出所分析的实体并不存在、而是由其他实体构成的结论。但是，也可以从构造主义分析中得出另外一种结论，即所分析的实体与其他实体之间存在固定的、对于该类实体来说可以充当定义的那种联系。当用句子来表述这种联系时，我们会提到那类实体；而当利用这类句子构造摹状词时，这种联系就被纳入摹状词中，从而成为逻辑构造的一部分。

观念理论（the Theory of Ideas）　观念理论是自笛卡尔开始发展的一种关于知识的框架性的解释。按照观念理论，知识首先是观念，即存在于心灵中的表征物。心灵通过直接的、以不会出错的方式知道观点的内容，才得以知道外部世界。按照这种框架理解，知识最为基本的特征就是表征性；知识的其他性质均受制于表征性。观念理论的存在，使得知识分析以及知识论讨论普遍采取心理学的形式。这一局面到分析哲学的建立才得以彻底改观。

涵义（sense）　在弗雷格那里，涵义被认为是意义的一部分，**指称**构成了另外一部分；涵义是确定指称的方式。然而，弗雷格很少对涵义做出正面的论述，而只是把涵义，尤其是思想，当作一种实体。不过，在一些非正式的场合，弗雷格又把推理能力当作涵义的同一性条件。就前一种理解而言，涵义首先是表征性的东西；而就后一种理解而言，涵义首先是推理性的。本书采纳后一种理解。

合式公式（well-formed formula）　在当前的逻辑学中，合式公式就是那些按照句法规则构造出来的句子。从句法上讲，公式包括开语句和闭语句。所有的变元都被量词所约束的句子被称为闭语句，而当句子中有些变元未被约束（即自由变元）时，句子就被称为开语句。在一个定义好的逻辑系统中，所有合式公式都应该是有意义的，或者说，应该被赋予了正确的语义。合式公式这个概念在逻辑中的作用是从句法上体现出什么样的句子有意义。

可判定性（decidability）　在逻辑中，一种性质是可判定的，是指某个符号串、命题或者命题序列是否具有这种性质，这一点可以通过有限长度的机械性的操作得到确定。在逻辑中所说的机械性的操作，是指对可以通过感官加以识别的符号性质做出的反应。这些符号性质和反应越简单越好，这样就可以尽可能地避免出错，从而达到逻辑的严格性。"可判定性"这个术语也可以在逻辑的范围之外使用。当一种性质的有无可以利用直接可以感知的特征来确定，并且要判断这些特征无须以识别那种性质为前提，那么那种性质就是可判定的。

宽容原则（principle of tolerance） 卡尔纳普对于本体论争论持有宽容原则，也就是说，对于一个理论系统来说，究竟认为该系统所谈论的对象是什么以及是否存在，这都是不重要的，理论系统本身在本体论上是中立的。这样，基于理论系统展开的研究就可以在避开本体论争论的情况下进行。宽容原则不是否认本体论的理论地位，而是建议搁置本体论争论，通过研究理论系统本身来解决本体论问题。它实际上是在主张，本体论立场必须恰当地体现在理论系统中，从而按照理论系统的形式主义特性来决定应当采纳什么立场。宽容原则的提出，是卡尔纳普吸收**形式主义**思想的结果。

莱布尼茨律（Leibniz's Law） 莱布尼茨律有两条，即同一物不可区分（indiscenibility of the identical）与不可区分物同一（identity of the indiscenible）。同一物不可区分，意思就是同一个东西会具有完全相同的性质；不可区分物同一，就是说，分享所有性质的就是同一个东西。学者们普遍接受同一物不可区分，但对不可区分物是否同一，则存在争议。蒯因接受不可区分物同一，并将其当作本体论承诺的恰当性标准。从逻辑的角度看，莱布尼茨律的成立意味着所有的名称都位于外延语境中，也就是说，就个体存在物而言，外延主义立场是恰当的。

连接式分析（connectivist analysis） 这是本教程作者自己使用的术语。在维特根斯坦那里，事物能够与什么东西连接从而构成事实，这对事物来说是本质性的。事物因而要由这种连接的可能性定义。基于这种考虑，我们就可以通过考察事物与其他事物的连接关系，来揭示该事物是什么。这种分析方式就是连接式分析。连接式分析具有非常广泛的运用范围，它不仅可以用来揭示事物的形而上学特性，也可以用来做出语义学以及句法上的分析。连接式分析一方面是弗雷格的**语境原则**的推广形式，另一方面则是弗雷格关于**阐明**的想法的扩展。

逻辑实证主义（logical positivism） 逻辑实证主义是维也纳学派成员的共同主张。逻辑实证主义对句子的认知意义提出了可证实性标准，即只有那些原则上可以证实（或证伪）的句子才具有认知意义，从而才能表达知识。可证实性标准是一个逻辑标准，这是因为逻辑实证主义者利用观察句来陈述可以直接证实（或证伪）的内容，然后通过与观察句之间的逻辑关系来判定特定句子是否具有认知意义。

逻辑主义（logicistism） 分析哲学的创始人弗雷格和罗素都相信，可以从逻辑中导出算术，并从而为算术知识提供辩护基础。这就是数学哲学中的逻辑主义。一方面，这种逻辑主义是对康德数学哲学中关系到算术的一部分感到不满的结果，这种不满最终指向康德的先验直觉这一概念。另一方面，逻辑主义者也对19世纪数学和逻辑哲学中的经验主义立场感到不满，这种不满体现为对心理主义的批判。逻辑主义者为导出算术命题而设计的逻辑系统，已经被整合到经典逻辑系统的标准形式中。

数学哲学中的逻辑主义在罗素、维特根斯坦以及卡尔纳普那里扩展到了所有的知识，这意味着有一种普泛意义上的逻辑主义。罗素认为所有的哲学问题，特别是知识论问题和形而上学问题，都可以用逻辑分析来解决；维特根斯坦在《逻辑哲学论》中宣称，只存在逻辑的必然性；卡尔纳普则把逻辑系统运用于一般意义上的科学理论分析。可以认为，这种普泛意义上的逻辑主义构成了分析哲学中理想语言学派的基本动机。

罗素主义（Russellianism） "罗素主义"一词在文献中有多种意义。在本教程中，罗素主义是由罗素所发展的一种逻辑分析理念，这种理念包括关于语言与实在如何关联起来的一套思想，以及相应的分析技术。这套思想包括：1）指称在语义学中的基础地位；2）语义学上的**实在论**；3）以外在关系理论为基础的复合物概念（包括命题与事实）。相应的分析技术则是一种关系逻辑，旨在刻画所分析的事实或事物的逻辑结构。按照本教程的描述，罗素以**命题函项**这一概念作为基础发展出来的**构造主义**分析并未纳入罗素主义，这是因为它并未体现出上述思想。

罗素式命题（Russellian proposition） 为了贯彻**实在论**思想，罗素把陈述句所表达的命题解释为是由实在物本身构成的复合物。例如"张三羡慕李四"这个句子，其所表达的命题就是由张三和李四这两个人（它们是殊相）一起，与"羡慕"这种关系（作为共相），通过例示关系构成的复合物。利用这样的命题概念，罗素很难解释句子与真值相关的一些特性，因而在建立真理理论时遇到了难以克服的困难。

命题态度（propositional attitudes） 在形如"张三相信（/担心/希望/害怕……）P"这样的句子中，如果"P"是表达了命题的句子，那么"相信"以及"担心"等动词，所表达的就是命题态度。命题态度通常被解释为人与命题之间的关系。按照这种解释，命题态度词就构成了不透明语境。有些哲学家并不同意命题存在，他们有可能会把命题态度解释成人与句子之间的关系。也有哲学家并不认为命题态度词表示关系。

命题函项（propositional function） 函项是由其主目和函数值的取值范围定义的。命题函项就是以命题作为值的函项。在一个命题中，当把其中的个体常项或者殊相去掉，剩下的部分就构成了一个命题函项。罗素认为，句子中对应于命题函项的部分并不起指称作用。由此可以推知，命题函项不是命题的成分。关于命题函项的这一观点决定了量词应该如何得到理解，进而引出了**不完全符号理论**。

摹状词理论（the theory of description） 摹状词理论是罗素关于摹状词的语义学本质的理论。在罗素看来，摹状词在语法形式上是单称词项，但在逻辑形式上并不具备指称功能。摹状词就其语义学本质而言是不完全符号，也就是说，是单独不具有意义，只有在句子语境中才有意义的符号。摹状词理论是**不完全符号理论**的推论。一方面，摹状词理论解决了罗素所面临的间接指称问题，从而使他可以更顺利地贯彻其实在论立场；另一方面，摹状词理论使罗素得以在一种普泛的意义上发展出构造主义分析的基本策略。但是，摹状词理论以及不完全符号理论都引入了与实在论立场形成张力的理论立场。

内部论（internalism） 见外部论。

内涵实体（intensional entity） 见外延主义分析。

亲知（acquaintance） 亲知是针对对象而非命题的知识。要表达亲知，通常需要像"张三知道李四"这种形式的句子，"知道"后面直接接所知道对象的名词。罗素赋予亲知以基础性的知识论地位，认为命题性的知识（即描述知识）是由亲知知识所构成的。作为知识的基础，亲知知识是不可错的。与此同时，按照**构造主义分析**思路，亲知对象在本体论上也是构成其他对象的基础。在这种意义上，亲知对象是必然存在的。

倾向（disposition） 倾向是一种性质，具有这种性质的对象会在特定条件下做出特定反应或者进入特定状态。从逻辑上讲，倾向是作为条件的性质或关系与作为反应的性质或关系复合而成的性质，它原则上包含了无穷多由条件-反应构成的组对。例如，可溶性就是一种倾向，这种倾向表现为在各种特定溶剂中（作为条件）发生的溶解现象（作为反应）。

实用主义（pragmatism） 实用主义是美国本土发展起来的一种哲学，它糅合了康德、黑格尔以及经验论的一些要素，并以通俗的方式加以表述。实用主义者强调从实践后果来分析抽象概念，从而把概念知识置于与实践和经验的连续性中。实用主义最初是在19世纪70年代先后由珀斯（按江怡教授建议，旧译"皮尔士"从发音上讲不够准确，改译"珀斯"）、威廉·詹姆斯和杜威提出。20世纪70年代起则由蒯因、普特南

(Hilary Putnam)、罗蒂（Richard Rorty）和布兰登（Robert Brandom）重提实用主义，从而建立起新实用主义观点。

实在论（realism） 在当代分析传统中，实在论通常与某类可能的实体联系起来。如果把这类实体称为"x"，那么通常就说"关于 x 的实在论"，意思就是说，承认这类实体是独立存在的。一般说来，"独立"一词具有相对性，要区分出是相对于什么东西而独立。当我们说 A 独立于 B，意思就是，无论 B 是否存在，A 都能够存在。在这种意义上，如果承认一类实体相对于所有其他类别的实体而独立，我们就会说这是一种形而上学意义上的实在论（metaphysical realism）；如果承认这类实体仅仅是相对于语言或者心灵这样的承载知识的东西而独立存在，那么就是一种知识论意义上的实在论（epistemological realism）。形而上学意义上的实在论是说，无论其他东西是否存在，我们所考虑的那类事物都能够存在，或者具有某种特定的性质或关系。知识论意义上的实在论则是说，无论我们是否已经知道或者能够知道，所考虑的那类事物都能够存在，或者具有某种特定的性质或关系。如果特地针对与语言的关系，也会有"语言学意义上的实在论"（linguistic realism）这样的说法。持有这样的实在论，也就意味着承认，无论是否有或者可能有语言予以表征，所考虑的那类事物都能够存在，或者具有某种特定的性质或关系。与实在论相对立的观点包括非实在论（irrealism）、反实在论（anti-realism）等，它们也可以按照相对于什么而独立存在，而划分成不同种类。

对于实在论与非实在论，也有其他的表述方式。其中影响较大的是达米特所给出的、一种诉诸语义学的表述。按照这种表述方式，对某类事物持有实在论，也就意味着承认，关于这类事物的陈述的真值条件超乎人类实际上或者原则上的认知能力范围。这种表述方式是否与上述方式等价，对此还存在很大争议。有趣的是，像戴维特（Michael Devitt）这样的语言学意义上的实在论者，会否认这种语义学表述。

实质的说话方式（material mode of speech）与形式的说话方式（formal mode of speech） 在提出**宽容原则**以后，卡尔纳普对形而上学的态度变得复杂起来。对于形而上学问题的产生，他给出的诊断是，这是在本该采取形式的说话方式的地方使用了实质的说话方式的结果。在理论系统内部展开的谈论完全可以按照字面意义来理解，这些谈论可以按照理论系统的规则来处理，相应的问题也可以按照理论系统所能提供的资源并结合经验输入而得到解决。但是，就理论系统本身所展开的讨论，例如哪个语言框架才是正确的，我们应当采纳哪个语言框架等，则不能简单地按照字面来理解。例如，当谈到数的时候，我们不能理解成，这是在谈论一类被叫作数的对象，这类对象的存在与否以及具备何种特性，都不取决于我们采取何种数论系统。这种理解就被称为"实质的说话方式"。能够接受的理解方式是，把关于数的谈论当作是在谈论数语言本身，当作是在谈论语言框架。这样，当我们（在未决定按照何种理论系统思考问题时）问"数是否存在"时，我们要理解成是在问，"**数语言框架**是否适用"。按这种理解，这就是形式的说话方式。

思想（thought） 主要由弗雷格以及弗雷格主义者所使用的术语。思想就是完整地表达、且没有充当其他句子的成分的陈述句的**涵义**。这里的完整性是指陈述句达到了可以具备确定真值的程度。除了陈述句，其他的像疑问句、祈使句、感叹句等都能够表达思想，这些思想也是参照陈述句得到确定的。弗雷格把思想理解为独立存在的实体，是既非心理的，也非物理的东西。有些哲学家则不这么理解，而是认为思想只是句子所表达的内容，说思想是实体，只不过是在强调这种内容所具有的客观性。

同一性条件（condition of identity） 同一性条件就是用于识别某个对象的特征。所谓识别对象，就是认出给定的东西是不是所提到的那个对象，而这个对象以前已经以某种方式确定下来了。在这种意义上，识别就是重新认出一个对象，就是建立关于这个对象的同一性。在英语中，"identify"作为"identity"的动词形式，就含有识别的意思。一般而言，一个对象 o 的同一性条件 F 可以写成这样的形式：

对任意 x，F（x），当且仅当，x = o。

施惠原则（the Principle of Charity） 在**彻底解释**中，解释者要理解说话者的信念，就必须认为说话者的信念至少大部分是真的，并且，说话者作为理性的人，其所持有的信念一般而言是融贯的。解释者对待说话者的这种方式就被称为"施惠原则"。施惠原则不是在描述解释者实际上采取的解释策略，而是在规定，如果解释者要能够成功地知道说话者的信念，他就不得不对说话者持有施惠原则。按照彻底解释情境的设计思路，一个理性的人要能够理解语言，就必须在这一情境中成功地知道说话者的信念。进而，就人们作为理性人实际上能够理解语言而言，进而，就其实际上已经成功地知道说话者的信念而言，施惠原则所陈述的，就是说话者实际的信念状况。

视角主义（perspectivism） 就心灵与世界之间的表征关系而言，一种观点认为心灵所表征的应该是事物本身的真实状况，另一种观点则认为，心灵所表征的不可能是事物本身的真实状况，而只可能是从特定角度上看来事物是怎样的。后一种观点就是视角主义观点。激进的视角主义者会否认事物有种超乎视角的真实状况，或者会认为，谈论这种超视角的东西是没有意义的。

外部论（externalist） 关于信念内容存在内部论与外部论这两种观点的对立。**内部论**者认为，信念内容是信念主体的一种性质，因而仅仅取决于信念主体自身，要确定信念内容，无须参照信念所涉及的对象。反之，外部论者则会认为，信念内容不是信念主体的性质，而是直接由信念涉及的对象来确定的。另外一种外部论则会主张，信念内容的确定需要考虑到主体之外的其他要素，尤其是社会习俗与社会建制。这里，信念主体可能是人，也可能是心灵本身，这在不同哲学立场中是不同的。

内部论与外部论的区分也适用于语义内容，其区分方式类似于信念内容上的区分。如果表达式或句子的语义内容按照上述内部论的方式理解，我们就说这是一种语义内部论；否则就是语义外部论。此外，这个区分也适用于知识与辩护。

外延实体（extensional entity） 参见**外延主义分析**。

外延主义分析（extensionalistic analysis） 外延主义分析方式是蒯因通过改造罗素的摹状词理论而建立的分析理念，它比罗素式的构造主义分析更加一致地贯彻了语义学意义上的实在论立场。外延主义分析的核心想法是，只有具备独立的同一性条件的指称词项才具备合法语义，才能够指称实在中的存在物。满足这一条件的指称词项满足共指称替换原则，即用共指称的词项进行替换不会改变句子真值。我们也可以说，满足这一条件的指称词项，其所指称的对象满足莱布尼茨律。这样的对象通常被称为"**外延实体**"。不满足这一条件的指称词项所指称的对象通常被称为"**内涵实体**"。用这一对术语来表述外延主义分析的基本立场就是，只有外延实体才具备本体论地位，只有外延实体能够成为指称词项的指称。

外延主义分析还包括对内涵实体做出的语义学分析，这通常是用外延实体来解释谈论内涵实体的句子的真值条件。这种分析常常会使用语境调整法以及代理函项技术。

外在关系理论（the Theory of External Relations） 这是罗素在建立分析哲学的基本立场之初所建立的理论。外在关系理论与英国黑格尔主义者布莱德雷所发展出来的绝对一元论相对立，它将导向一种多元论立场。按照罗素自己的表述，这种绝对一元论的逻辑基础是内在关系理论，即一切表面上的关系实际上都是性质。这种理论推下去，就会得到不存在关系、从而不存在多个事物的结果，而这就是**一元论**。针对这种观点，罗素论证说，必须承认不能还原成性质的关系，这就是他所说的外在关系。外在关系由于不能还原成性质，它的存在也就不取决于关系项是否存在。在这种语义上，外在关系才是真正存在的实体。他进一步论断说，为了构成像句子以及事实这样的复合物，必须借助于外在关系。这就是外在关系理论。

唯名论（nominalism） 当代意义上的唯名论是语义学分析所获得的一种结论。如果一类指称词项没有合法语义，但人们又从直觉上认为这类词项是有意义的，那么一种可能的解释是，这类词项只是表现得像有指称，而实际上没有指称，人们认为它有意义，这只是这类词项得到了使用的结果。这种解释就是唯名论。关于一类词项的唯名论者通常同意，这类词项在语言系统中扮演了特定的角色，而并不在于指称了事物。

先验论证（transcendental argument） 这种论证一般是在承认某些不可能遭到否定的论断的情况下，寻找这些论断的必要条件，从而断定这些必要条件也不可能遭到否定。一般说来，先验论证被用于回应怀疑论，而先验论证的前提是使得怀疑论论证能够顺利做出，连怀疑论者本人也不得不承认的论断。先验论证的后果通常是说明怀疑论论证本身是不融贯的。先验论证是康德首先使用的论证形式，在分析哲学中，这种形式为戴维森和斯特劳森所使用。

显示（show） 在《逻辑哲学论》中，维特根斯坦对言说与显示做出了著名的区分，这个区分决定了《逻辑哲学论》中的哲学话语应该怎样得到理解。粗略地说，显示的东西就是要通过观察句子的句法特征而得到理解的东西，而言说则是通过这种理解进一步把握到的、句子所要表征的东西。但这种陈述方式却带有误导性，因为显示与言说的区分首先是通过看待句子的方式做出的，进而，这种区分才表现为由此看到的东西之间的区分。如果把说出一个句子的过程看作行为，那么显示就是看待这种行为做出的方式，而言说则是从行为的目标或结果的角度来看待它。言说与显示的区分，表明了陈述行为以及理解行为的方式中存在双重结构，这种结构使维特根斯坦可以从陈述行为所接受的约束出发，来说明陈述的内容何以能够是确定的和可辩护的。维特根斯坦对言说与显示之别，也是从显示的角度进行贯彻的。他视其为规范，是在陈述活动中遵守的东西；而不是将其当作某种事实性的、通过描述的方式得到揭示的区分。

心理主义（psychologicalism） 心理主义是19世纪出现的一种经验

论思想，这种思想以某种形式延伸到当代认知科学中，并为许多当代哲学家所接受。但是，在分析哲学的早期，心理主义是弗雷格、罗素和维特根斯坦（尤其是弗雷格）建立分析哲学基本思想时所参照主要的论战对手。这个对手所持有的基本观点是，像数学和逻辑这些对知识来说拥有最为基础的地位的知识，实际上是经过经验归纳得到的，它们表现了人类心灵本身的特征。这种观点可以扩展为关于知识的一种普泛观点，从而代表着自笛卡尔以来的整个**观念理论**传统。弗雷格主要是以这种观点难以解释知识的客观性为由来批评心理主义的。弗雷格在构造概念文字时用来防御心理主义的基本原则，使关于知识的整个理解摆脱观念理论成为可能。

形式主义（formalism） 形式主义最初是作为一种数学哲学出现的。其基本思想是，一些词语可以通过与其他词语通过句子建立的连接关系来获得意义，这样，这些词语在一开始就可以视为纯粹物理性的符号，人们通过了解这些符号之间的关系来理解其意义。这种由纯物理性的符号构成的系统，就被称为"**形式系统**"。形式主义作为一种分析理念，其基本思想就是通过建立形式系统来确定某些基本概念的意义。这类形式系统中最为重要的一个，就是由塔斯基建立的用于解释真理概念的形式系统，这个系统后来被发展为形式语义学的基础部分。

形式语言（formal language） 按照形式主义的构想，用来建立形式系统的那种语言就是形式语言。形式语言的必备特性是递归性，也就是说，在通过枚举确定的初始符号的基础上，任意的合法表达式或语句都可以通过有限个可以迭代使用的操作步骤获得。在一些限制条件下，形式语言也允许出现无穷长的表达式或语句。

形式系统（formalistic system） 参见**形式主义**。

一元论（monism） 主要是指黑格尔的绝对观念论观点。它认为存在的只有一个东西，这就是绝对观念，所有看起来各式各样的存在物，都是绝对观念在自我发展的过程中产生的中间环节，因而不具备真正的实在性。这里，"所有的存在物"也包括心灵在内。这样，包括知识在内的精神活动，也就包含在绝对观念中了。

意义（meaning） "意义"一开始是一个直观性的概念，它是指当我们理解一个句子或者词语时，我们从句子或词语那里把握的内容。随着哲学家对这种内容给予理论上的考虑，"意义"这个概念也就获得了一些理论负荷。通常，**弗雷格主义**会认为意义是由指称和**涵义**两个部分构成的，而**罗素主义**则只承认指称属于意义。但"意义"这个概念也依赖于"理解"这个概念，人们对理解持有的看法会影响到意义。所以，认为意义就是指称，这与认为语言只有指称，而无须假定意义存在，还是有所区别的。持有后一种看法，就会把指称与意义分开，而这常常是持有实在论立场的结果。实在论者会把实在与所理解的东西区分开，而这进而就意味着，指称作为与实在的联系，并不受制于我们从词语中理解到什么，从而不受制于意义。在这种情况下，"意义"这个词就获得一种更加狭窄的意义，它不包含指称，而近似于弗雷格的"涵义"。

也有哲学家在"指称"一词的意义上使用"意义"一词。大部分哲学家使用"语义学"时，实际上是在谈论弗雷格意义上的"**指称**"（Bedeutung），或者是类似于塔斯基在形式语义学中所指派的那种解释。

意义理论（theory of meaning）　在解释"意义"这个直观概念时，分析哲学家实际上考虑的是知识分析应当采取何种形式，或者说，要以何种方式才能揭示句子所携带的有资格被当作知识的那种内容。意义理论有时也被称为"内容理论"（theory of content）。意义理论通常会从不同类型的表达式中确定出基本的类型和非基本的类型，并在假定掌握了基本类型表达式的意义的前提下，解释非基本类型的表达式的意义是怎样的。按照所选取的表达式的基本类型来区分，意义理论的形态包括**指称主义**与**语句主义**两种。

隐定义（implicit definition）　在《几何基础》中，希尔伯特把欧几里德公理系统改造成无须使用图形即可进行证明的系统，从而把几何学从直观中解放出来。在这个系统中，像"点""线""面"这样的初始词项无须被理解为指称特定的几何要素，而是可以视为没有意义的符号。只有通过建立与其他词项的联系，这样的词项才获得意义。而这种联系则体现在公理中。希尔伯特把公理这种能够赋予词项以意义的作用称为"隐定义"。隐定义与通常的显式定义不同，我们不能像对显式定义那样，利用隐定义把被定义项排除掉。此外，隐定义还不能像显式定义那样单个做出；隐定义受制于整个系统，并且只有在一个系统中才能起确定词项意义的作用。卡尔纳普利用隐定义的这种特性解释了**分析性**。隐定义构成了他的**约定论**的核心部分。

语境原则（the context principle）　语境原则是弗雷格在《算术基础》序言中首次表述，后来多次使用的原则，它被用来反对关于数学和逻辑的心理主义解释。这个原则要求在命题（句子）语境之内来考虑词语的意义，而不能脱离命题语境。这个原则决定了"意义"这个概念应当得到何种理解。由于这个原则是弗雷格在划分了涵义与指称之前表述的，在此之后又没有重新表述过，学者们通常会对这个原则究竟是用于涵义还是指称而产生争论。本书把这个原则既用于**涵义**，也用于**指称**。

语句主义（sententialism） 在解释语言何以具有意义时，既可以把词语作为语言具有意义基本单位，也可以把句子当作这样的基本单位。以句子作为基本单位，这种做法我们就称为"语句主义"。而以词语作为基本单位，就称指称主义。这两者构成了**意义理论**两种不同的形态。语句主义意味着要从句子具有真值或者**真值条件**这一事实出发，来解释词语怎样才具有**指称**；而指称主义则要从词语具有指称这一事实出发，来解释句子怎样才具有真值。不管怎样，这两种理论都要从语言——实在关联的一种形式，来解释另外一种形式。

语言框架（linguistic framework） 像数、汽车和句子这样的事物分别属于完全不同的类别，这些类别之间完全没有交集；并且，我们会按照完全不同的方式来谈论它们。如果从前一种方式来看待它们的区别，我们会有不同的形而上学范畴；而按照后一种方式来看待，它们的区别则是语言框架上的。对卡尔纳普来说一个基本事实是，每一个形而上学范畴都对应一个语言框架，并且，我们之所以认为事物之间有形而上学的区别，是因为它们分属不同的语言框架。语言框架的这种先于形而上学的特性，使得我们可以在抛开形而上学分歧的情况下，解决一些原来被认为属于形而上学、而实际上属于语言逻辑的问题。

语言学转向（the linguistic turn） 人们一般认为，分析哲学的建立是从语言学转向开始的，也可以说，建立分析传统的过程就是完成语言学转向的过程。关于"什么是语言学转向"，这个问题与"什么是分析哲学"这个问题一样充满争议。本教程所持有的观点是，语言学转向是对知识的理解框架上发生的变化——按转向前的**观念理论**，知识就是观念，而转向的结果是，对知识的理解要借助语言进行。语言学转向的结果就是，人们抛弃了观念理论，转而认为知识首先是一种语言学实体。这里要注意，说知识是一种语言学实体，并不意味着通过研究语言可以理解知识，从而也不意味着语言哲学是第一哲学；而是意味着，人是使用语言的动物，这一事实为排除怀疑论问题提供了可能性，意味着语言为理解心灵与实在的关系提供了思考框架。语言学转向标志着哲学从近代知识论转向了分析传统。

约定论（conventionism） 一般说来，针对某类性质的约定论会认为这类性质是经过约定而成的结果。这里的"约定"通常是指意见的一致状态，而这种状态未必真是经过商讨达成的。有时，"约定"也可以指即使没有真正的意见一致状态，但相应的行为模式却显得好像有这种一致性。总之,"约定论"这个词所强调的是,关于相应特性并没有独立的判断标准,这样,人们的判断在实际上的一致性,本身就构成了一种标准。

真值条件(truth-condition)　简单地说,一个句子的真值条件就是使得这个句子为真所需要的条件。真值条件所确定的是实在或者世界的某种情况,当这种情况出现时,句子就是真的。对于真值条件,通常会有两种不同的理解。一种理解是,把真值条件视为一种实际上存在的东西,当这种东西存在,相应的句子就是真的。另外一种理解则把真值条件当作通过理解而获得的内容,这种内容表明了当句子为真时实在是怎样的,至于这种内容"本身"是怎样存在的,则是不相关的。前一种理解是从形而上学角度理解真值条件,后一种方式则是从知识论角度理解。在本教程的框架内,**弗雷格主义**的真值条件概念属于后一种,而**罗素主义**的真值条件概念则属于前者。

真这个概念(the notion of truth)　关于真这个概念会有两种理解方式,一种被称为"关于真的知识论概念",另一种被称为"语义学概念"。前一种理解方式是把"是真的"一词当作表示了一种知识论评价,只有真的陈述句才能陈述知识,只有真信念才称得上是知识。在这样做时,这个词在形式上是陈述句或者信念的性质。而按照后一种方式来理解,真这个概念被认为表达了语言与实在的关系,其形式通常以"句子P为真,当且仅当,Q"的形式出现,其中"P"指所谈到的句子,而"Q"则陈述了实在的情况。在这时,由于所表达的是语言与实在之间的关系,真这个概念就被认为属于语义学。

真值条件语义学(truth-conditional semantics)　由戴维森首先提出的语义学方案,它既可以用来充当为符号确定**指称**的分析方案,也可以用来充当**意义理论**的一般框架。这是一种**语句主义**的语义学,其主导思想是,为单个词语所指派的指称应当达到能够使我们系统地为包含该词语的句子确定**真值条件**的程度,并且只需达到这一程度。支持这一想法的,是这样一个观点:词语的指称是确定句子真值的东西,而词语的意义则是词语对由其构成的句子真值条件所做出的系统贡献。真值条件语义学反向运用了塔斯基对真理概念的定义。与形式语义学不同,真值条件语义学是针对自然语言的语义学。

整体论(Holism)　整体论是理解事物的一种方式,它适用于多个主题。按照这种方式,个别事物并不具备独立自足的本质,总是要借助它与其他事物的联系来得到理解。这样,基于一种斜坡效应,对单个事物的理解要以整整一类事物构成的整体作为前提。"整体论"这个名称通常可以适用于意义、信念、概念等。这些通常是**内涵实体**。整体论在很多时候是**唯名论**的一种形式。

指称（Bedeutung）　在弗雷格的意义理论中，"指称"一词不是用来表示与表达式相联系的实在之物，而是用来表示决定句子真值的那些要素。这些要素对句子真值的影响体现在，当把句子中的表达式用指称相同的表达式加以替换时，句子真值不变。把这一条件作为指称这个概念的定义性的特征，我们就可以利用使句子真值不变的那些替换来确定指称，指称就是这些替换的表达式所共同的东西。这样就可以避免把涵义当作指称，这是因为，即使是用**涵义**不同的表达式来替换，也可以保持句子真值不变。按照这个定义，当我们用真值函项来解释复合句的构造，那么句子的指称就应该是真值。同样，我们可以确定，句子中主目的指称就是句子所谈论的事物。

指称主义（referentialism）　参见**语句主义**。

自然主义（naturalism）　在分析哲学文献中，"自然主义"一词有多种用法，本教程所使用的是知识论意义上的自然主义。这是一种与理性主义相对立的知识论类型。按照理性主义知识论，认知是一种针对整个实在的表征，而认知主体则位于实在的对立面。这种知识论框架允许笛卡尔的魔鬼把认知主体与实在隔离开，从而建立起怀疑论情境，并且允许这种隔离无损于主体的认知能力。自然主义则持有与之相对立的立场。自然主义者认为认知是一种发生于世界之中的过程，认知主体是实在的一部分，因此，所有认知活动都是从某个视角出发进行的。这样一来，自然主义者就会否认主体具有认知整个实在的能力，或者会否认这种认知是可以一次性完成的。理性主义者会指责自然主义者放弃了知识的辩护要求。自然主义者则通常会认为这种辩护是不必要和不可能的。

参考文献[*]

1. 达米特：《分析哲学的起源》，王路译，上海译文出版社2005年版。
2. 弗雷格：《弗雷格哲学论著选辑》，王路编译，商务印书馆2006年版。
3. 洪谦编：《逻辑经验主义》上卷，商务印书馆1989年版。
4. 黄敏：《维特根斯坦的〈逻辑哲学论〉——文本疏义》，华东师范大学出版社2010年版。
5. 康德：《纯粹理性批判》，李秋零译，中国人民大学出版社2003年版。
6. 蒯因：《从逻辑的观点看》，江天骥等译，上海译文出版社1987年版。
7. 罗素：《数理哲学导论》，晏成书译，商务印书馆1982年版。
8. 罗素：《我们关于外间世界的知识》，陈启伟译，上海译文出版社1990年版。
9. 罗素：《我的哲学的发展》，温锡增译，商务印书馆1995年版。
10. 罗素：《逻辑与知识》，苑莉均译，商务印书馆1996年版。
11. 罗素：《关于莱布尼兹哲学的批判性解释》，段德智译，商务印书馆2000年版。
12. 马蒂尼奇编：《语言哲学》，牟博等译，商务印书馆1998年版。
13. 皮尔士（珀斯）：《如何使我们的观念清楚明白》，载《意义、真理与行动》，苏珊·哈克、陈波编，东方出版社2007年版。
14. 苏珊·哈克：《逻辑哲学》，罗毅译，商务印书馆2003年版。
15. 塔斯基：《语义性真理概念和语义学的基础》，载《语言哲学》，马蒂尼奇编，牟博等译，商务印书馆1998年版，第81—126页。
16. 维特根斯坦：《逻辑哲学论》，张申府译，北京大学出版社1988年版。
17. 维特根斯坦：《逻辑哲学论》，贺绍甲译，商务印书馆1996年版。
18. 维特根斯坦：《哲学研究》，陈嘉映译，上海世纪出版社、上海人民出版社2001年版。

---

[*] 仅注明引用过或提到过的文献。

19. Beaney, M., "Frege's Logical Notation", *The Frege Reader*, Michael Beaney ed., Blackwell, 1997, Appendix 2, pp. 376 – 85.
20. Bradley, F. H., *Appearance and Reality* (Oxford: Clarendon Press, in *Writings on Logic and Metaphysics*, James W. Allard & Guy Stock ed., Oxford University Press, 1994, pp. 115 – 226), 1930, chp. 3.
21. Carnap, R. "Intellectual Autobiography", in *The Philosophy of Rudolf Carnap*, Paul Arthur Schilpp ed., Open Court, 1963.
22. Davidson, D., "On Saying That", *Inquiries into Truth and Interpretation*, Clarendon Press, Oxford, 1984/2001.
23. Davidson, D., "Reality Without Reference", *Inquiries into Truth and Interpretation*, Clarendon Press, Oxford, 1984/2001.
24. Davidson, D., "Truth and Meaning", *Inquiries into Truth and Interpretation*, Clarendon Press, Oxford, 1984/2001.
25. Davidson, D., "Radical Interpretation", *Inquiries into Truth and Interpretation*, Clarendon Press, Oxford, 1984/2001.
26. Davidson, D., "Meaning, Truth and Evidence", in R. B. Barret and R. F. Gibson ed., *Perspectives on Quine*, Cambridge: Blackwell, 1990, pp. 68 – 79.
27. Davidson, D., "The Folly of Trying to Define Truth", *The Journal of Philosophy*, Vol. 93, No. 6, Jun., 1996, pp. 263 – 78.
28. Davidson, D., "The Second Person", *Subjective, Intersubjective, Objective*, Clarendon Press, Oxford, 2001.
29. Davidson, D., "Rational Animals", *Subjective, Intersubjective, Objective*, Clarendon Press, Oxford, 2001.
30. Descartes, *Philosophical Writings of Descartes*, Vol II, trans. by John Cottingham et al., Cambridge, 1984/2005.
31. Dummett, *Frege: Philosophy of Language*, 2nd., Harvard University Press, 1981.
32. Frege, G., *The Foundations of Arithmetic: A Logical-mathematical Enquiry into the Concept of Number*, 2nd ed., trans. by J. L. Austin, Harper & Brothers, 1960.
33. Frege, G., *Begriffsschrift*: Selections (Preface and Part I), *The Frege Reader*, Michael Beaney ed., Blackwell, 1997, pp. 47 – 78.
34. Frege, G. "Logic" (1897): Extract, *The Frege Reader*, Michael Beaney

ed., Blackwell, 1997, pp. 227 – 50.
35. Frege, G., "Letters to Husserl, 1906", *The Frege Reader*, Michael Beaney ed., Blackwell, 1997, pp. 301 – 7.
36. Frege, G., "Logic in Mathematics (Extract)", *The Frege Reader*, Michael Beaney ed., Blackwell, 1997, pp. 308 – 18.
37. Frege, G., "Thought", *The Frege Reader*, Michael Beaney ed., Blackwell, 1997, pp. 325 – 345.
38. Frege, G., "Notes for Ludwig Darmstaedter", *The Frege Reader*, Michael Beaney ed., Blackwell, 1997, pp. 362 – 67.
39. Godden, D. M. & Griffin, N., "Psychologism and the Development of Russell's Account of Propositions," *History and Philosophy of Logic*, 30 (2), 2009, pp. 171 – 86.
40. Hacker, P. M. S., "Ludwig Wittgenstein", in A. P. Martinich & D. Sosa ed., *A Companion to Analytic Philosophy*, Blackwell, 2001, pp. 68 – 93.
41. Hilbert, D., *The Foundations of Geometry*, trans. by E. J. Townsend, Chicago: The Open Court Publishing Company, 1902.
42. Landini, G., *Russell's Hidden Substitutional Theory*, Oxford, 1998.
43. Quine, W. V., "Truth by Convention", in *The Ways of Paradox*, New York: Random House, 1966.
44. Quine, W. V., "Ontological Reduction and the World of Numbers", in *The Ways of Paradox*, New York: Random House, 1966.
45. Quine, W. V., "Epistemology Naturalized", in *Ontological Relativity and Other Essays*, New York: Columbia University Press, 1969.
46. Quine, W. V., "Speaking of Objects", *Ontological Relativity and Other Essays*, New York: Columbia University Press, 1969.
47. Reck, E. H., "Carnap and Modern Logic", in *The Cambridge Companion to Carnap*, Michael Friedman & Richard Creath ed., Cambridge University Press, 2007, pp. 176 – 99.
48. Ricketts, T., "Tolerance and Logicism: Logical Syntax and the Philosophy of Mathematics", in *The Cambridge Companion to Carnap*, pp. 200 – 25.
49. Russell, B., *Principles of Mathematics*, Routledge, 1903/2010.
50. Russell, B., *Theory of Knowledge: The 1913 Manuscript*, ed. by Eliza-

beth Ramsden Eames, London and New York: Routledge, 1992.
51. Wittgenstein, *Tractatus Logico-Philosophicus*, Pears, L. D. F., & McGuinness, B. F., trans., London and New York: Routledge & Kegan Paul, 1961/1974.
52. Wittgenstein, *Notebooks, 1914–1916*, Blackwell, 1979.